中国少数民族设计全集

The Design Collection of Chinese Ethnic Minorities

乌孜别克族

中国少数民族设计全集编纂委员会 编

山西人民出版社　人民美术出版社

图书在版编目（CIP）数据

中国少数民族设计全集. 乌孜别克族／中国少数民族设计全集编纂委员会编；陈述，莫合德尔·亚森著. —太原：山西人民出版社，2019.10
ISBN 978-7-203-11117-7

Ⅰ.①中… Ⅱ.①中… ②陈… ③莫… Ⅲ.①乌孜别克族–民族文化–研究–中国 Ⅳ.①K28

中国版本图书馆 CIP 数据核字（2019）第 223044 号

中国少数民族设计全集. 乌孜别克族

编　　者：中国少数民族设计全集编纂委员会
著　　者：陈　述　莫合德尔·亚森
责任编辑：席　青
复　　审：吕绘元
终　　审：阎卫斌
装帧设计：谢　成

出 版 者：山西人民出版社　人民美术出版社
地　　址：太原市建设南路 21 号
邮　　编：030012
发行营销：0351 - 4922220　4955996　4956039　4922127（传真）
天猫官网：https://sxrmcbs.tmall.com　电话：0351 - 4922159
E — mail：sxskcb@163.com　发行部
　　　　　sxskcb@126.com　总编室
网　　址：www.sxskcb.com

经 销 者：山西出版传媒集团·山西人民出版社
承 印 者：山西出版传媒集团·山西新华印业有限公司
开　　本：889mm×1194mm　1/16
印　　张：20.75
字　　数：260 千字
印　　数：1—1 000 册
版　　次：2019 年 10 月　第 1 版
印　　次：2019 年 10 月　第 1 次印刷
书　　号：ISBN 978-7-203-11117-7
定　　价：300.00 元

如有印装质量问题请与本社联系调换

中国少数民族设计全集编纂委员会

总 主 编　（按年龄排序）
　　　　　　张夫也　王立端　戴晋明　廖　军　王　琥　李豫闽　过伟敏　顾　平
　　　　　　王　强　李　岗
执行主编　王　琥
编务统筹　张明山

中国少数民族设计全集编辑工作委员会

主　　任　刘伟冬
编　　委　（排名不分先后）
　　　　　　王　琥　王　峰　王　强　王立端　王浩滢　白　波　过伟敏　许　星
　　　　　　许边疆　李　岗　李　丽　李豫闽　成光虎　肖　飞　余　强　汪传跃
　　　　　　罗　力　杨明朗　陈　述　陈见东　邱　珂　胡万明　顾　平　郑　静
　　　　　　郭立忠　姬　莹　张夫也　张泽国　张明山　张秋平　张耀引　梁盛平
　　　　　　樊　进　谢　玮　熊　伟　熊　微　熊建新　蔡克中　葛　芳　鞠　斐
　　　　　　魏　洁　廖　军　戴晋明

中国少数民族设计全集出版工作委员会

主　　任　胡彦威　周　伟
执行主任　姚　军　欧京海
编务统筹　阎卫斌　周小龙
编　　辑　（排名不分先后）
　　　　　　王新斐　史美珍　冯　昭　冯灵芝　吉　昊　吕绘元　刘小玲　任秀芳
　　　　　　孙　琳　孙宇欣　李广洁　李建业　李　靖　员荣亮　张小芳　张志杰
　　　　　　张书剑　何赵云　陈俞江　吴春华　武　静　周小龙　柳承旭　郝文霞
　　　　　　赵　玉　赵晓丽　席　青　秦继华　高　雷　郭向南　阎卫斌　崔人杰
　　　　　　傅晓红　蔡咏卉　翟丽娟　樊　中　薛正存　魏　红　魏美荣
整体设计　谢　成

中国少数民族设计全集·乌孜别克族

本册著者 陈 述　莫合德尔·亚森（维吾尔族）

参与撰写 王 静　赵欣一　亢 康　陈西木　高 星
　　　　　　王晨鉴　郭 靖　仲晓芹　朱秋婷　陈曦梓
　　　　　　陈诗雅　金 千　木合亚提·加海（哈萨克族）
　　　　　　陈 泽　吾尔买提江·阿布都热合曼（乌孜别克族）

求同存异　和合共荣

刘伟冬

中华民族，是一个由56个民族组成的大家庭。在漫长的文明发展史中，汉族和各少数民族都为中华文明的繁荣发展贡献了自己的聪明才智。纵观中华文明史，其实就是一部各族群之间"求同存异，和合共荣"的文化演进史。

从根子上讲，4000年前的"中国"，仅指北方中原地区，居住在这里的相传是上古时期黄帝部落和炎帝部落的后裔，故而自称"炎黄子孙"。其时的"中国"，不过是黄河中下游（西起陇山，东至泰山）区域。在千年发展与民族融合之后，尤其是晋末"衣冠南渡"，南迁的中原汉族与南方百越民族彻底融合，来自北方的鲜卑等民族融入汉族，使汉族前所未有地壮大发展，逐渐形成后来疆域辽阔、人口众多、物产繁盛、文化昌明的中华民族的主体族群。特别值得强调的是，自从作为一个民族整体之后，中华民族就从未中断过自己的民族发展史——这在世界历史上是硕果仅存、独一无二的。

中华民族具备兼容并蓄、虚心好学的民族天性。仅以设计学范畴的事例讲：在数千年文明发展历史中，中华民族在不断向外输出优秀的文明成果（如烧造之陶瓷砖瓦、营造之榫卯斗拱、织造之丝绸刺绣、锻造之"失蜡"分模等），影响全人类的日

常生活与生产方式的同时，也不断地吸纳域外各民族的优秀文明成果，如汉魏之印度佛教和西域音乐、隋唐之西亚服饰和家具、宋元之东洋印染和漆艺、明清之西洋机器与建筑……在中华民族内部，这样的文化交流更是从未停止过，而且是风生水起、枝繁叶茂，愈发流畅、深入，中华民族各族群之间"求同存异，和合共荣"的文化大演进，共同创造了中华民族极为灿烂辉煌的造物文明历史。仍以设计学范畴为例：原本是匈奴人发明的单足绳圈，被晋代的汉族人设计成铁质双镫；最早是鲜卑人原创的毡毯卷边，被晋代的汉族人改造成"高桥马鞍"，这宗中国式马具设计案例，被誉为"13世纪中国传入欧洲的最重要文化成果"（李约瑟语）。再如，西域（今新疆地区）是全世界最早的皮靴生产地，哈尼族为主的红河地区出现了全世界最早的梯田。再如，全世界最早的"干栏式建筑"和全世界最早的稻米人工育种、栽培，均起源于长江中下游的百越地区；全世界最早的竹藤编结器物起源于闽越地区……由中华民族共同创造、发明，后来又影响了全人类文明进程的优秀造物设计案例很多，不胜枚举。几千年中华民族的文明史，就是各种文化多元融合、共同发展的最好例证。不了解中华民族内部各族群的文明交流史，就无法真正理解中国文化史，也不能理解为什么中华民族总是能在逆境中成长强大。甚至可以说，能否完整地理解中华民族的文化史，是检验每一个当代中国知识分子（特别是文史哲专业的学者）文化立场的"试金石"。

　　随着改革开放的逐渐深入，各民族地区的经济与社会状态已发生了天翻地覆的变化。令人遗憾和担心的是，由于各地区政策执行力度不平衡，保护措施不得力，少数民族的文化特性正在逐步衰退，有些地区的少数民族文化特征甚至已经消失殆尽，仅仅

存在于徒具形式，充满口号、标语的民族文化村旅游景点中。有学者预言，再不加快整理抢救工作，中国的少数民族可能在物质形态和文化内涵的特征上，若干年后将不复存在。

从少数民族地区反映古代中国社会某些面貌的文化遗存看，这些少数民族之所以一直与汉族地区差距巨大，存在多方面的原因，其中历代汉族统治者对少数民族的歧视政策是主要原因。此外这些地区本身就处于偏僻荒地，不是沙漠就是山区，自然条件远不及汉族聚集地区，社会发展水平滞后。20世纪50年代，有相当比例的少数民族在当时仍处于原始农耕社会或奴隶制社会，不要说通电、通水、通汽车，不少人一辈子连铁器长什么样都没见过。部分少数民族聚集地的各种自然条件也较差，缺肥少水，基本生活来源，一靠老天爷恩赐的"望天收"农作物；二靠家庭手工作坊制作些竹藤编结物和土织、土陶等土特产来换取粮食；三靠养猪、兔、羊和鸡、鸭、鹅等家禽来换取日用品，如灯油、农具、衣物和油盐酱醋等；四靠为土司、头人和大户们出卖劳力（社会底层奴隶身份），年老即被抛弃。中华人民共和国成立后，党和政府在这些地区实行社会主义改造，打倒以土司、巫师和头人为首的剥削阶级，将土地和生产资料一律收归集体所有，解放了全体少数民族民众，使他们历史上第一次有了自由劳作和生活的权利。

中华人民共和国成立之初，党和政府就高度关注民族事务问题，为如何保护、关心各少数民族制定了一系列方针、政策，也为当代中国社会处理民族问题、保护民族文化树立了光辉典范。中央人民政府政务院于20世纪50年代初发布了《关于民族事务的几项决定》，为新中国民族政策奠定了最初的思想基础，其主要内容是：一、各大行政区军政委员会（人民政府）须指导各有关

省、市、行署人民政府认真推行民族区域自治及民族民主联合政府的政策和制度，并随时向政务院报告推行经验，请示者须事前向政务院请示。二、各大行政区军政委员会（人民政府）须指导各有关省、市、行署人民政府认真并有计划地实行政务院在1950年颁发的《培养少数民族干部试行方案》，并将该项工作进行情况定期加以检查，每半年向政务院报告一次。中央民族学院及西北、西南、中南各军政委员会和新疆省人民政府的民族学院，必须依计划实行，并向政务院报告。三、政务院于1951年下半年适当时间将同时召开有关少数民族的卫生、教育及贸易三个专业会议，责成政务院文教委员会、中财委指导中央卫生部、教育部、贸易部开始筹备，并责成中央民族事务委员会协助进行。有关部门如农业部、文化部也须派人参加。四、责成中央人民政府各委、部、会、院、署、行注意建立有关民族事务的业务。五、在政务院文教委员会内设民族语言文字研究指导委员会，指导和组织少数民族语言文字的研究工作，帮助尚无文字的民族创立文字，帮助文字不完备的民族逐渐充实其文字。六、扩大中央民族事务委员会委员名额，责成中央民族事务委员会提出补充名单的建议，并于1951年下半年召开中央民族事务委员会扩大会议，检查与总结关于推行民族区域自治及民族民主联合政府的经验。

20世纪50年代，中央人民政府和政务院，曾多次组织"中央慰问团""土改工作队"和"普查工作队"等，花费大量人力和物力，深入各少数民族地区，进行了大量较为翔实的社会历史调查。50年代这轮由政府统筹、由中央民委组织行政领导和人类学、社会学专家学者以及民族同志组成工作队与考察队的少数民族大考察活动，1953年正式启动，1956年结束（个别地区延期至1958年才结束）。直接成果之一，就是为1956年国务院公布的55

个少数民族的正式定名和划分，提供了可靠的依据。

从当时考察的资料看，各少数民族的社会发展水平参差不齐，不少民族呈现类似汉族曾经历过的各种历史发展状况，为我们今天考察、了解并研究过去的历史以及各学术分支问题，提供了绝好的活体范本。比如以"设计发生学"研究为例，以山寨（村落）为主的初级社会组织形态，原始手工业在农耕环境中的地位，原始造物的手工技艺与设备、工具等，都是我们极感兴趣的研究对象。

在西北、西南和东北各少数民族聚集地区，有些古时流传下来的本民族手工造物技术，迄今仍保存良好。其吸收了汉族和其他兄弟民族的技术长处之后演变出来的各时段手工造物技术，则印证了各民族互相融合、取长补短的史实。更有些原始手工艺，特别具有艺术和历史研究价值。以维吾尔族人为例，本世纪初，笔者在新疆喀什城艾格孜艾日克老街看到几样手工艺绝活：其一是整条街的维吾尔族乐器店，除了热瓦普、曼陀林和冬不拉等少数维吾尔族知名乐器外，全是些笔者叫不上名来却似曾相识的弹拨乐器和拉弦乐器，于是从心里认可了"西域古乐成就了中国传统民乐"这句话所言不谬。其二是亲眼所见一个拖着鼻涕的不到10岁的维吾尔族小男孩，拿着电砂轮在铜壶上信手飞快地刻着精美细腻的图案，一不要底稿，二没有图纸，真是佩服得五体投地，也相信了"汉族人长于热铸，西域人长于冷锻"这个说法。其三是在喀什近郊著名的大巴扎"金器一条街"上看见近百家金店生意红火，家家门前毡毯上都围坐着一群金店伙计和顾客，正在热烈讨论、共同设计着花样繁多的未来金饰嫁妆，感受到了"中国传统样式的金银首饰工艺，最富有创意的设计和最先进的工艺制作，原来在维吾尔族人手里"这句大实话。还有，笔者

求同存异　和合共荣

在云南景洪县城集市上，曾亲眼见过景颇族老乡用古老的"焖烧法"烧出的红彤彤的土陶——跟笔者一知半解的仰韶彩陶的烧制工艺几乎一模一样。还有，笔者在大西北甘陕宁各省亲眼所见的回族、保安族、裕固族和东乡族老乡巧手做出的那些花样繁多、样式复杂的面塑造型，真是个个精妙绝伦。这方面的事例实在太多了。

50年代的少数民族地区社会大普查，以及半个多世纪以来社会各界对其丰富而珍贵的考察、研究，意义深远，价值极为重大。这些地区客观上保存的较为完整的、与数千年前中国原始社会最初形态近似的许多社会特征，为我们研究社会的最初形态形成和当时的经济、文化、政治的基本状况以及"设计发生学"的相关课题，提供了珍贵的类型学"活化石"范本，价值非凡。改革开放以来，这些少数民族地区也获得了前所未有的巨大发展，人民生活日新月异；但与此同时，少数民族地区的民族性在不可避免地愈发衰减、退化，甚至消失。如果我们再不采取保护措施，若干年后，各少数民族的许多宝贵民族文化遗产将无法挽救地彻底消亡，这部分同属于全人类精神财富和中华民族集体智慧的宝藏，我们将再也看不到了。

在"设计发生学"问题上，我们一向秉持文化多元论的观点，认为人类文明是全世界人民共同创造的，各国家、地区、民族均做出过大小不一、形态各异的贡献；同理，中华民族的灿烂文明是中国的各族人民共同创造的，每个民族都对中华传统文化做出过贡献，也都应当得到尊敬和肯定。中国的各少数民族在中华文明漫长的演化过程中，都曾经以自己独特而充满智慧的文明成果，补充、完善甚至改良着中华文明。比如，古代西域的龟兹古国各民族创造或引自西亚的弹拨乐器和拉弦乐器以及音律、曲式，彻底改造了中国古代音乐，新创作出代表中国古乐精髓的江南丝竹；南疆的维吾尔族和北疆的哈萨克、塔塔尔、塔吉克等族首创了制革术，并引进古波斯革皮书籍装帧术和制靴术、制毡术、毛衣编结术；海南岛的黎族率先种植棉花并纺织棉布，传入内地后棉织业逐渐形成中国古代手工行业的"天下第一营生"……保护少数民族的民族文化特性，就是保护我们的历史遗产，就是传承我们的文明。我们应进一步发扬文化兼容的优良传统，把振兴中华的百年民族复兴梦，逐步落实为将大中华建设成为中国各民族共同拥有的美好家园。

由上千名来自全国各高等艺术院校的教授、研究生组成的55支团队参与编撰的《中国少数民族设计全集》（55卷），正是有识之士基于对各少数民族的民族文化特性正在快速衰减、消亡的严重现实问题的深切忧虑而进行的抢救、发掘、整理中国少数民族文化遗产的重要文化工程。经过两年精心筹划，六年努力写作，在国家出版基金管理部门的支持下，在山西人民出版社和人民美术出版社的策划和组织下，目前《中国少数民族设计全集》的书稿编撰工作已基本完成，即将付梓。在长达八年的漫长过程中，全国兄弟院校各团队涌现出的各种可歌可泣的事迹经常感动着笔者，并不时鞭策着全体作者克服千难万险，一路向前。有的分卷作者身患绝症仍不眠不休地忘我工作，有的分卷作者遭遇各种意外仍坚持工作。特别是，很多民族同志公而忘私、不计较个人得失，有人不惜将自己赚钱的企业关张歇业，全身心地投入各自所负责分卷的繁重编撰工作中；有人义无反顾地将自己珍藏多年的本民族实物、资料和研究成果无偿提供给相关分卷作者。大家万众一心，克服各种复杂得难以想象的困难，以确保这部凝聚了众人八年心血的巨著，能按计划如期完成。借此机会，笔者谨

代表本丛书编委会全体成员,向领导、编辑和作者们表示衷心的感谢!

作为一项文化创举,笔者深信《中国少数民族设计全集》必将在未来岁月的长期检验中,愈发显现其非凡的、独特的文化价值。

2017年夏季于南京

前言

一、乌孜别克族的分布与自然环境条件

（一）乌孜别克族的基本分布状况

乌孜别克族是一个跨界民族，乌孜别克族在长期历史发展过程中，由于商业贸易形成的往返于不同区域及游牧流动的生产生活方式等诸多原因，造成了乌孜别克族在多个现代国家中居住。全世界目前生活在不同国家的乌孜别克族人口有3000多万，主要集中在中亚地区各国。我国的乌孜别克族分布分散，自16世纪起，不断有来自中亚的乌孜别克人迁入，后主要定居于新疆的喀什喀尔、叶尔羌、阿克苏等地。在城镇、乡村、牧区以大杂居小聚居的形式与汉、维、回、哈等少数民族一起生活，从事商业、农业、手工业及牧业。20世纪70年代以前，我国新疆的乌孜别克族大多数居于各地城镇，少数在农村。据2000年人口普查统计全国仅有乌孜别克族人12423人，居住在新疆各地的乌孜别克族有12096人，只占全疆总人口的0.07%，主要分布于喀什、和田、莎东、吐城、乌鲁木齐、伊宁、塔城、木垒、奇台等地。新疆乌孜别克族的城市人口比率为68.49%，仅次于城市化水平最高的俄罗斯族（83.50%），其中生活在新疆伊犁哈萨克自治州、喀什地区、昌吉回族自治州和乌鲁木齐市四个地区的乌孜别克族城市人口占到全疆乌孜别克族总人口的90.89%。（以上数据见米娜瓦尔·艾比布拉·努尔编著的《中国乌孜别克族》，由宁夏人民出版社2012年出版）

居住在北疆的乌孜别克族人数为70%，生活在南疆的为30%。1987年7月经新疆维吾尔自治区人民政府批准，全国唯一的一个乌孜

别克民族乡在昌吉回族自治州木垒哈萨克自治县境内，乌孜别克族相对集中的大南沟成立了，反映了少数民族在参与管理国家及民众内部事务中享有平等的政治权力。新疆乌孜别克族呈散居的特点与其先民经商活动的流动性有关，其中也不乏因生存和发展的需要而向新疆其他地区继续迁移者。

（二）地理环境条件

新疆位于亚欧大陆腹地，四周高山环绕，因远离海洋，使大气水分不易侵入，形成了干旱少雨气候，光热资源丰富，昼夜温差大，由于特殊的自然环境及气候条件造成了人口分布稀密不均，人口主要密集在绿洲区域，乌孜别克族散居于新疆各地与其他民族和睦相处，共同建设自己美好的家园。依据地区来看，2000年时在伊犁哈萨克自治州生活的乌孜别克族人口多达5600人。伊犁哈萨克自治州是我国哈萨克族主要聚居区，全州居住着哈萨克、汉、维吾尔、回、蒙古、锡伯、满、塔塔尔、乌孜别克、俄罗斯等民族，是一个多民族杂居的区域。伊犁谷地水、土、光、热资源充足，适宜农作物的种植与栽培。该地区储藏有丰富的矿产，矿产品种主要有煤、铁、铜、金、银、铅、锌、石膏、锡等。特殊的地理位置使伊犁成为亚欧大陆干旱区域中的一块湿岛，纵横的河流及较充沛的降水形成了丰富的森林与草原资源，其中草原347万公顷，天然草场6万公顷。昌吉州木垒县是乌孜别克族居聚相对集中的地方，该地区的气候基本属于大陆性气候，终年干旱少雨，日夜温差较大，天气变化复杂多样。

（三）乌孜别克族造物文化传统溯源

1. 乌孜别克族生产方式与生活方式的传统形态

蒙古人在征服中亚后，将辽阔的钦察草原纳入成吉思汗长子术赤的管辖范围内。术赤又将其中一部分分给第五子昔班。15世纪

初，昔班之世孙阿布海尔率众南下进入河中。16世纪在撒马尔罕为首都并建立了昔班王朝。相继占据费尔干纳、塔什干及花剌子模等地。当时费尔干纳是以农业为主的绿洲经济，乌孜别克人成批迁于此地时仍过着以畜牧业为主的生活。因频繁的战争及难民涌入造成人口急剧增长而导致森林被毁，草场短缺，使乌孜别克人逐渐由早先单一的游牧生产生活向农业、手工业等转变。转向定居的乌孜别克人向当地人学会了耕作及各种农作物种植技艺。16世纪希瓦汗国和布哈拉汗国将所有土地分封给王室成员、有功将领、宗教上层人士，并构成了国有土地、私有土地和宗教用地三种。通过土地赏赐制度使土地趋于集中在乌孜别克部落贵族、军事首领、大封建主及宗教上层人士手中。由于农业的发展需要并修建了规模宏大的灌溉工程。为纪念先民从事农耕，该民族至今还举办"苏麦莱克"这样的传统仪式。即每年以乡村为单位，村民集中在一起用麦苗熬制一种呈紫色的甜汁粥食物，人们在一边通宵欢歌跳舞，到第二天清晨由长者向各家分发食物，表明农业生产活动在乌孜别克族人传统经济生活中的地位。

由于中亚处于古"丝绸之路"区域，布哈拉汗国和希瓦汗国得益于这种环境的影响，使汗国居民比较早就具有商业的意识。他们将中亚的物产运往中国，又从中国运回大量的丝绸、布匹、瓷器、茶叶、药材等。17世纪后，乌孜别克人在中亚许多城市修建客栈，以供乌孜别克族以商队的组合形式所进行的商业活动，并逐步开设店铺，使小商小贩的活动覆盖至农村及牧区。商业的发展需要货币的辅助，货币利于商业的交易，铸币业成为手工业劳动的重要组成部分。除此外，其他手工业加工制造的产品也远销到很多国家。当时撒马尔罕已能手工生产当时最好的纸。手工制造的马刀、铠甲、盾牌、头盔等在当时也享有盛誉。

　　18世纪中叶清王朝统一新疆后，采取了准许对浩罕国进行贸易的政策。浩罕国的乌孜别克人的经商活动范围也逐渐发展到南疆的英吉沙等城镇及北疆的伊犁、乌鲁木齐、塔城、奇台、木垒等地，其中有些人就此置产安家并定居下来。

　　中华人民共和国成立以后，我国乌孜别克族的经济类型也在一定程度上发生了较大的变化，总体呈以城镇经济为主，手工业、农业、牧业并存的综合性特征。

　　因乌孜别克族散居于新疆各地，不同地域性的自然环境条件与因素使当代乌孜别克族的经济活动形式呈现较明显的差异。居住在南疆喀什、和田、莎东、巴楚、阿克苏及北疆伊犁等城市郊区的乌孜别克族人主要以农业、园艺业为主，而居住在新疆北部塔城、新源、特克斯、尼勒克、木垒、奇台等牧区的乌孜别克族人主要以畜牧业为主。因长期与哈萨克族、柯尔克孜族一起从事牧业生产活动，其生产生活方式也是有许多的类似。乌孜别克族手工业主要集中在商业重镇，伊犁、塔城、喀什、和田等地都存有手工业户。历史上乌孜别克手工业作坊主往往也是商人，将自己加工生产的手工产品销往市场时也兼收购并推销其他中小作坊的手工制品，因此作坊式的加工生产成为商品销售的主要供货渠道，进而也推动了乌孜别克族手工艺品制造行业的发展。乌孜别克族人所开设的大多为中型的手工作坊，主要从事丝毯、毛毡的编织、刺绣，金属铜、铁器的加工，牲畜皮毛的制化，纺织及工艺品制造等行业。生产的手工产品除销售于本地外也多输往中亚及俄国。其中最负盛名的要数乌孜别克族的纺丝业，当时在南疆设计生产的"哈纳瓦特艾德莱斯绸"及"浩占德伯克赛木绸"深受国内外消费者的欢迎。清朝末年仅莎车一地的乌孜别克族人作坊数量就达200余家，较大的作坊雇佣有150多名工人。乌孜别克族人也善于手工金属器具的加工与创作，

设计制作的铜盘、铜壶等生活器具深受新疆维吾尔、哈萨克、柯尔克孜等民族的喜爱。其中手工设计制作的铜制烧水器皿萨玛瓦尔最受欢迎，也被视为新疆少数民族家庭生活中的高档生活器具之一。刺绣是乌孜别克妇女传统手工艺，家庭中生活用品如窗帘、枕头、被套、门帘、挂毯、衣服等都精心刺绣有美丽的图案装饰，图形布局构成上常能反映设计制作者娴熟的刺绣技艺及灵活而自由的想象，除有序的对称图案布局排列外也常常使用不对称的构图方式，装饰更显欢快、活泼与轻巧。刺绣表现内容多来自生活中所收集到的素材，同时也融入了维吾尔族、哈萨克族的刺绣特点。乌孜别克族习惯在室内的墙上用壁毯做装饰，屋内四周的墙上挂满壁毯不仅营造舒适温暖的居家氛围，也显现家主的殷实和富足，壁毯上精致的刺绣也反映出女主人的贤良与聪慧。

　　乌孜别克族视饮食是神圣而严肃的行为，对食物的加工、制作及饮用方式特别重视，被加工的食物要依据其"湿凉性""干凉性""湿热性"及"干热性"的不同合理进行配置，在长期的应用实践过程中形成了许多对食物进行鉴别的惯有方式与方法。

　　馕是乌孜别克族的主要食物。在乌孜别克族民间饮食观念中馕被视为是灵性的圣物，人们可以对着馕来起誓，在长途旅行中常带馕具有护生符的作用。乌孜别克族手工制作的馕也具有不同的品种，有肉馕及素馕之分，即不加肉的馕为素馕，反之则为肉馕。馕可制作成各种不同的形状，如片状、条状、窝状、方形、菱形、圆形等。其尺寸大小也依据使用的需要由制作者自主决定，也可通过添加不同的食材制成各种口味的馕。抓饭、米肠子、手抓肉等都是乌孜别克族的主要餐食。

　　乌孜别克族家庭饮食习俗中主要有分餐制和共餐制两种形式，这种分餐制也表明家庭中男、女主人的明显地位区别。分餐制中

因男性从事繁重的体力劳动,要保证所分的食物必须有足够的数量及营养。长辈在家庭中享有很高的地位,家庭中制作的精美食品通常都由长辈来进行分配。家里有客人来时,女眷不上席,食品分配由长辈或尊贵的客人来安排。共餐制是家庭中的主食和副食都依照家中成员各自的需求来分配,也是乌孜别克族较普遍的一种饮食习惯。

　　服饰方面乌孜别克族有自己着装习俗。乌孜别克族传统的男式服装是一种长度过膝的长衣,长衣主要有直领和斜领两种款式,直领为开襟、无衽,多在领边、袖口及襟边使用红、绿、蓝相间的色彩装饰花边。斜领为右衽长衣,类似维吾尔族的"袷袢"。腰部通常束三角形绣花装饰腰带。青年女子在夏季的服装多为有花卉装饰的连衣裙,在连衣裙外罩绣花衬衫,典雅而秀丽。冬季妇女穿毛衣、毛裤及呢子大衣,也喜穿用狐皮及裘皮制作的外套。乌孜别克族妇女不论老少都梳长辫,年幼的女孩梳许多小辫,妇女通常只梳两条长辫。每逢节日庆典妇女都要将首饰佩戴齐全与亲友欢聚。乌孜别克族住房一般为长方形土木结构的土坯房或砖房。房屋建造的主材为砖或土块。依据居住的需要可分为两室或三到八室,客厅和卧室都设有用于采光透气的窗户。窗户为两层,主要在冬季时可起到保暖作用。乌孜别克族房屋立面墙体较厚,能起到很好的保温隔热作用,屋顶稍有倾斜,利于排泄雨水及融化的积雪。屋顶留有的天窗主要用于采光。在室内的墙体上常挖有拱形的壁龛,壁龛形边缘装饰有各种图案。壁龛内空间可用于搁置各种生活用具及造型美观的器具。

　　生活在北疆牧区的乌孜别克族在春、夏、秋季因游牧迁徙的需要,与哈萨克族等牧民一样住毡房。毡房为一座便于搬迁、用牲畜驮运且适合自己动手搭建的轻型建筑。毡房骨架主要使用纵横排

列、交错的柳木秆组合构成，四周呈圆状的造型利于避让寒风。外围全部用毛毡覆盖，使用皮绳连接加固。中间设有一个木制骨架的圆形天窗、上端覆盖一块可移动的毛毡，根据天气状况及室内采光、通风的需要可随时开启或封闭。冬季到来时因草地被大雪覆盖，乌孜别克族人则多住在固定的土屋或木屋。

交通方面，乌孜别克族与新疆其他少数民族类似，生活在市郊及农区的多使用马、驴车等。生活在牧区的乌孜别克族视马为最主要的交通工具，每户乌孜别克牧民都饲养马匹。乌孜别克牧民从小就开始练习骑马，在生活中马也被视为高贵的聘礼，如女方家属到男方家里去相亲，男方家常常以马匹相赠。除马匹外乌孜别克族也常使用骆驼负重运输。骆驼被世人称为"沙漠之舟"，具有耐饥渴、负重量大，适于在戈壁干旱的环境中长时间行走，行走中且较为平稳，因此骆驼常常是乌孜别克族搬家转场、运载货物时的主要工具。随社会经济技术的发展，现代化的交通工具已逐渐走入乌孜别克牧民家中，牧民们开始购买拖拉机进行牧场运输，使用摩托车出行。

（二）手工艺主要传承方式

乌孜孜别克族是由中亚迁入的跨境民族。尤其是18世纪中叶，清政府平定准噶尔贵族集团的叛乱之后，到新疆定居的乌孜别克人逐渐增多，来新疆定居的乌孜别克人主要从事商业贸易，除此也有农民、手工业者和知识分子。乌孜别克族的手工业具有非常悠久的历史。据考在金帐汗国都城撒莱城出土的手工艺制品可以看出当时的金属加工、制革、制陶都十分发达。手工业是乌孜别克族十分重要的一项传统产业，也是商业贸易中手工制品主要的供货品类和来源，身为商人的乌孜别克族往往也拥有自己的手工物品作坊。乌孜别克族在南疆兴办的手工业作坊可分为具垄断性质的较为集中的手

工艺业大户及分散于乌孜别克族家庭中的个体手工业散户。手工业大户需雇用工人以分工协作的形式进行手工制品的加工及生产，而手工散户则主要以家庭成员为主从事生产，根据需要有时也雇用1至3名工人。以家庭为基础的手工艺加工模式使得子女从小就以帮工的形式来逐步学习掌握手工艺技能。男儿从小主要跟随父亲学习相关的手工艺技能，女儿主要跟随母亲料理家务并学习掌握刺绣、食品加工制作等相关技能。

　　历史上乌孜别克人善于经商，通过商业贸易获得可观的收益，使家庭积累一定的产业，对生活的方方面面都产生一定的影响。商业活动使乌孜别克人具有一种较为开放的意识，商贸是需要将所缺的生活、生产用品送到所需的消费者手中，需要通过沟通以达成交易的行为。规范的商业活动本身是其信誉建立的基础，也是持久积累的结果。因此乌孜别克族重视对子女的教育，有条件的家庭都送孩子上学读书，过去主要送入私人兴办的经文学校。20世纪初由群众捐资兴建的乌孜别克纳姆学校的教学内容中，宗教课程已不占主要地位，教学内容已渐转向现代知识。在后续开办的学校中教育的内容上也增加了手工艺等相关课程。乌孜别克族家庭传统生活中女儿从小在母亲的教育帮助下做些家务，刺绣、食品制作等多为家传，过去不主张女子单独在社会上谋取生活职业。乌孜别克族散居于新疆各地，因自然地理环境的差异及所相邻的民族生产、生活特点，乌孜别克族在手工业中也广泛吸收融合其他民族的手工艺特点，其一是源于相似的生活方式及经济类型。其二是充分利用特殊自然环境及社会经济生活中手工制品的基本材料供给。其三是手工业加工生产的产品源是面对所相邻的不同民族消费群体，自然在产品的设计加工中要适宜于消费者的生产、生活中的实际功能性需求及心理需要，因而对所相邻民族的手工艺文化吸收与融合成为必然。乌孜别克族在家庭传统手工艺传承的基础上广泛吸收、融合所相邻民族的手工艺技能，表明其为适宜生存在手工艺家传的基础上所表现出的灵活性思维方式及善于借鉴学习的能力，是其呈现出丰富的变化与多样性的特点缘由。

（三）造物的自然型材

造物活动是人类对所处自然认识理解与创造性劳动的结果。自然型材具有天然的原材料特征。在乌孜别克族传统手工业中的丝织物、制革、木器、石板、水晶、刺绣、马鞍、织毯、食品等都是充分利用特殊环境及社会经济生产生活方式中的自然型材所进行的造物设计加工活动，木材是乌孜别克族传统手工艺中使用最为普遍的自然型材加工材料。在日常饮食器具中常使用木制的碗、木制勺、木制盆等。木制的饮食器具不仅有很好的柔韧性而且还具有较好的防碰撞性能，这种型材便于在自然环境中获取，特别受到生活在牧区的乌孜别克族的欢迎与喜爱，其造物设计活动中主要使用硬质型材，便于在游牧搬迁过程中携带。在牧区的乌孜别克族因季节的不同迁入山区草场时所搭建的毡房，其材料基本都源于自然型材的设计加工造物活动。毡房所用的主要为木制骨架，其柔韧性及轻便特点非常适宜被选作用于毡房搭建的基本骨架材料，至今仍为这类活动毡房设计制作的主选自然型材。在城镇居住的乌孜别克族均建有土块砌筑的平顶房。建筑前廊顶都使用木柱支撑，除窗柜使用木制的外，因防冬季的寒冷气流，窗外都设有两扇木制的窗门，夜晚用于封闭窗户，一为减少寒冷空气的进入，其次又增加了居室生活的私密性。建筑的墙体也多用沙土混合制作的长方形块垒筑而成，具有冬暖夏凉的功效。木头是制作马鞍基础造型框架的主材，木材的可塑性特点满足了马鞍制作中的美观与功能性需要，在建筑用材上因大量采用雕刻的处理加工方法，也使其更具视觉美感。乌孜别克

族因商业贸易迁入定居新疆，在经商的过程中因保证充足的商品供应，自己都开设有手工作坊，其中纺织业在手工业中就占有很大的比重。新疆莎车县是乌孜别克族兴办丝织手工业最为集中的地方。丝织品的加工原料主要来源于人工养殖的蚕丝，客观上也促进了种棉及养蚕业的兴起与发展。刺绣是乌孜别克族传统的手工艺，刺绣用染色的丝线依据事先设计的图案及色彩进行手工制作，包括日常生活中所使用的床罩、被单、枕头、窗帘、口帘、墙围、衣领、花帽、靴鞋、茶垫等，主要由家庭妇女设计承制。

（四）造物的合成型材

乌孜别克族利用合成型材进行手工造物的活动具有悠久的历史，具考金帐汗国都城萨莱城的金属、制陶手工业已十分发达，工匠们充分利用合成型材进行造物活动。乌孜别克族的手工艺业主要集中在南疆的商业重镇，以家庭作坊的形式存在。善于使用铜、铁等复合型材进行手工设计加工制作，所制作的生产、生活用具也深受多民族的喜爱。其中手工设计制作的铜盘、铜壶、沙玛瓦尔、布拉其盆等因做工精细、造型美观而受到维吾尔族、哈萨克族、柯尔克孜族的认可及欢迎，金银匠手工制作的金长子、项链、耳环、手镯、戒指、脚镯等也深受相邻民族的欢迎。乌孜别克族陶瓷匠手工制作的陶瓷多为生活器具，有主要为用于储物的各种形状的陶罐、生活用陶碗、陶盆及庭院室内用的陶制花盆等。围绕农业定居生产生活的需要，乌孜别克族工匠使用铁质料加工生产各种农具，如铁锹、斧头、坎土曼、镰刀、铁犁、铁皮桶、铁皮盆、铁壶、铁钳及翻砂铸造的小型生铁炉等，包括建筑的铁制配件、门扣、门环、门合页等。乌孜别克族主要围绕牧区生产生活的需要所进行的手工制作，在牧区定居点有兼职的铁匠，使用铁料锻造加工生活所需的铁制器具，平日里与其他牧民一样每天放牧割草，在所居住的环境中设有一间用于手工制作的作坊，配备有风箱、灶及打铁用的石古子，主要打制马铁掌、马钉、斧头、锄头及维修农牧业生产用工具。

（五）近现代文明的影响因素

从近现代我国乌孜别克族的分布及产业状况看，乌孜别克族经济文化类型几经变迁，但商业贸易呈现其主要的经济特色，大部分生活在城市的乌孜别克族依然从事商业贸易活动。19世纪末在乌鲁木齐贸易圈里开设的8家较大的洋所中，乌孜别克人就占5家。中华人民共和国成立后，乌孜别克族商业户由过去分散的经营逐渐纳入公私合营的计划经济模式，特别是改革开放以来逐步完成了由计划经济向市场经济的转变。由于传统的社会经济生产、生活模式，新疆各少数民族对科学技术的掌握水平还较低。自改革开放以来，政府不断加大对少数民族科学技术人才教育培养的投入，为各族群众学习和使用科学技术创造了良好的环境。使科技兴业得到有序、健康的发展。乌孜别克族较集中的农区设立农业科技综合示范区等各种形式推动科学技术在经济生产活动中的应用。通过以点带面来提升经济效益，改善并提高生活水平。过去生活在牧区的乌孜别克族几乎没有什么农业，生活在木垒大南沟乌孜别克乡的村民主要根据所处的自然环境条件从事牧业生产，经济生产较为单一，因此对于牧区的乌孜别克族来说农业生产起步较晚，在许多方面仍面临学习，必然对相邻民族已有的农业生产经验进行借鉴与吸收，并结合本地区的自然条件制造、改进与之相关的简易生产工具，同时也利用现代机械手段进行农资的运输、耕种、施肥、收割等。逐渐形成了牧农结合、以养带种、以养促种的经济局面。生活在牧区的乌孜别克族由于各方面的条件较差，在疾病医治方面常缺医少药。牧民大多数只能从所处的自然环境中寻找解决的办法，并积累获得了一

些医疗的方法，乌孜别克乡现在已建有专业医院，专设有内科、儿科、妇产科及防疫所，一般病症则可就地进行治疗，通过相关卫生科普知识宣传使村民逐步建立起健康的生活方式。由于农业的发展也带动了养殖业的发展，涌现多个专业种植业大户，明显的经济效益与不断改善的生活状况进一步强化了定居的经济生产、生活方式意识。

交通、电力、通信等设施的建设也为村民的生产、生活带来了极大地便利，信息沟通、文化交流通过学习开阔视野逐渐成为大家的共识，并且渗透到乌孜别克族的造物设计活动当中。

二、乌孜别克族手工艺产品现状

（一）市场经济环境下的民族手工艺

乌孜别克族手工艺产业与其生活方式有密切的关联，手工艺产品除了满足日常生活需要外，更多的是将其拿到市场上进行出售。随着现代工业的发展及工业产品供给的不断扩大，造成民族传统手工艺制品市场占有率明显下降，一定程度造成传统手工艺从业者的减少。

在日常的生活中人民对生活的用品更愿意从经济、实用的角度去考量，在不违背传统观念基础上接受现代工业加工制品，在传统与现代中寻找自己的定位。乌孜别克族人使用金、银、铜等生产制作的各类首饰品依然受到人们的欢迎，是与乌孜别克族妇女佩戴饰品这一传统习性对应。购买具有民族传统装饰图案风格的壁毯，张挂在居室内的墙石上，其工艺技巧壁毯的纹理结构组织及装饰图形、色彩等一定程度体现并满足了传统文化的心理及情感需要。在社会市场经济并不发达的年代里多呈现为自给自足式的手工制作来满足日常生活的用品需要，而市场经济进一步强化了分工协作的手工生产形式，也使得现代工业的标准化概念引入其中，产品更注重标准要求下的规范生产活动行为，使得这类消费商品通过市场的流通渠道购买获取。生产经营者也根据市场的销售变化情况来组织生产加工，科技手段的运用使生产的效率获得极大提高，也使这类生活用品的生产制作更趋标准化的要求。使某种单一的品种生产呈现量产化，导致相同面貌的物品数量急剧增加。明显的增强这类物品的生产能力，并一定程度满足了生活的实际需要。乌孜别克族传统手工艺品不仅是出自手的劳动过程，更为重要的是乌孜别克族在设计造物过程中将生活的体验与感受自然浸注于其中，是特定自然及社会环境中的实践认识的结果。包括所使用材料的选择与加工，造物过程中对其形态、色彩及表面装饰形式等认识理解及情感化表达等是民族不同阶段历史生产、生活的真实反映。

在市场经济环境下，民族传统手工艺也呈现明显多元化的发展态势，是由新的社会历史环境条件所决定的，新技术、新工艺、新材料的不断涌现。便利的交通和快速发展的信息技术将人的生存置于一个多元文化交融的空间中。为适应时代发展的需要，乌孜别克族传统手工艺也面临着变革与发展，新技术、新材料的使用成为必然，市场经济的大潮自然成为传统手工艺生存的重要选项。

（二）保存相对完好的手工艺传统

乌孜别克族传统手工艺业历史悠久，早在金帐汗国时期都城萨莱城就存有发达的金属手工业、制革业及制陶业。乌孜别克族传统手工业制造与其生活的需要有着密切的关系，手工艺品的制造业具有民族的特色。改革开放后，新疆的经济建设有了快速的发展，乌孜别克族仍然保持着传统生活方式及习惯。身着民族传统服饰待客访友，婚礼中的新郎新娘喜着传统婚礼服，新娘佩戴传统饰品，在室内的墙上张挂壁毯进行装饰，习惯于在枕头、窗帘、围巾上刺绣精美的装饰图案，乌孜别克族传统的生活习俗观念及审美心理需求

等通过传统的手工艺造物方式得到体现，使乌孜别克族传统手工艺的生存发展具备一定的社会环境及条件，使手工艺传统得到相对完整的保存。

目录

第一章　乌孜别克族传统建筑
乌孜别克族壁龛　002
乌孜别克族建筑走廊　013
乌孜别克族平房　027
乌孜别克族墙体　034
乌孜别克族庭院　046
乌孜别克族屋顶　055
乌孜别克族毡房　065
乌孜别克族木制房门　079
乌孜别克族纱帘　084

第二章　乌孜别克族传统服饰
乌孜别克族巴达木花帽　090
乌孜别克族魁纳克连衣裙　095
乌孜别克族塔什干花帽　100
乌孜别克族绸布三角形绣花腰带　104
乌孜别克族高筒皮靴　108
乌孜别克族男式斜领右衽托尼　114
乌孜别克族男装毛衣　119
乌孜别克族辫发　123
乌孜别克族女装斗篷　126
乌孜别克族绣花坎肩　131

第三章　乌孜别克族传统餐饮
乌孜别克族纳仁　138
乌孜别克族米肠子　142
乌孜别克族馕　146
乌孜别克族麻西克齐尔　150

乌孜别克族安坚婆罗　154

第四章　乌孜别克族传统生活用具

乌孜别克族派提努斯　160
乌孜别克族毕须克　167
乌孜别克族萨玛瓦尔　171
乌孜别克族火塘　178
乌孜别克族阿普图瓦和齐拉普恰　182
乌孜别克族木勺　186
乌孜别克族木箱　190
乌孜别克族床帷　194
乌孜别克族艾捷克　199
乌孜别克族弹布尔　204
乌孜别克族萨他尔　209

第五章　乌孜别克族传统生产工具

乌孜别克族坎土曼　214
乌孜别克族马鞍　218
乌孜别克族砍砍子　224
乌孜别克族铁锹、木锹　228
乌孜别克族甩镰　233

第六章　乌孜别克族传统手工艺

乌孜别克族艾德莱斯绸　240
乌孜别克族刺绣枕套　244
乌孜别克族花毡　249
乌孜别克族壁挂　254
乌孜别克族刺绣　260

  乌孜别克族绣花床罩　265
  乌孜别克族月牙形耳环　270

第七章　乌孜别克族传统民俗和宗教
  乌孜别克族古尔邦节　276
  乌孜别克族纳吾鲁孜节　280
  乌孜别克族肉孜节　285
  乌孜别克族传统婚礼　287
  乌孜别克族传统丧葬　294
  乌孜别克族拜垫　298

第一章 乌孜别克族传统建筑

乌孜别克族壁龛

图一　乌孜别克族壁龛主图1

乌孜别克族主要生活在新疆维吾尔自治区，多分布在伊宁、喀什、乌鲁木齐等地，呈散居状态。南疆因气候干燥温和，降水量少，多居住一种平顶稍有倾斜的长方形的土房，这种土木结构的房屋墙体很厚，冬暖夏凉，室内墙壁上挖有大小不同布局合理的壁龛。壁龛的沿框用雕花精美的石膏装饰图案。壁龛作为家庭生活的储物空间，一般放置家庭中必备的用具和器皿，以及主人所喜好的物品等，因冬季气候寒冷，使用存于墙体中封闭的火墙（壁炉）取暖，外观也采用龛形装饰，营造良好的室内氛围，呈现整体统一的装饰效果。

壁龛除使用木材装饰外也大量使用石膏装饰，以呈现富有特色的石膏雕花装饰形式。石膏组花多用于内外墙壁，有拱券形、圆形、多边形、多角形等装饰形状。宗教建筑中墙面凹进的主体龛形被称为"米合拉甫"，平面的龛形被称为"纳姆尼亚"。主要以石膏组花，是在尖拱进行四周花带边框装饰，多使用植物纹样、几何纹样、以二方连续或各种线饰组合。纹样有大丽菊、卷草纹、麦穗、巴达木、石榴等。石膏材料易于获得，并容易掌握制作方法，常使用翻模、湿雕等技巧装饰，主体感强、装饰效果强、洁净的白色能烘托室内的氛围，因而石膏材料深受乌孜别克族喜爱。

壁龛是乌孜别克族民居室内墙面装饰设计所采用的一种形式：其龛状的形制具有明显的宗教寓意，表明宗教信仰身份的同时，也期望保佑现实的生活，龛状造型的体量也依据被装饰的墙面的大小来合理布局。龛形边缘形状的设计处理也呈多种不同的变化，常采用富有节奏的边缘曲线形状，更显活泼与灵动。雕刻也多采用透雕、浮雕、刻线等表现手法，主人依据壁龛的体量大小而确定所摆放的生活物品。一般位于中间最大的壁龛会悬挂一块金丝绒布用以遮挡。在两边较小的壁龛空间中陈列一些装饰性强的生活物品，如花盘、铜壶、玻璃器皿等，为便于观看并不设挂帘遮挡。乌孜别克族壁龛设计是融合了民族信仰的情感与心理需求的一种视觉化符号形式表现，将实用功能性及民族精神性等综合为一体的设计表达。在材料的选择、处理与加工制作方面注重与地域性环境实际的社会生产、生活相结合，具有实际的意义因而被广泛接纳，成为极具民族装饰特点的设计案例之一。

图片来源

图一、图十四　陈述　摄影
图二　吾尔买提江·阿布都热合曼　摄影
图三、图五　陈西木　制图
图四、图六至图九、图十一至图十二　陈述、王静　制图
图十　陈述　木合亚提·加海　制图
图十五至图十七　陈述　陈西木　制图

图二　乌孜别克族壁龛主图2

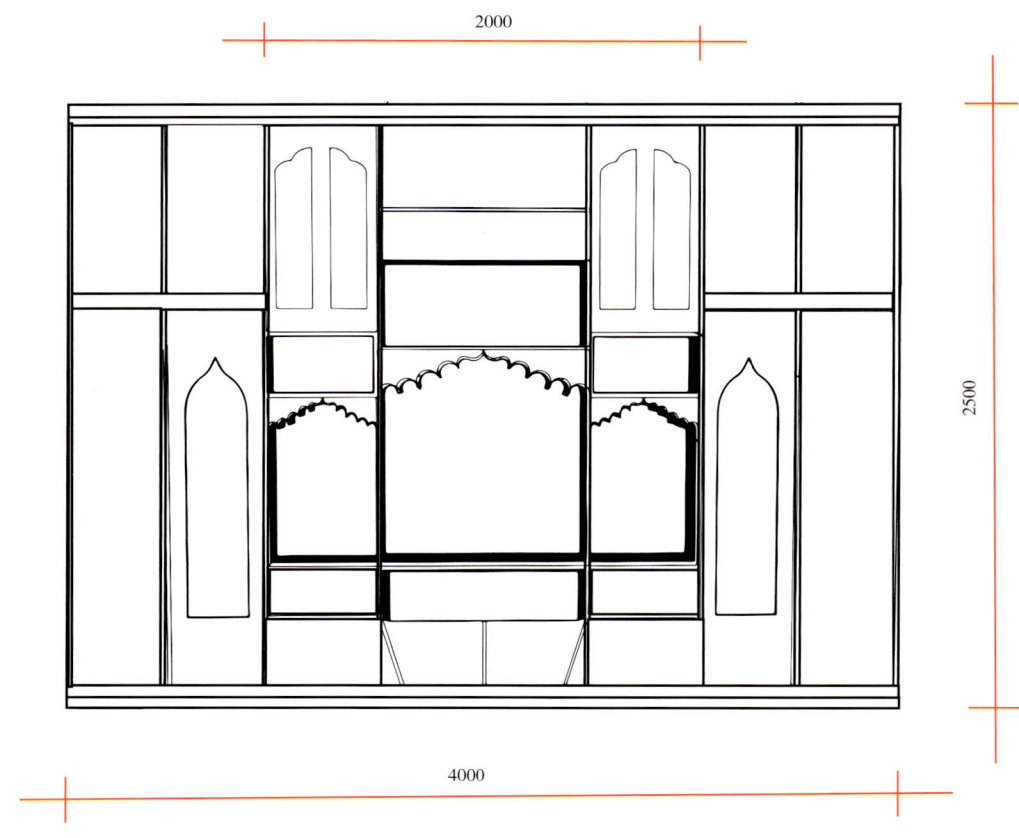

图三　乌孜别克族壁龛尺寸图1（单位：mm）

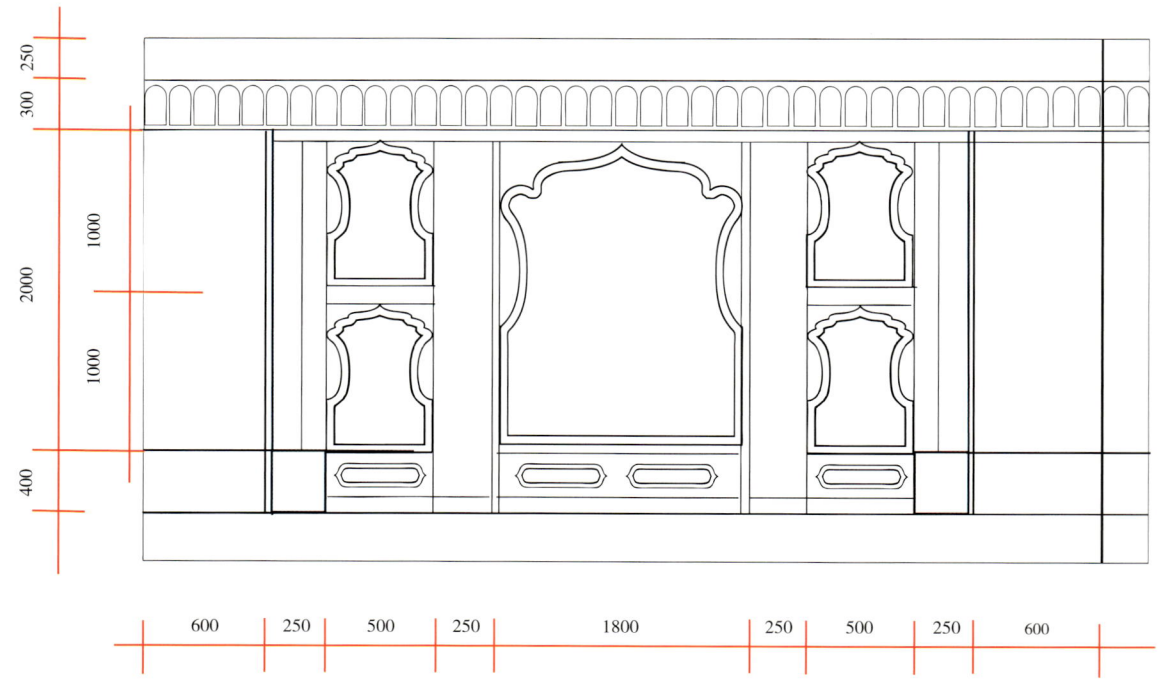

图四　乌孜别克族壁龛尺寸图2（单位：mm）

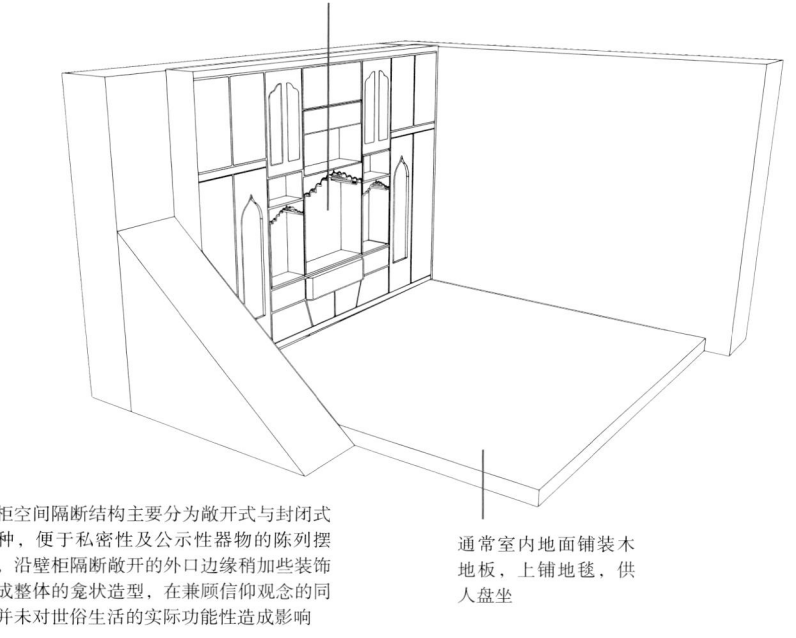

图五　乌孜别克族壁龛柜体功能及外观造型解析图

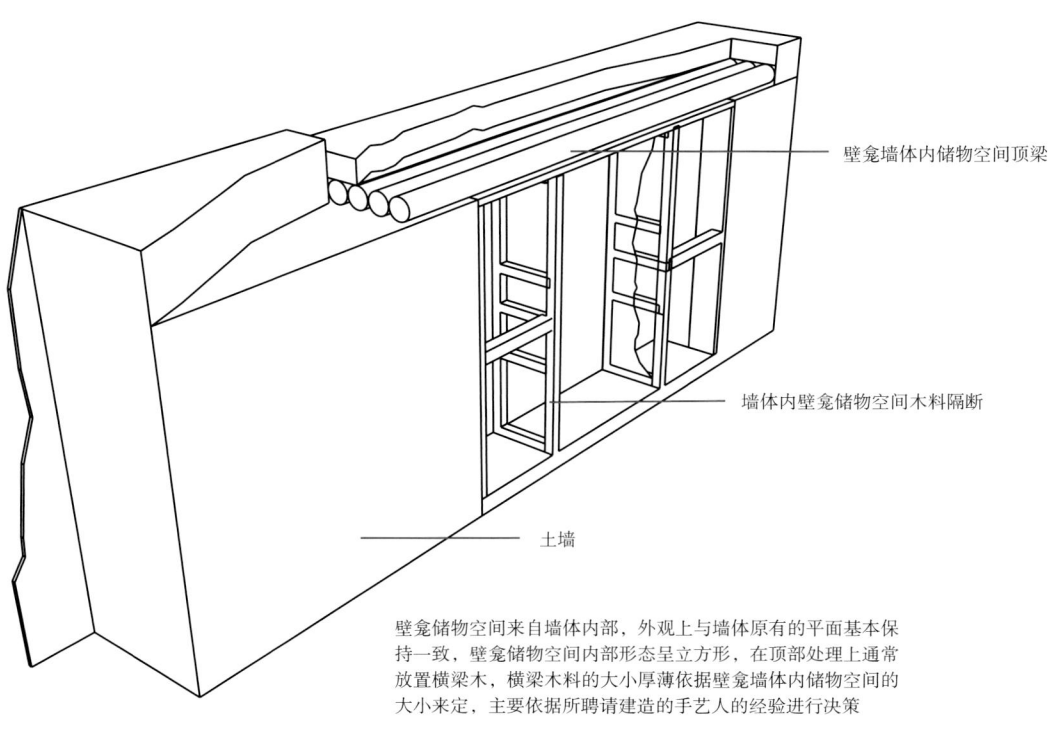

图六　乌孜别克族壁龛墙体内储物空间基本构造解析图

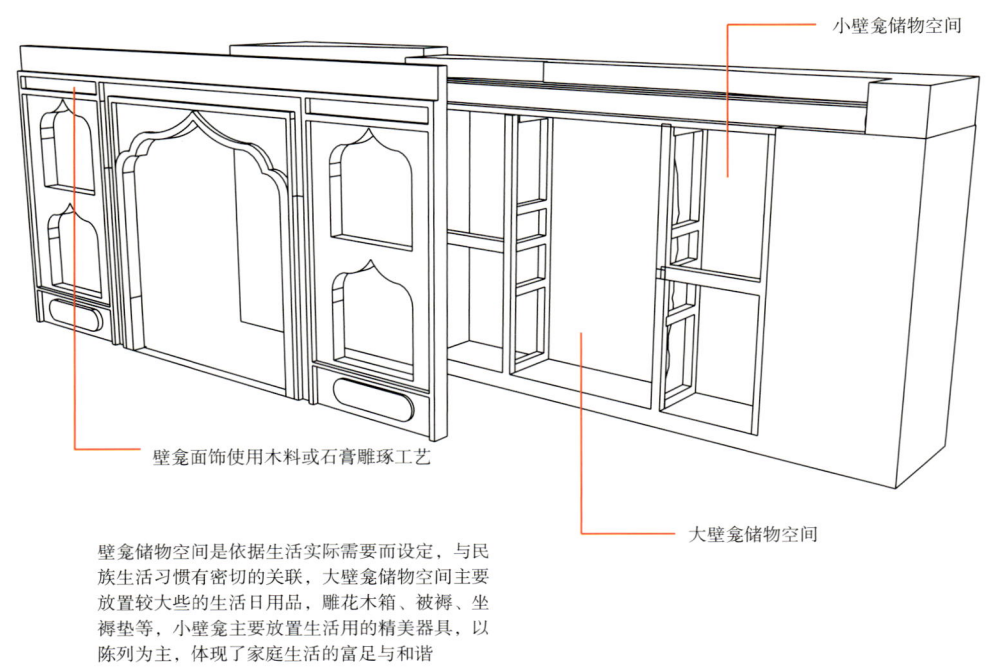

壁龛储物空间是依据生活实际需要而设定，与民族生活习惯有密切的关联，大壁龛储物空间主要放置较大些的生活日用品，雕花木箱、被褥、坐褥垫等，小壁龛主要放置生活用的精美器具，以陈列为主，体现了家庭生活的富足与和谐

图七　乌孜别克族壁龛储物空间解析图

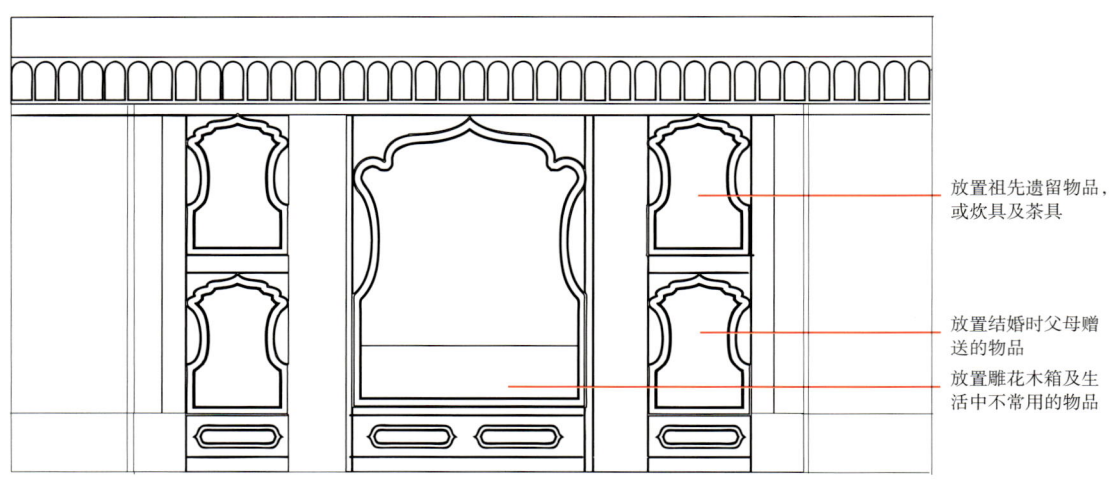

图八　乌孜别克族壁龛物品存放解析图

酱红色（约占88％）　　玻璃镜面色（约占12％）

壁龛色彩使用大面积酱红色，增加了壁柜的厚重与沉稳感，倾向于暖色调的壁柜与铺设地面的红色地毯搭配，更显室内色彩营造的热烈、活跃氛围

图九　乌孜别克族壁龛色彩解析图

壁龛面板上造型采用镜面材料，以满足日常功能性需要

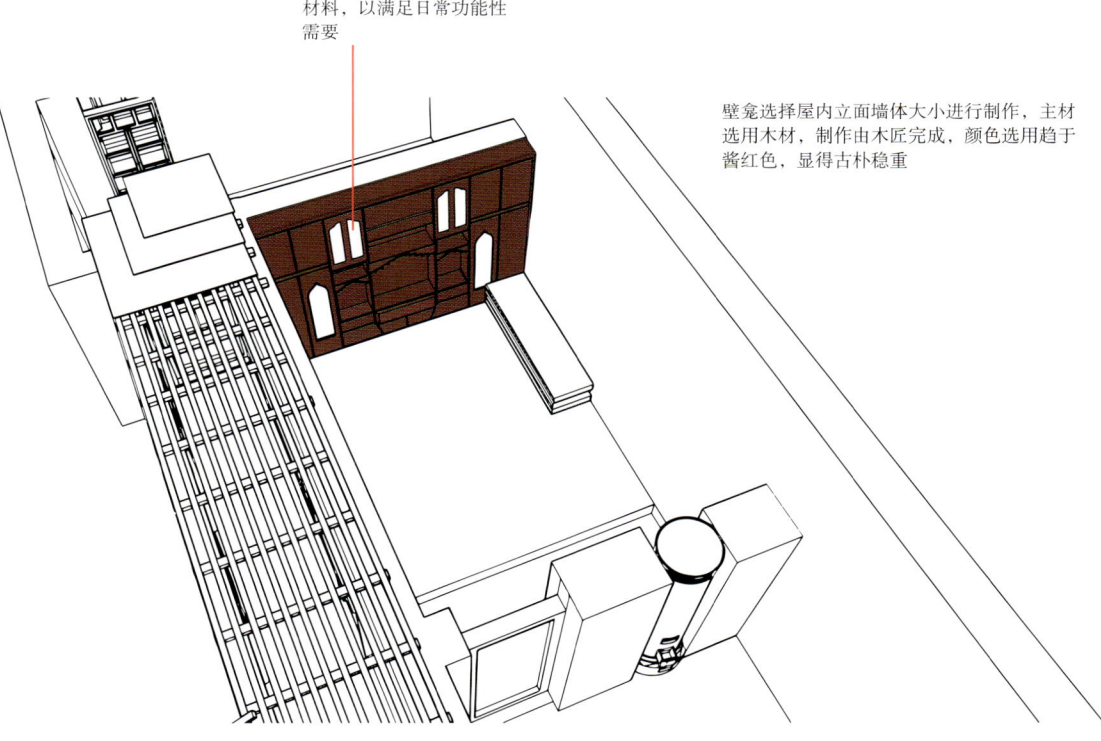

壁龛选择屋内立面墙体大小进行制作，主材选用木材，制作由木匠完成，颜色选用趋于酱红色，显得古朴稳重

图十　乌孜别克族壁龛制作材料解析图

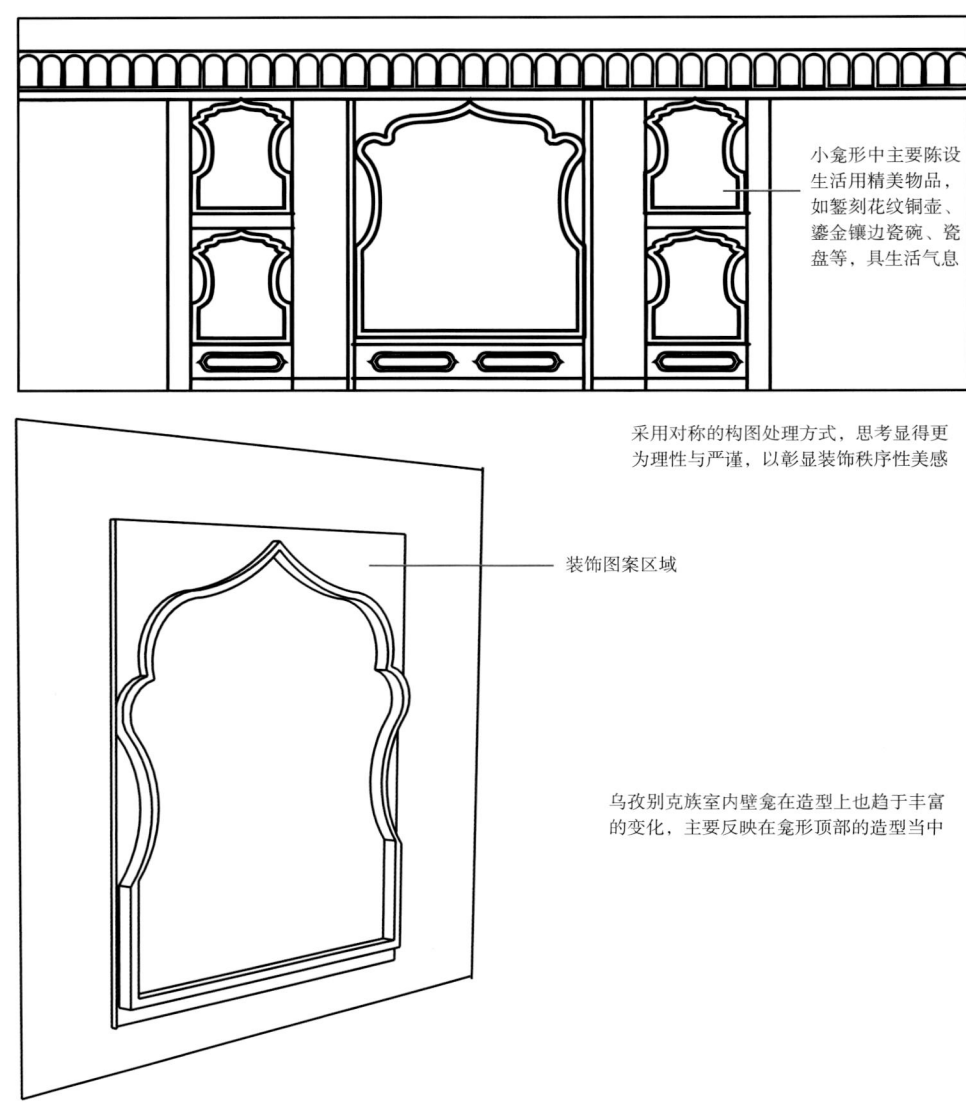

图十一 乌孜别克族壁龛装饰解析图

壁龛内可存储家庭常用的生活物品，大壁龛里通常储藏些被褥铺盖，半藏式的储藏收纳方式便于日常的打理及生活取用，由于从建筑墙体中切出的储藏空间，不占用建筑室内家庭成员活动空间，使墙体的功能得到充分的再利用，体现经济、灵巧、合理的设计理念

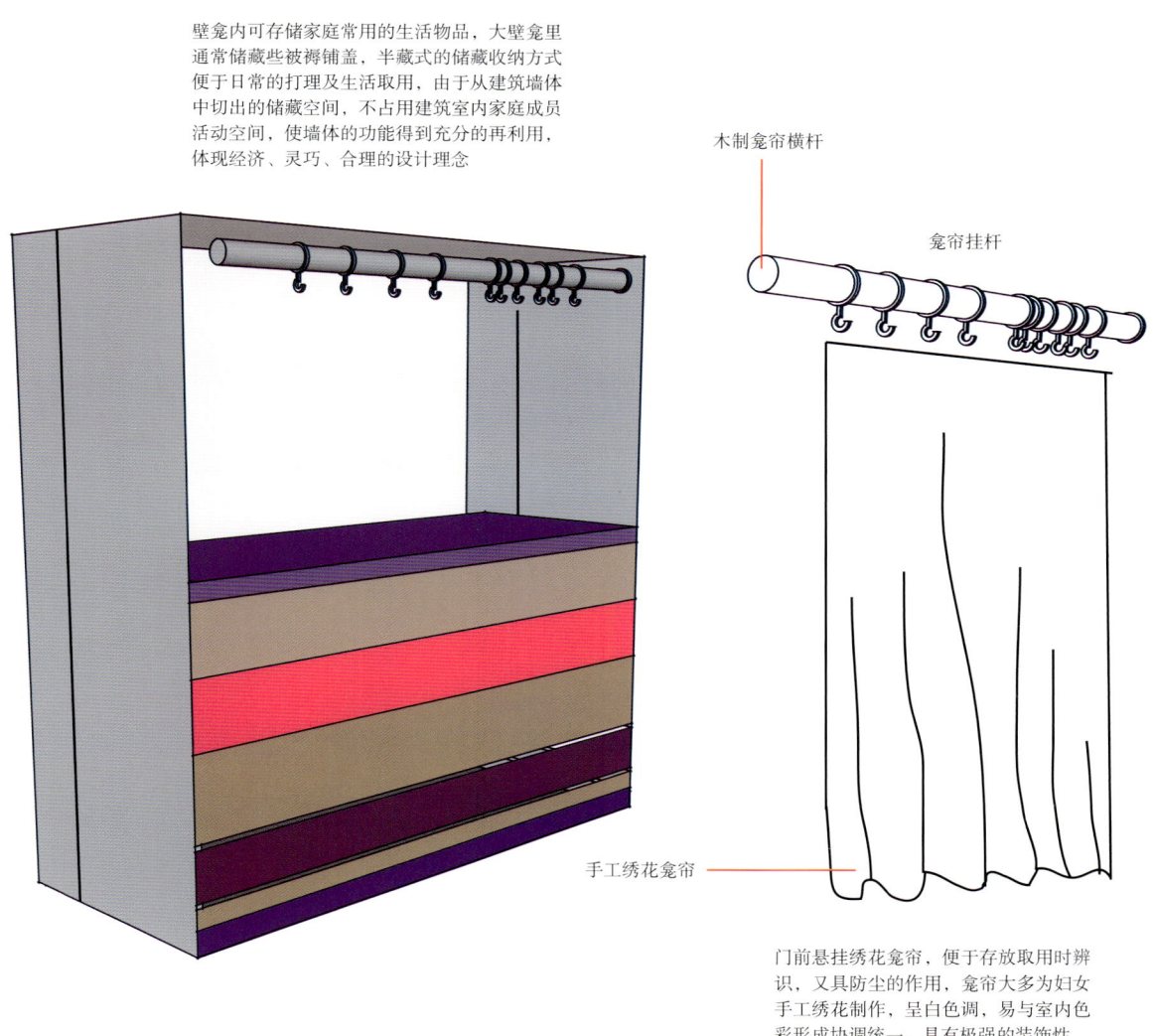

木制龛帘横杆

龛帘挂杆

手工绣花龛帘

门前悬挂绣花龛帘，便于存放取用时辨识，又具防尘的作用，龛帘大多为妇女手工绣花制作，呈白色调，易与室内色彩形成协调统一，具有极强的装饰性

图十二　乌孜别克族壁龛龛帘解析图

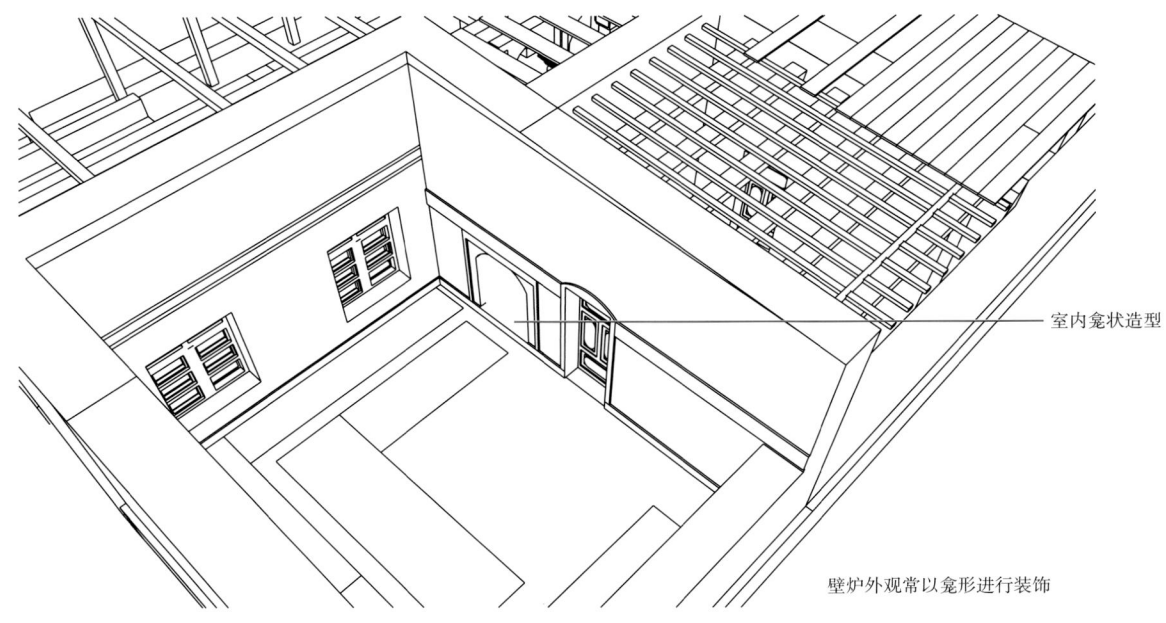

—— 室内龛状造型

壁炉外观常以龛形进行装饰

图十三　乌孜别克族壁龛外观装饰解析图

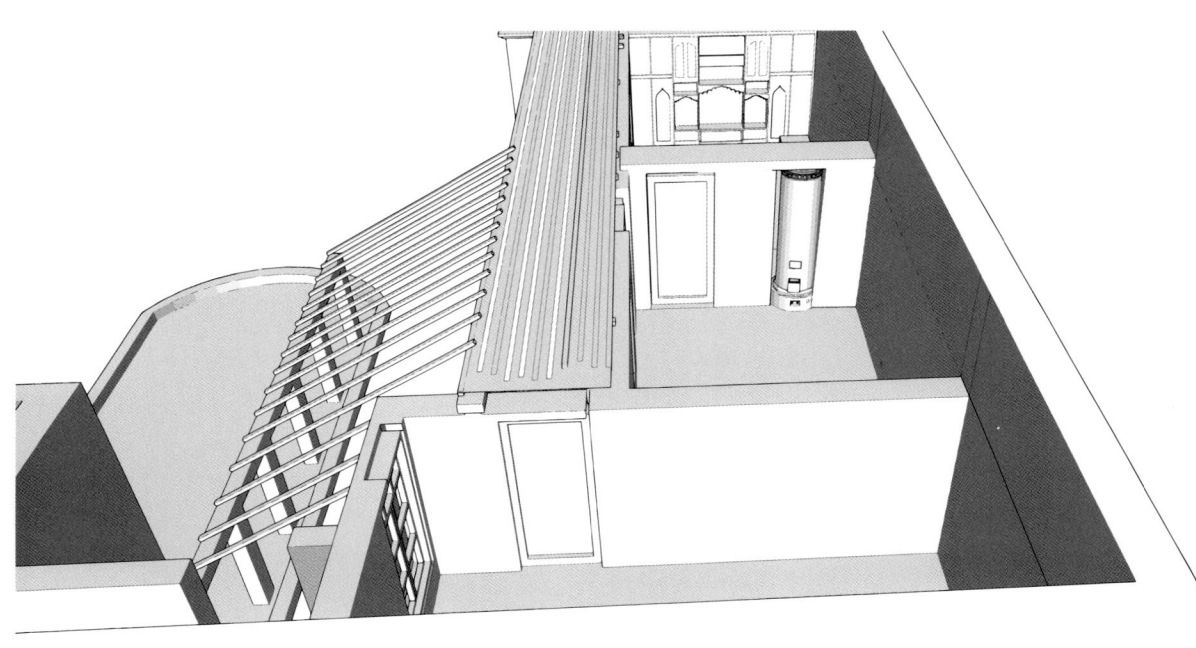

图十四　乌孜别克族壁炉位置示意图

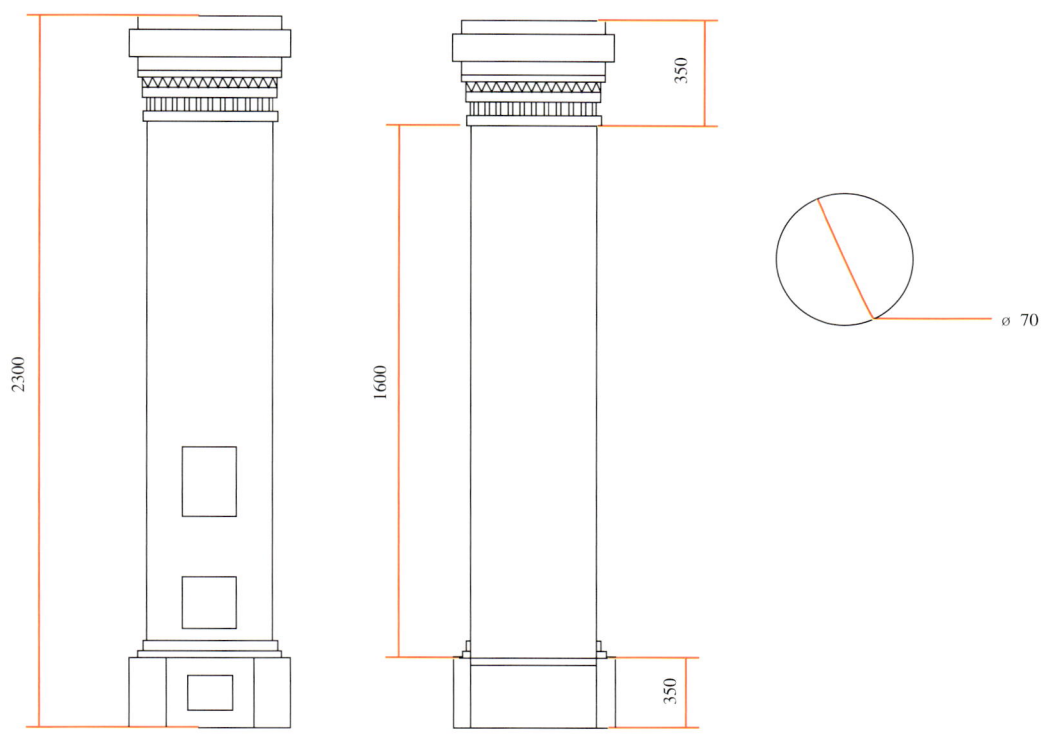

图十五　乌孜别克族壁炉尺寸图（单位：mm）

由于冬季气候寒冷，壁炉是乌孜别克族民居中必备的设施，炉膛和烟道砌筑在墙壁当中，通常不用于做饭，只用于室内取暖

图十六　乌孜别克族壁炉情境图

第一章　乌孜别克族传统建筑

011

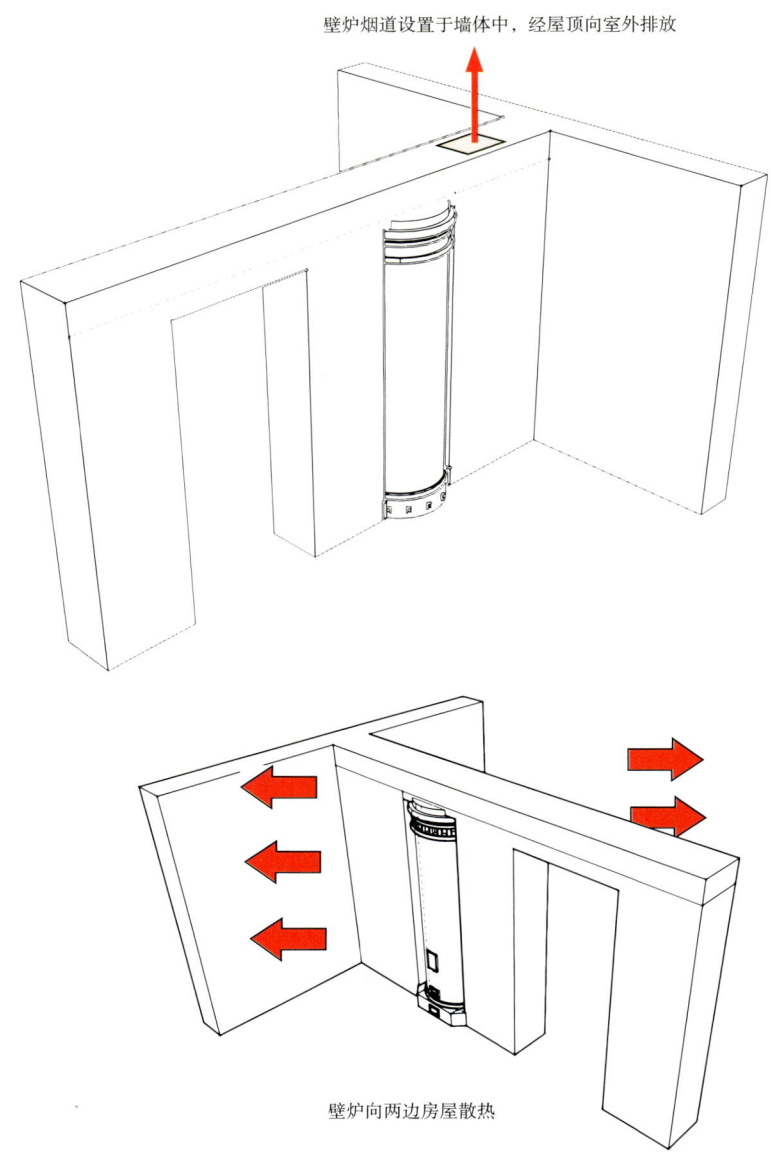

图十七 乌孜别克族壁炉功能解析图

乌孜别克族建筑走廊

图一　乌孜别克族建筑走廊主图

走廊，也称过道，是人们行走的空间，建筑走廊也是建筑环境中疏导人流的重要渠道。依据建筑功能的不同，走廊也呈现不同的变化以适应建筑的功能性要求。处于不同环境中的乌孜别克族，其过道的使用、建筑方法也具有很大的不同。

走廊为上部封顶，具有遮蔽作用。新疆地处内陆干旱地区，昼夜温差较大，白天正午太阳光照强烈，人处在遮挡物的阴凉下会感觉十分清爽。由于气候干燥，风雨中常夹带沙土形成混雨，而民居建筑的走廊却能起到很好的防风沙、雨淋、日晒的作用。

建筑环境中的走廊主要起到室内与室外的空间过渡作用，是人们生活的主要场所，主妇做一日三餐主要是在走廊的空间中完成。

乌孜别克族人的传统住房一般分为平房和两层楼房，形状多为长方形，材料主要是砖石或土块。住房的四周砌筑墙体围合起来，形成一家一户的独立院落。走廊为建筑屋檐下的过道或通道，多为向外开放的单面走廊。

乌孜别克族民居建筑本身与家族形态、家庭生活及社会生产方式有密切联系。民居建筑的样式功能都符合这一生产生活方式的基本需要。乌孜别克族由于散居于全疆各地，从事农业、手工业、商业、畜牧业，所以在其建筑中也明显带有原居住地民族的特征。南疆乌孜别克族柱式檐廊过道则与维吾尔族的过道基本相同。

走廊顶部常与建筑顶部连为一体，城镇定居者均建有土块结构的平顶房，在檐廊过道的木柱上雕饰精美的花纹。葡萄架搭至檐廊口，与整个屋顶连接起来，相映生辉，形成廊下的林荫通道，是夏季吃饭、会客、小憩的理想场所。廊柱一般选用上好的木材，柱顶托梁也常雕饰各种花纹。

乌孜别克族走廊的设计很好的把居民建筑室内和室外空间、形态及功能整合为一体，使不同区域空间的功能随季节的变化而发挥不同的作用。走廊也起到对会客、用餐等人流的疏通与引导作用，使室内与室外空间通过走廊的设计而形成一个导流、疏通的关键环节，并在走廊的木柱上雕饰或绘制精美的花纹，美化环境的同时表达对自然的眷恋之感。

图片来源

图一　陈述　摄影

图二　陈西木　制图

图三、图六、图七、图九、图十一、图十二、图十四、图十五、图十七、图十八　陈述　制图

图四、图五、图十、图十六　陈述、陈西木　制图

图八　陈述、王静　制图

图十三　陈述、王晨鉴　制图

图十九　吾尔买提江·阿布都热合曼　摄影

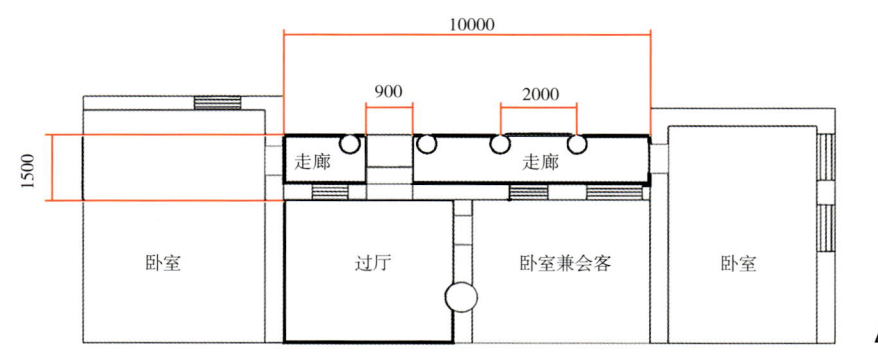

图二　乌孜别克族庭院建筑走廊尺寸图（单位：mm）

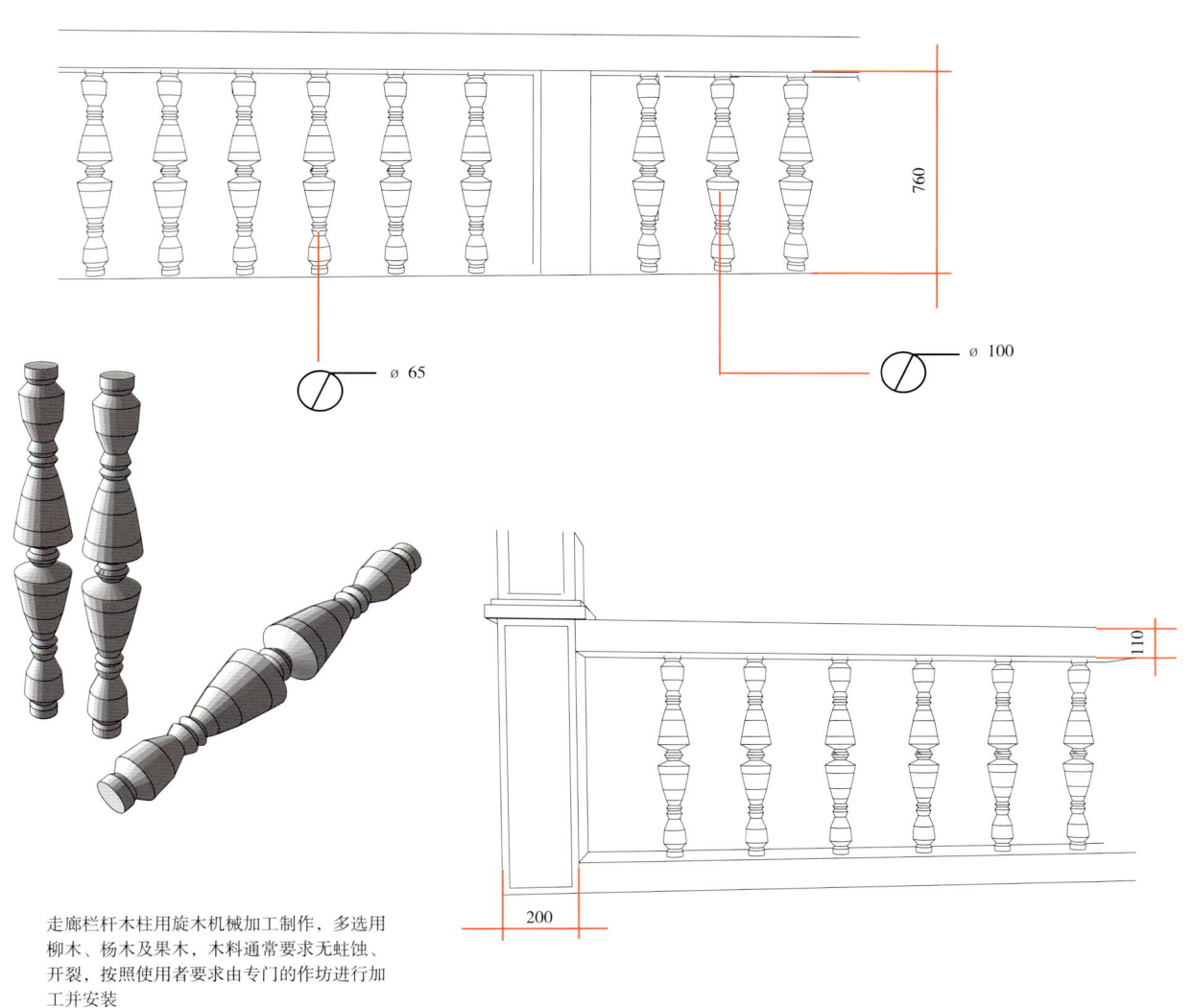

走廊栏杆木柱用旋木机械加工制作，多选用柳木、杨木及果木，木料通常要求无蛀蚀、开裂，按照使用者要求由专门的作坊进行加工并安装

图三 乌孜别克族建筑走廊栏杆尺寸图（单位：mm）

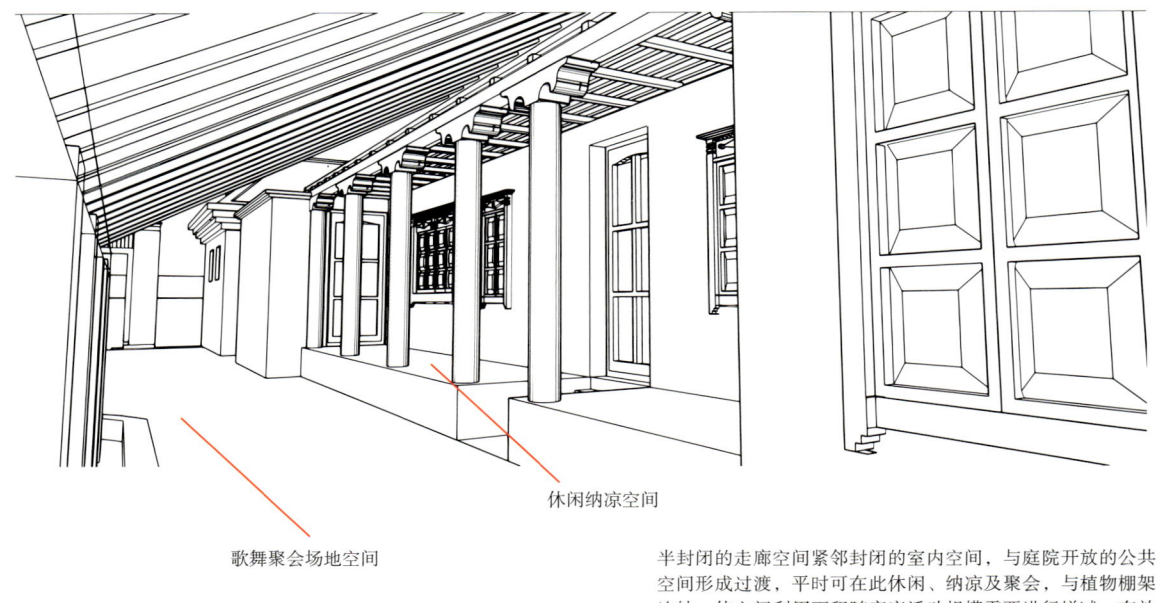

休闲纳凉空间

歌舞聚会场地空间

半封闭的走廊空间紧邻封闭的室内空间，与庭院开放的公共空间形成过渡，平时可在此休闲、纳凉及聚会，与植物棚架连结，使空间利用面积随家庭活动规模需要进行增减，有效地满足了家庭内部社交活动及生活日常需要

图四　乌孜别克族建筑走廊区域空间功能解析图

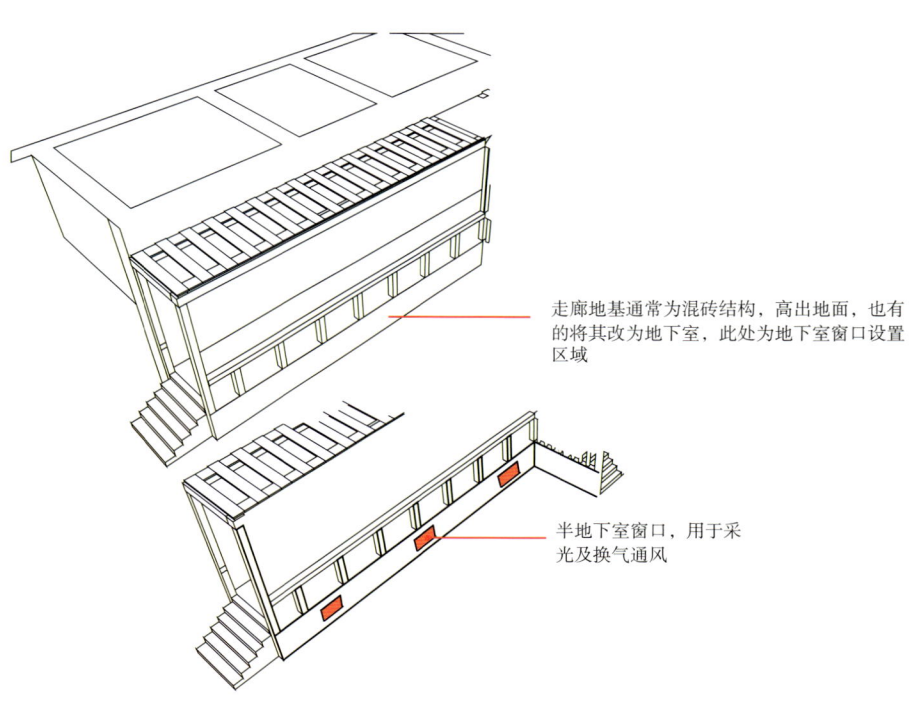

走廊地基通常为混砖结构，高出地面，也有的将其改为地下室，此处为地下室窗口设置区域

半地下室窗口，用于采光及换气通风

图五　乌孜别克族建筑走廊地基解析图

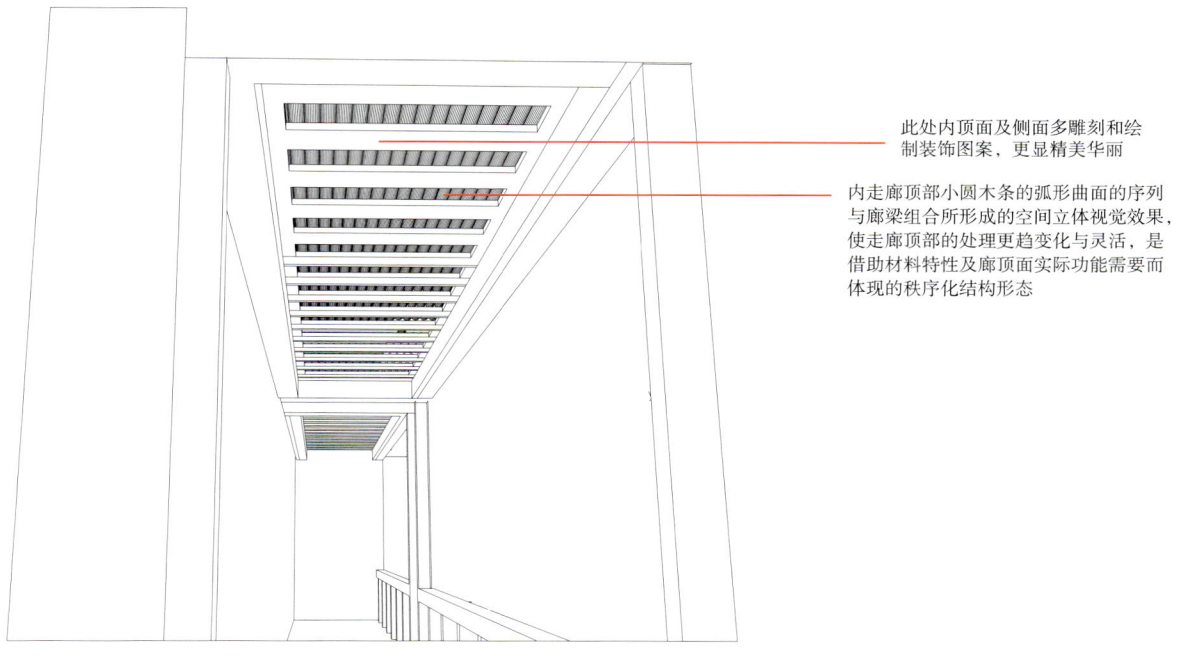

此处内顶面及侧面多雕刻和绘制装饰图案，更显精美华丽

内走廊顶部小圆木条的弧形曲面的序列与廊梁组合所形成的空间立体视觉效果，使走廊顶部的处理更趋变化与灵活，是借助材料特性及廊顶面实际功能需要而体现的秩序化结构形态

图六　乌孜别克族建筑走廊内顶面解析图

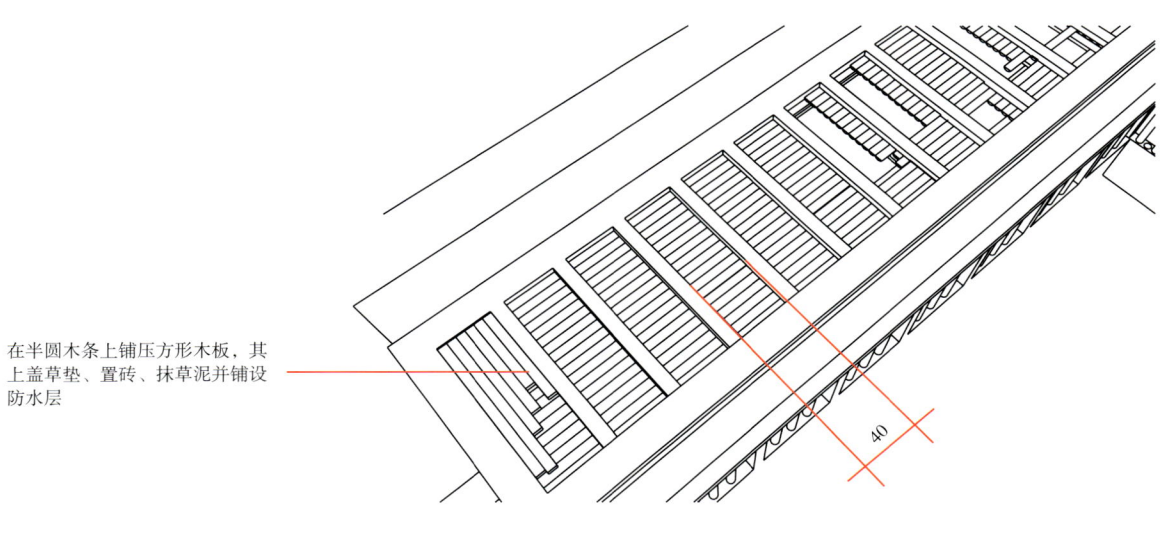

在半圆木条上铺压方形木板，其上盖草垫、置砖、抹草泥并铺设防水层

图七　乌孜别克族建筑走廊顶部外部铺装解析图（单位：mm）

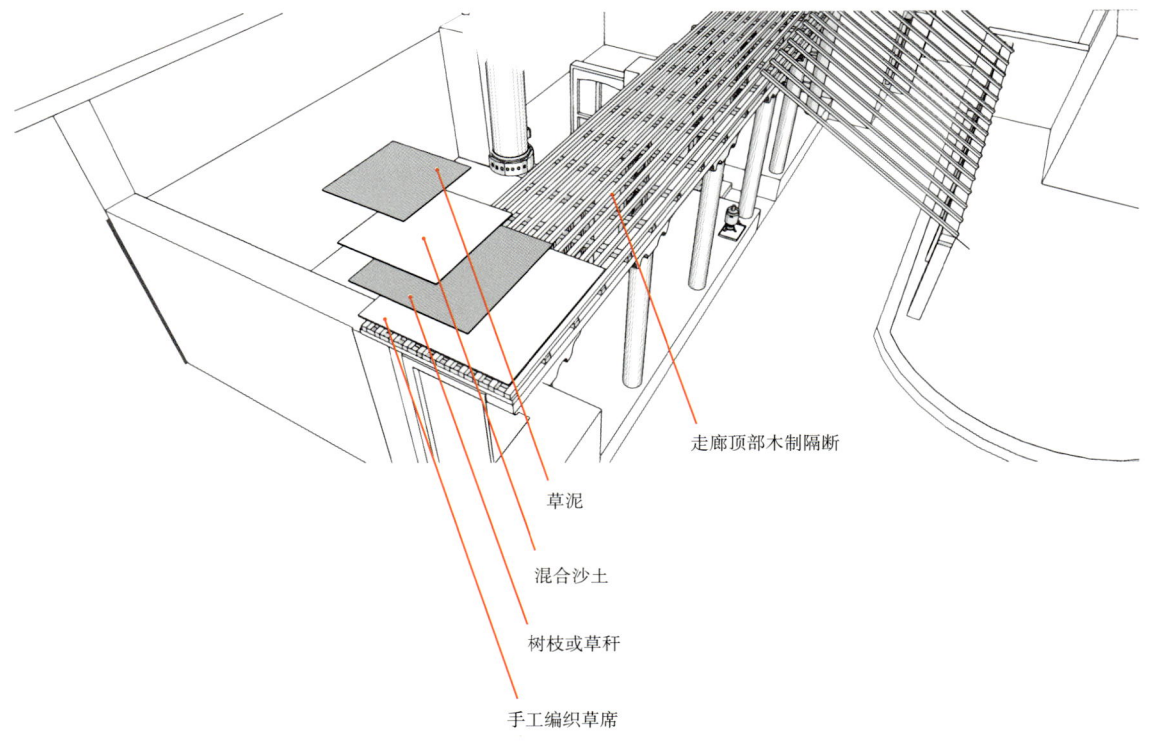

走廊顶部木制隔断

草泥

混合沙土

树枝或草秆

手工编织草席

图八　乌孜别克族建筑走廊顶部使用材料解析图

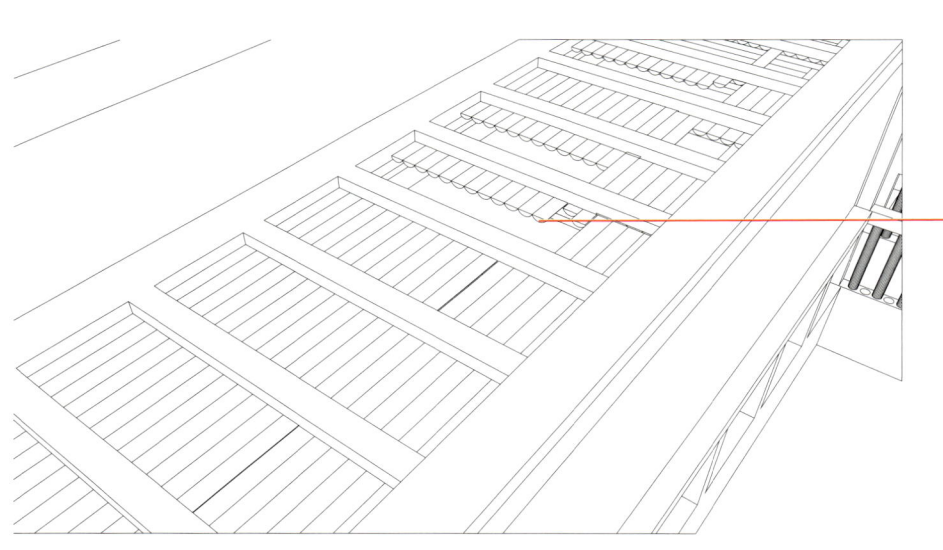

建筑走廊顶部在使用木料制作的凹槽内，添加剖开的小圆弧面朝下，平面朝上，并在上压盖木板用以挤压固定排列的小圆木条

图九　乌孜别克族建筑走廊顶部木料工艺分析图

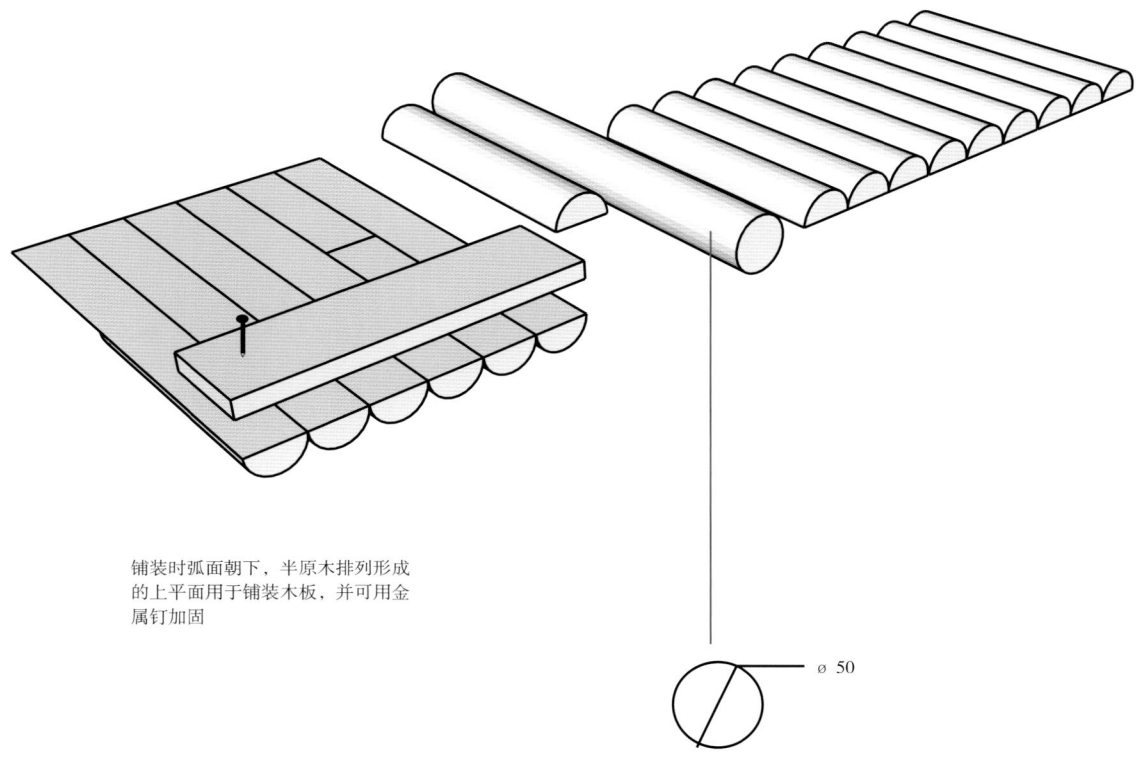

铺装时弧面朝下,半原木排列形成的上平面用于铺装木板,并可用金属钉加固

ø 50

图十 乌孜别克族建筑走廊顶部半圆木条工艺分析图(单位:mm)

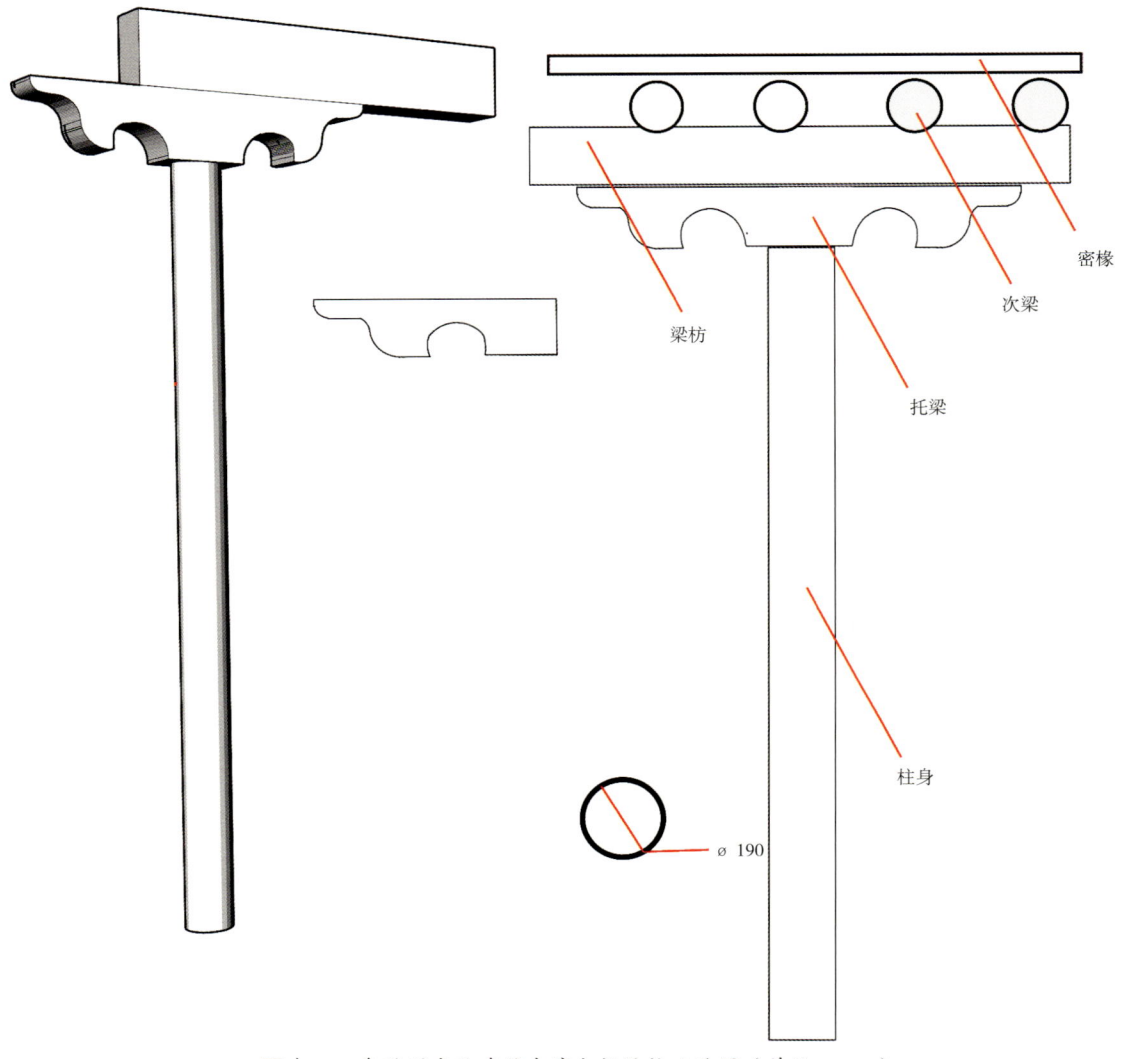

图十一　乌孜别克族建筑走廊木柱结构名称图（单位：mm）

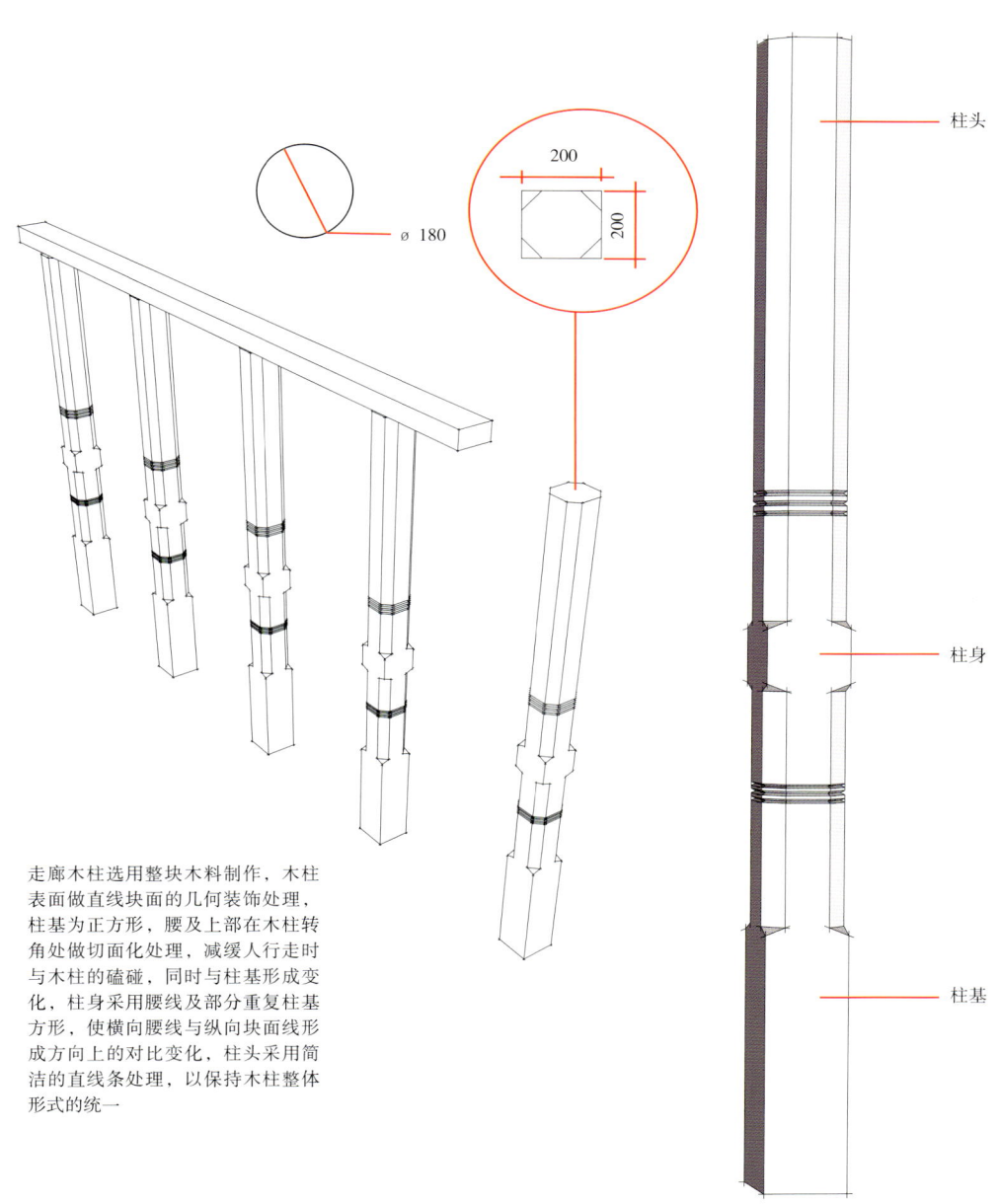

走廊木柱选用整块木料制作，木柱表面做直线块面的几何装饰处理，柱基为正方形，腰及上部在木柱转角处做切面化处理，减缓人行走时与木柱的磕碰，同时与柱基形成变化，柱身采用腰线及部分重复柱基方形，使横向腰线与纵向块面线形成方向上的对比变化，柱头采用简洁的直线条处理，以保持木柱整体形式的统一

图十二　乌孜别克族建筑走廊木柱造型解析图（单位：mm）

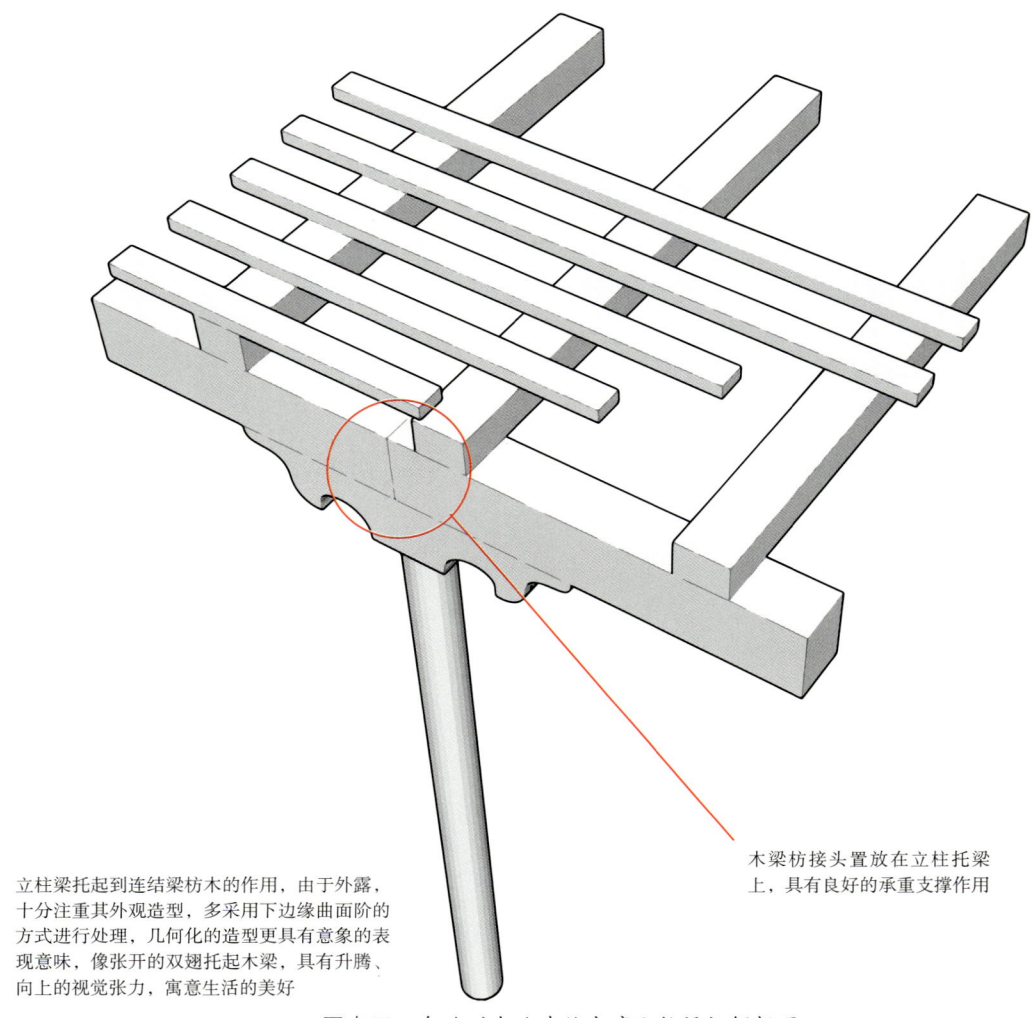

立柱梁托起到连结梁枋木的作用，由于外露，十分注重其外观造型，多采用下边缘曲面阶的方式进行处理，几何化的造型更具有意象的表现意味，像张开的双翅托起木梁，具有升腾、向上的视觉张力，寓意生活的美好

木梁枋接头置放在立柱托梁上，具有良好的承重支撑作用

图十三　乌孜别克族建筑走廊立柱梁枋解析图

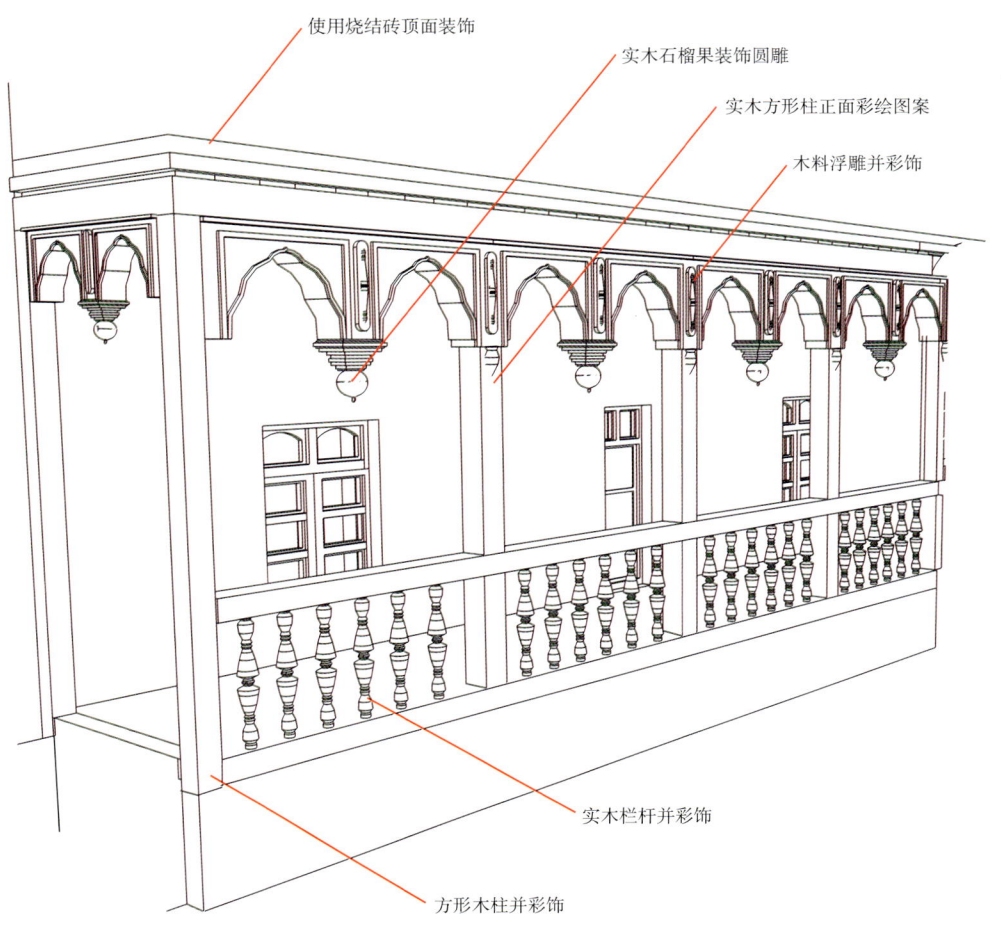

图十四 乌孜别克族建筑走廊装饰材料解析图

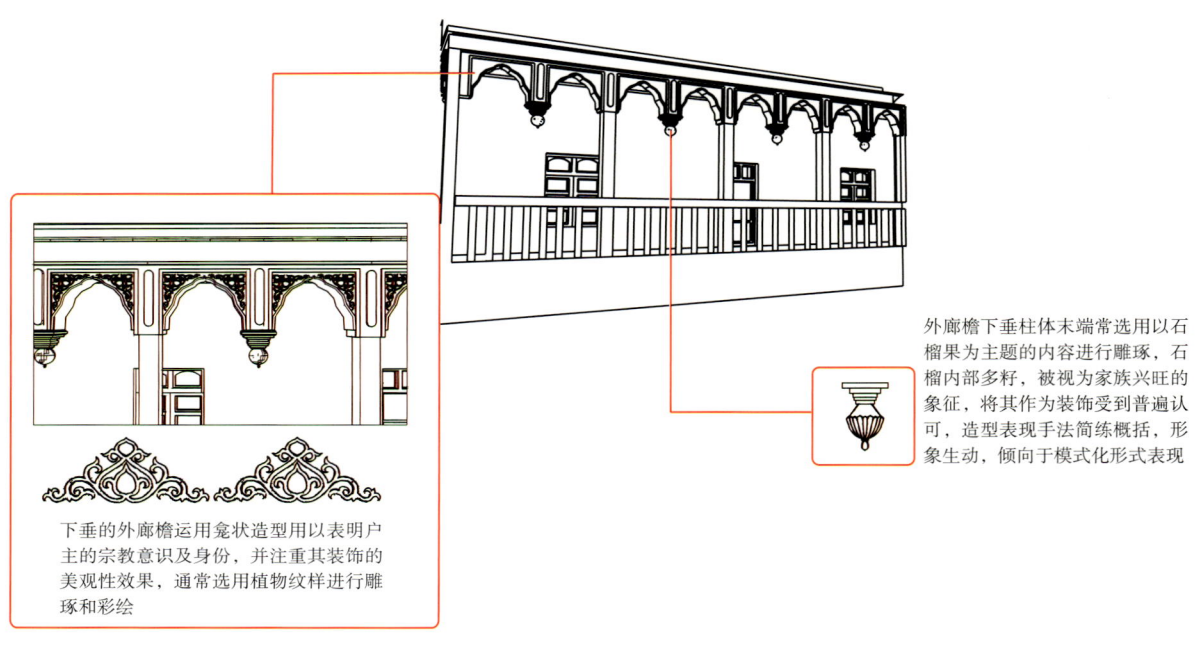

图十五　乌孜别克族建筑走廊上廊檐装饰部位解析图

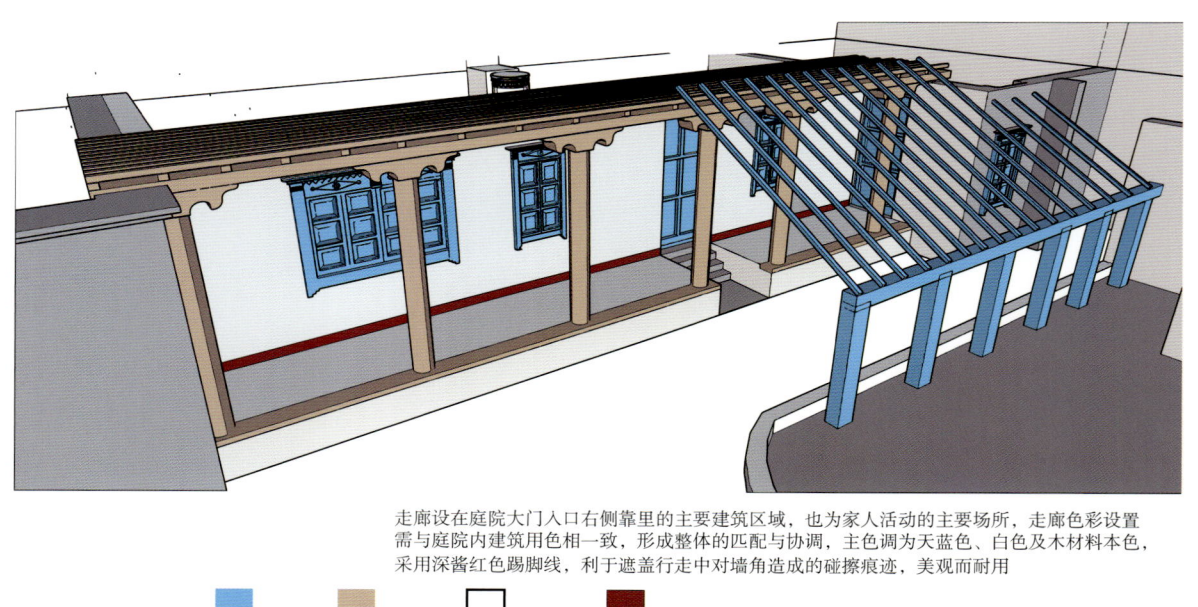

图十六　乌孜别克族建筑走廊色彩解析图

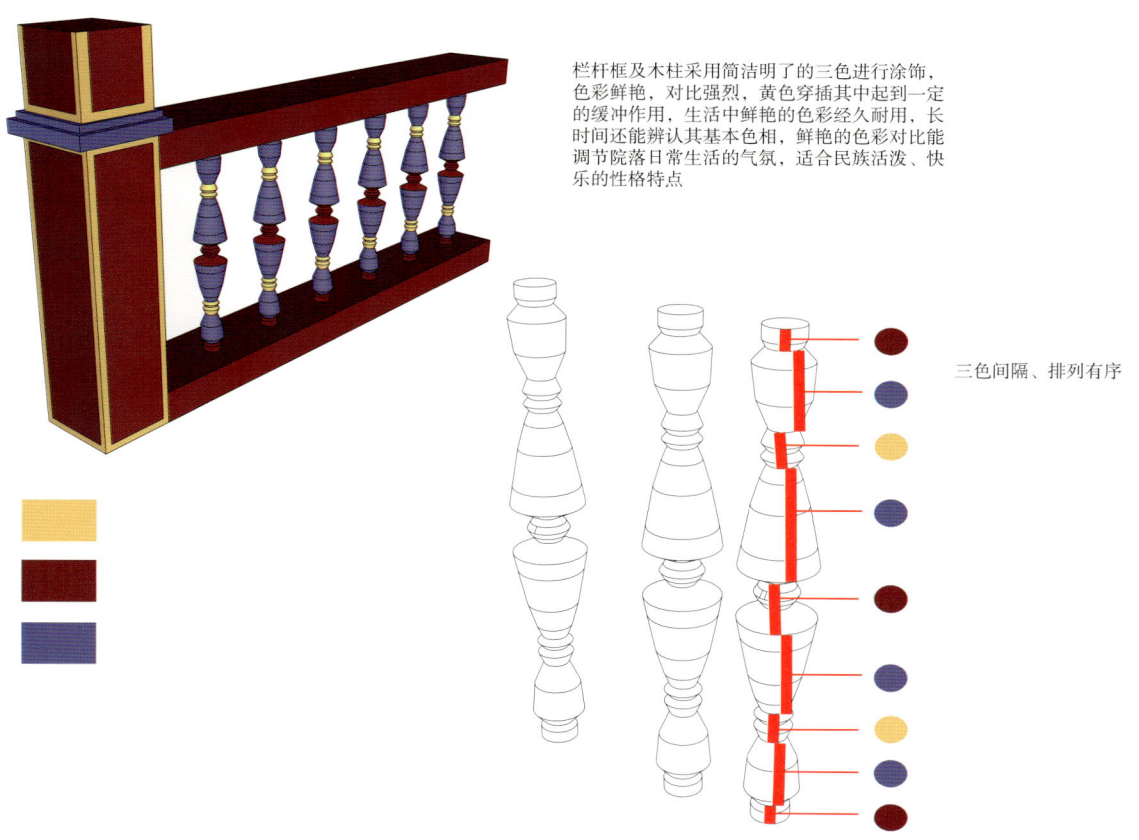

栏杆框及木柱采用简洁明了的三色进行涂饰，色彩鲜艳，对比强烈，黄色穿插其中起到一定的缓冲作用，生活中鲜艳的色彩经久耐用，长时间还能辨认其基本色相，鲜艳的色彩对比能调节院落日常生活的气氛，适合民族活泼、快乐的性格特点

三色间隔、排列有序

图十七　乌孜别克族建筑走廊栏杆色彩解析图

图十八　乌孜别克族建筑走廊内空间效果示意图

第一章　乌孜别克族传统建筑

图十九　乌孜别克族建筑走廊情境图

乌孜别克族平房

图一 乌孜别克族平房主图

乌孜别克族有浓厚的家庭家族观念，历来认为家庭不仅是生活的归属，也是精神的寄托，家族权利的执掌，往往由家庭内部德高望重、具有能力的长者担任，以维系家族内部的关系及有序的生活，和睦的家庭成为平房设计在功能方面所体现的重要因素之一。

乌孜别克族传统住房一般为平房或两层房，主要使用砖石或土块进行建造。房屋有两室到八室，一主屋两三个厅，房屋一般为200平方米以上，客厅、卧室多设一扇窗户，窗户为两层，冬天可以起到保暖的作用。在主屋前面设有厨房，厨房与卫生间离得很远。乌孜别克族民居的窗户一般较大，利于采光、透气。一般主屋或重要的客厅门窗都设计为落地式的，不仅宽敞明亮，同时还具有开阔的视野，使室内与室外庭院内的乔木、花草交相辉映，呈现勃勃的生机。建房时的地基一般采用较大的石块砌筑，房顶为带有斜坡的草泥平顶，以利于排泄雨雪。屋檐用烧制的红砖或青砖砌筑，绘有连续性的几何花纹图案，装饰性强，一般住房前都设有延伸的廊檐，冬季既可避雨雪，夏季又是全家聚餐的理想之处，增进了家族成员的感情。根据实际情况的需要及经济条件的差别，房屋的布局装饰也不尽相同。生活在北疆伊犁地区的乌孜别克族，传统住房主要有一字形，即以一明两暗的三间式单元组合结构布局。曲折形是根据实际的生活需要及户主的个人喜好，在一字形的基础上再以一头垂直延伸，以增加使用的面积，形成一个半封闭的廊檐环境。组团式房间有较多卧室，主要分布于前面两排，门厅具有御寒挡风的功能。内部各室互通，但整体具有较强的封闭性，其受俄罗斯建筑的影响较深。

平房的设计布局反映了乌孜别克族在长期的社会生活实践中对其他民族住房形式的吸收、借鉴与改造，从而满足自身居住的基本要求。这种住房是维系乌孜别克族长期以来的固有家庭观念所必需的良好外部环境，利于建立家族成员间的分工合作机制，同时也体现了乌孜别克族人对与自然的关系的认识。平房设计中采取的方式，所创造的功能性及所表达的理念足以引起设计师的关注与思考。

图片来源
图一、图十一　陈述　摄影
图二　陈西木　制图
图三　陈述　陈西木　制图
图四　陈述　王晨鉴　制图
图五　陈述　赵欣一　制图
图六至图九　陈述　制图
图十　陈西木、陈述　制图

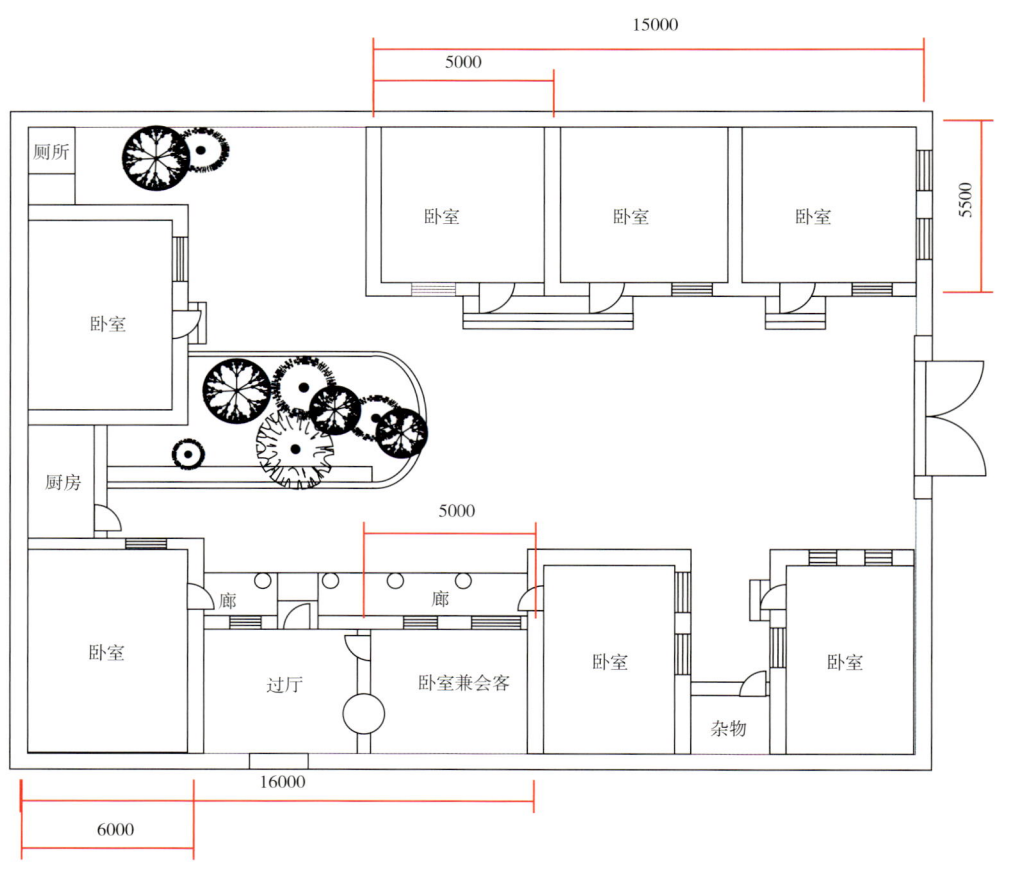

图二　乌孜别克族平房平面尺寸图（单位：mm）

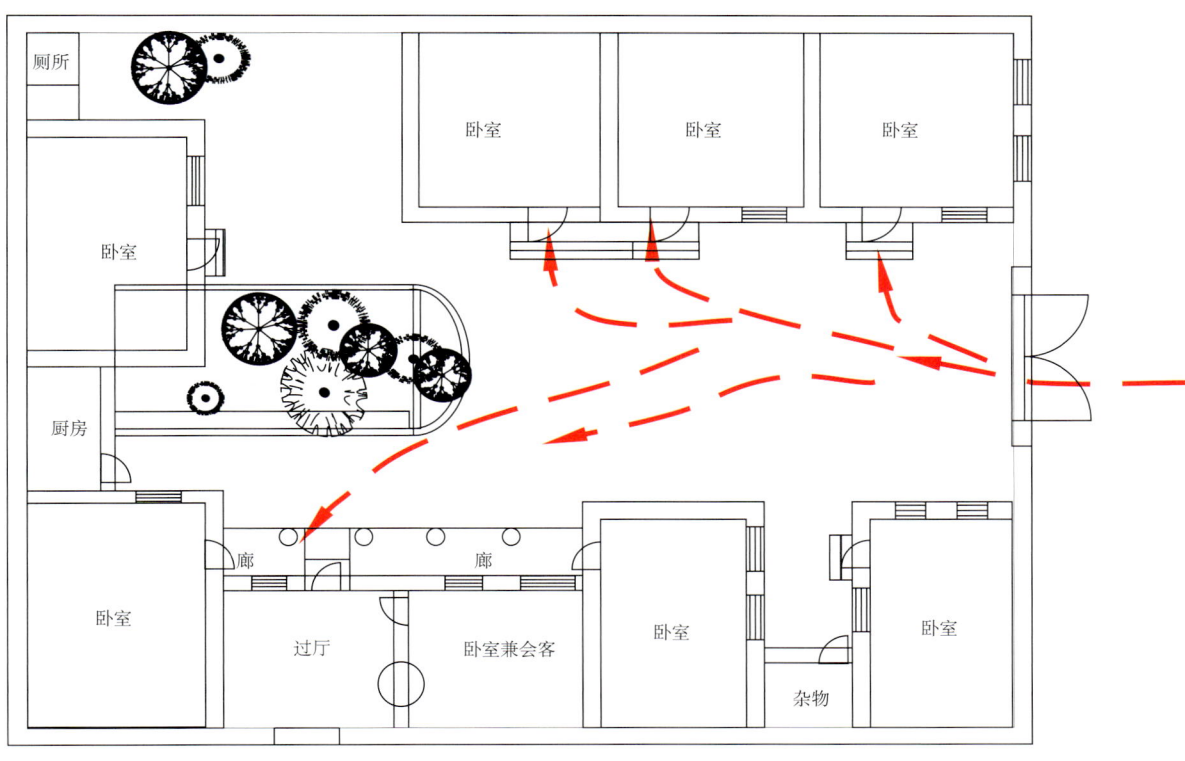

图三　乌孜别克族平房内部导流示意图

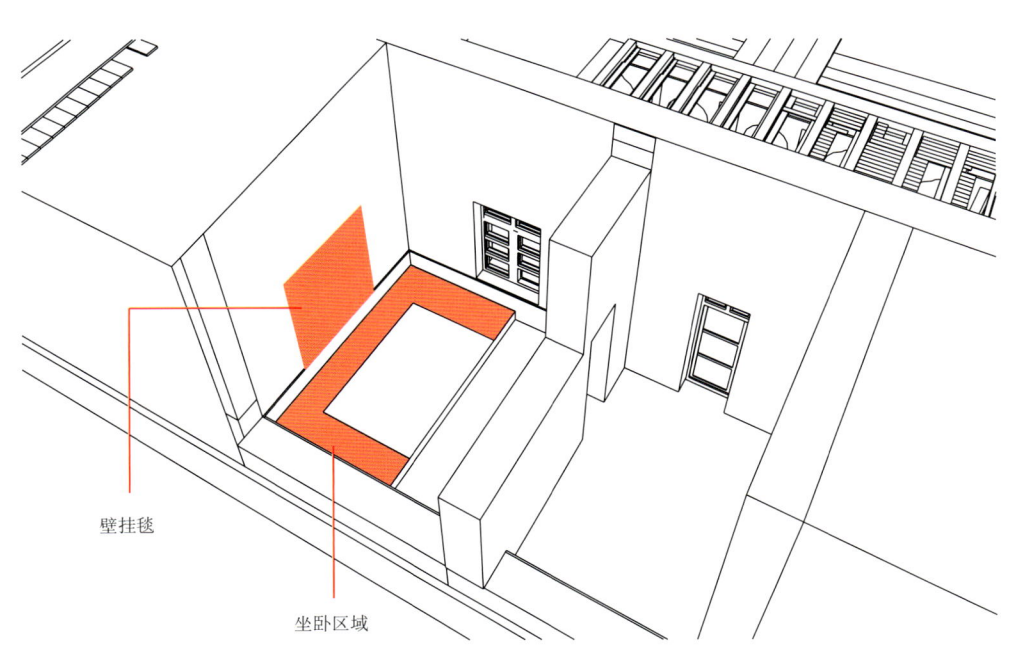

图四　乌孜别克族平房卧室空间布局名称图

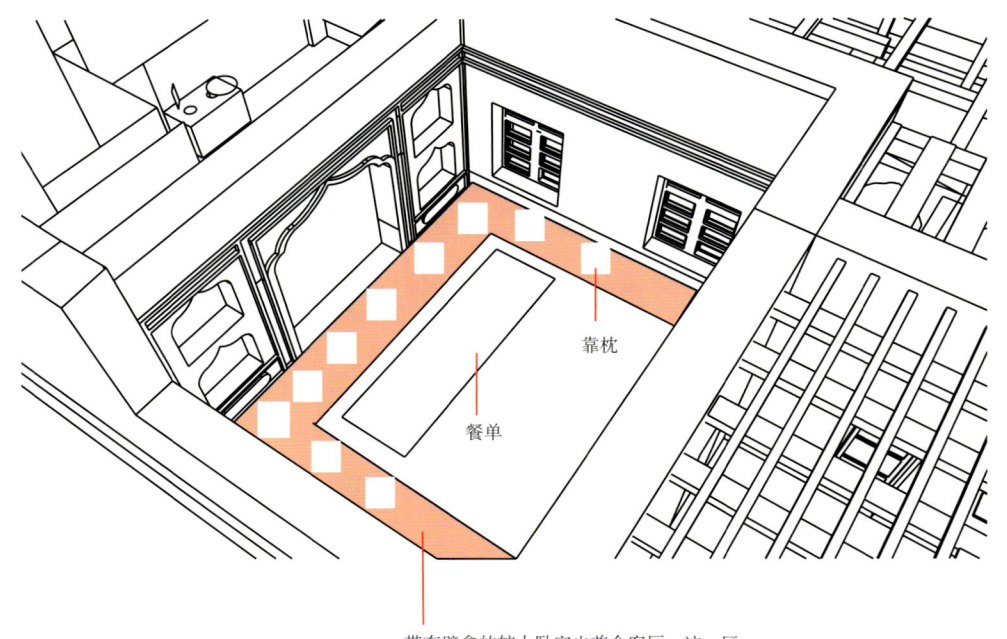

带有壁龛的较大卧室也兼会客厅，这一区域为客人坐卧的区域，上铺长条绣花褥垫

图五　乌孜别克族平房卧室兼会客厅空间布局名称图

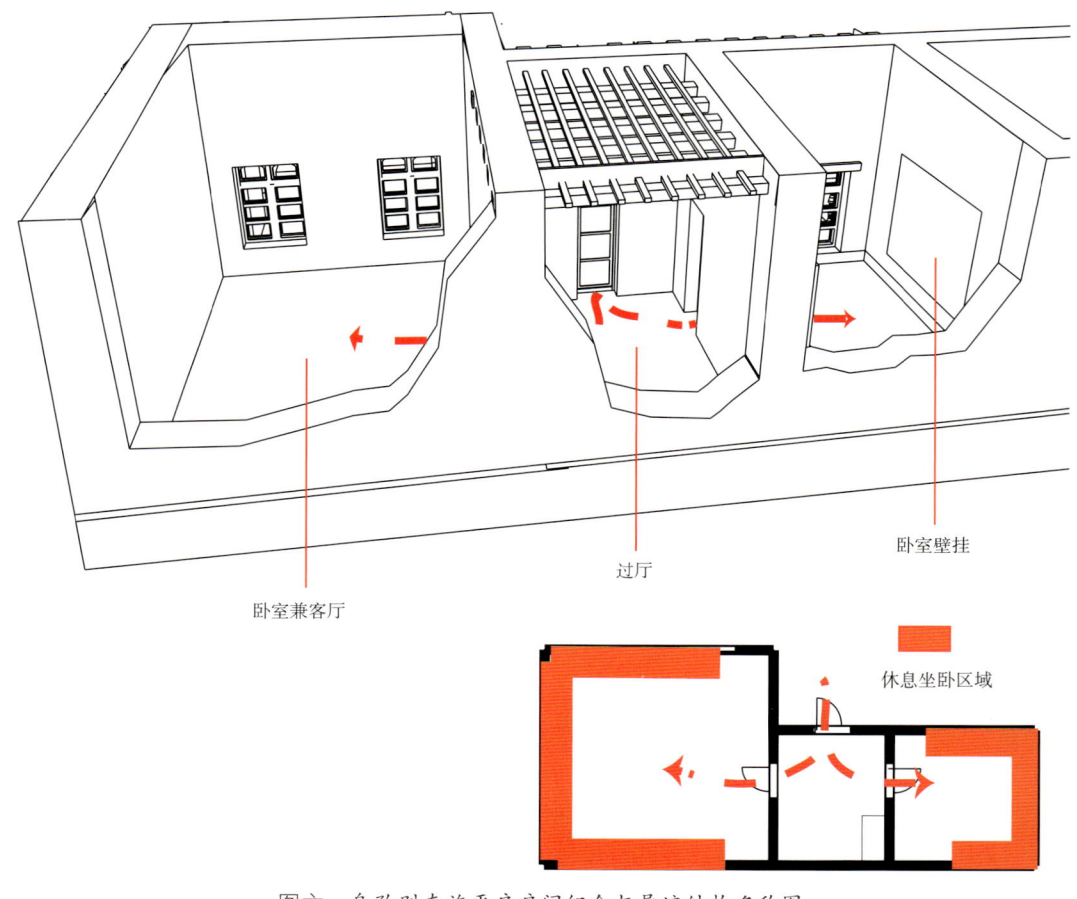

图六　乌孜别克族平房房间组合与导流结构名称图

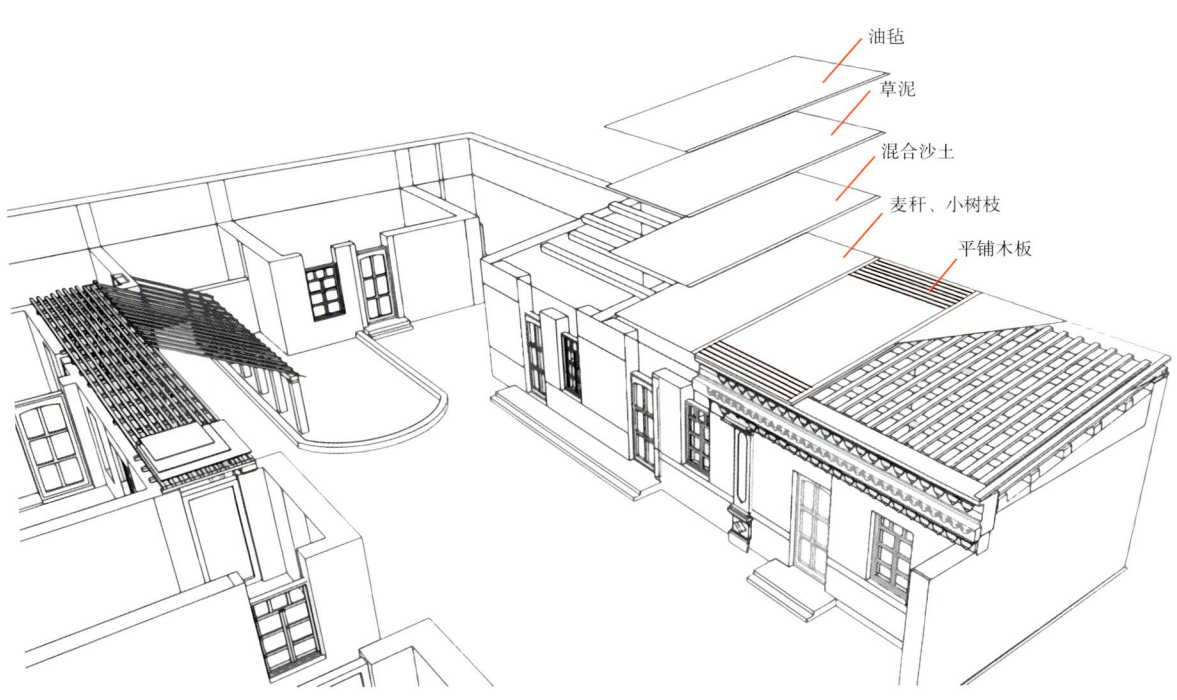

图七　乌孜别克族平房屋顶建筑材料解析图

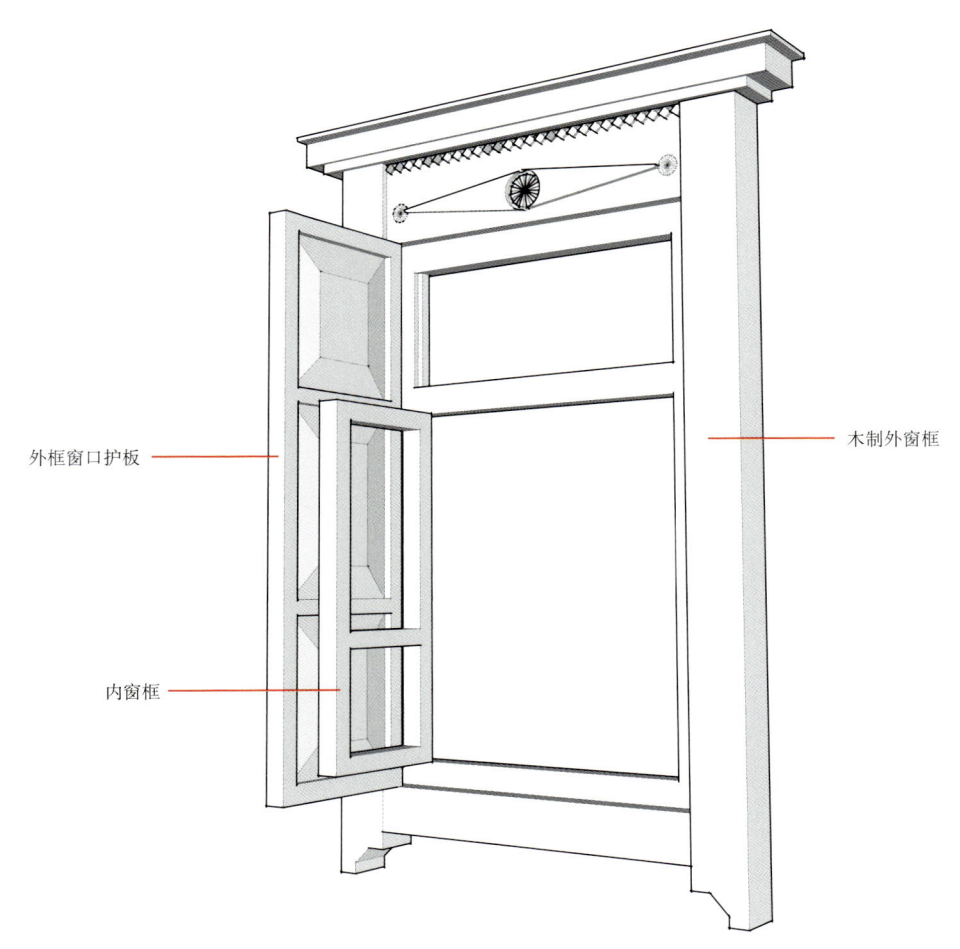

图八　乌孜别克族平房外立面墙体带木门窗框结构名称图

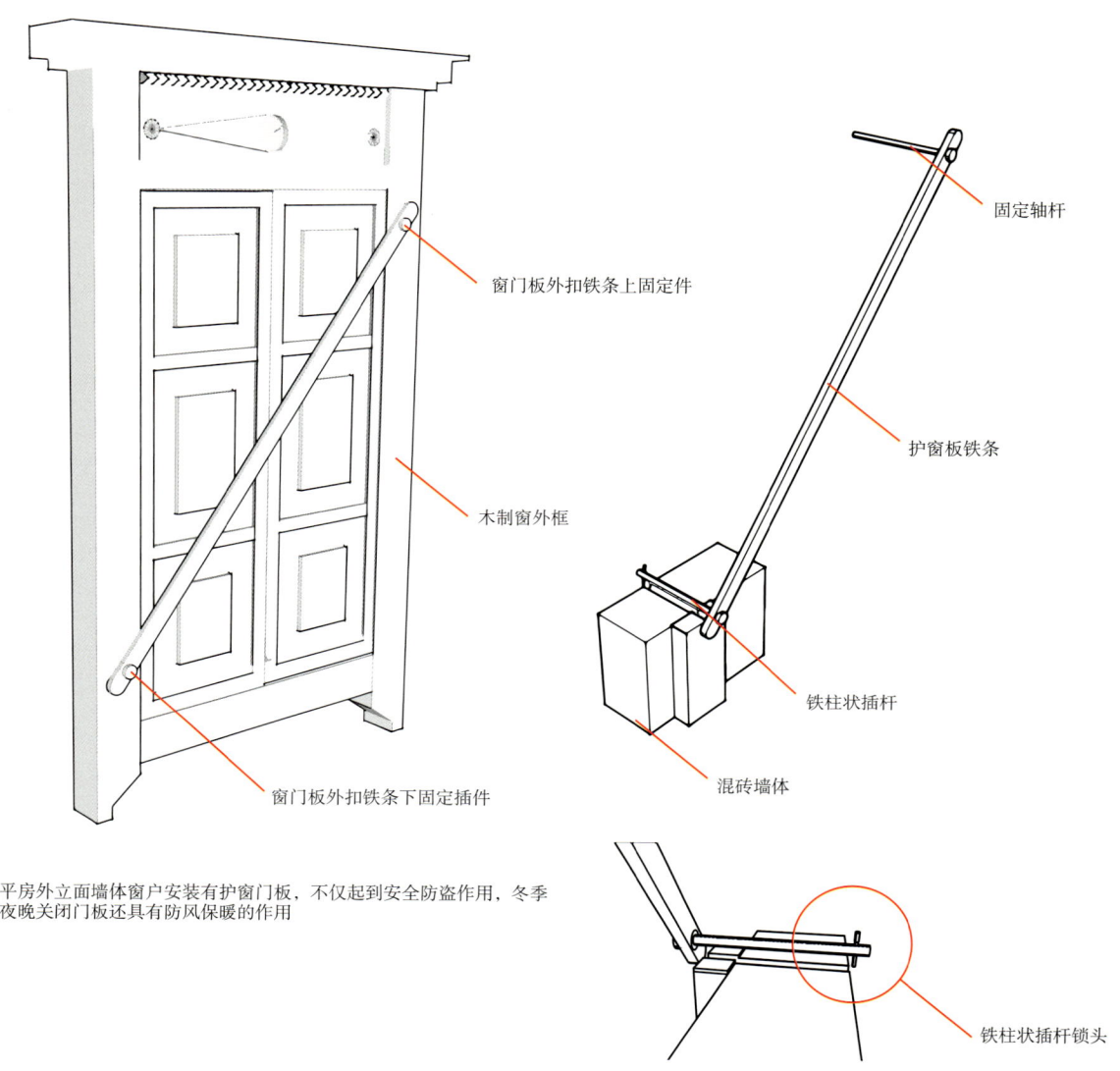

平房外立面墙体窗户安装有护窗门板，不仅起到安全防盗作用，冬季夜晚关闭门板还具有防风保暖的作用。

图九　乌孜别克族平房护窗门板铁条功能解析图

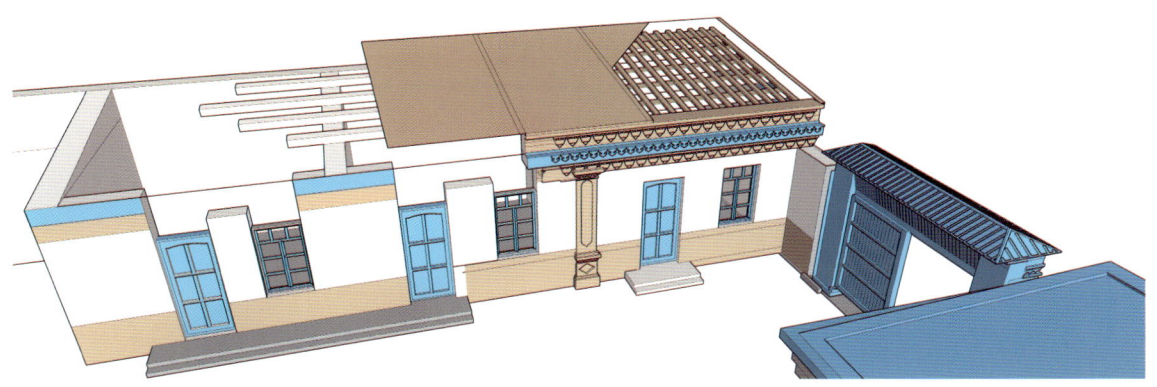

 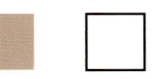 

天蓝色　土黄色　白色　蓝绿色
（约占22%）（约占35%）（约占35%）（约占8%）

庭院建筑外墙色彩装饰主要使用天蓝色、土黄色、白色与蓝绿色，门窗主要装为饰天蓝色，墙体框架主干部分多以烧结砖裸露的本色为主，屋顶则保留表体覆盖的草泥本色。呈三角形斜坡的铁皮屋顶以蓝绿色为主，色彩明快，对比强烈，体现乌孜别克族重视居家生活环境氛围的营造及善于借鉴、吸收其他民族建筑文化的心理，逐渐形成具有区域个性化的民族色彩装饰风格

图十　乌孜别克族平房外立面墙体装饰解析图

图十一　乌孜别克族平房室内挂毯情境图

乌孜别克族墙体

图一　乌孜别克族墙体主图

由于新疆特殊的气候环境，夏季炎热，冬季寒冷，风沙较大，因此房屋一般都建造的高大宽敞，土墙很厚，通常为1米左右，并且冬暖夏凉，房屋基脚用砖堆砌或用泥包裹，屋檐用青砖或红砖进行装饰。在乌孜别克族民居土木结构墙体建筑中，室内墙体砌有壁龛，可放置生活用具等，壁龛周围镶有精美的花纹图案。依据材料的不同，墙体呈现不同的结构形式。安集延墙被乌孜别克族称为"滑稽泥墙"，是一种用栅栏将土坯连接固定成的整体，稳定性强，适合在沙漠或沼泽地等不稳定的地带建造。

南疆的乌孜别克族民居多为庭院式。院落多土围墙体，留有被称为中亚风格的安集延墙。而生活在北疆的乌孜别克族人房屋建筑则与当地维吾尔族人房屋基本相同，基本为土结构。牧区为便于搬运，多使用毡毯、木栅搭建的墙体。牧区的毡帐大部分墙体主要用多块预制好的木质栅栏，在连接的基本骨架外裹芨芨草帘及自制绣花毛毡。居住在伊犁地区的乌孜别克族人的民居建筑墙体砌筑方法与生活在那里的其他民族基本相似。

建筑墙体是乌孜别克族与新疆各民族相互交往中借鉴、吸收、创造的结果，是为适应特殊自然、社会环境的较特殊案例，是集不同民族设计文化于一体的较为典型的范例。乌孜别克族善于吸收其他民族的经验，在此基础上充分发挥自己的设计才能和智慧以满足本民族在特殊自然地理、气候环境中的生存需要，乌孜别克族的墙体结构为当代设计师的设计创意提供了有益的启发。

乌孜别克族人在建房时重视对地基的选择。地基常选择建在较为稳定的环境，避免春季洪水经过的河道及松软的地表。地基通常采用较大的石块砌成，不易渗水，用土块砌筑墙体，里外抹上混有麦秆的墙泥。用砖砌筑的墙体缝隙处则抹水泥细沙混合的灰浆，待干后用石灰粉刷。

常采用的墙体砌筑方法有：1.堆砌土墙。2.先构筑栅栏再以土坯填充成墙。3.墙体转角处砌砖柱。4.内墙用土坯砌筑，外墙用砖砌筑。

图片来源
图一、图十二、图十三　陈述　摄影
图二至图五　陈述　制图
图六　陈述　赵欣一　制图
图七、图八　陈述　王静　制图
图九至图十一　陈述　陈西木　制图

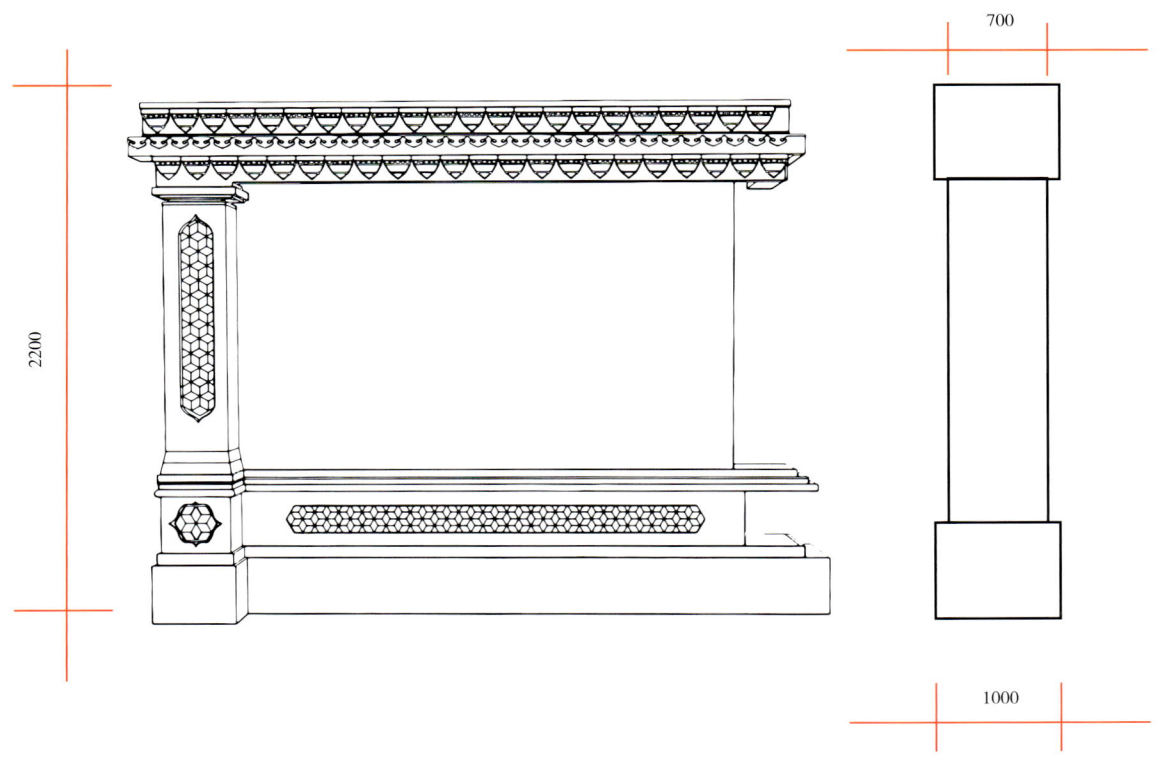

图二　乌孜别克族墙体尺寸图（单位：mm）

土坯砖

相对于烧结砖，土坯砖的制作具有成本低廉、制作原料易获得及工艺易掌握的特点，根据建筑用量所需进行制作，也便于日常的修缮与维护，土坯砖的尺寸较烧结砖要大，因为纯手工制作，其建筑功能性差异及自然环境条件等因素使土坯砖的大小、质量也存在一些差别

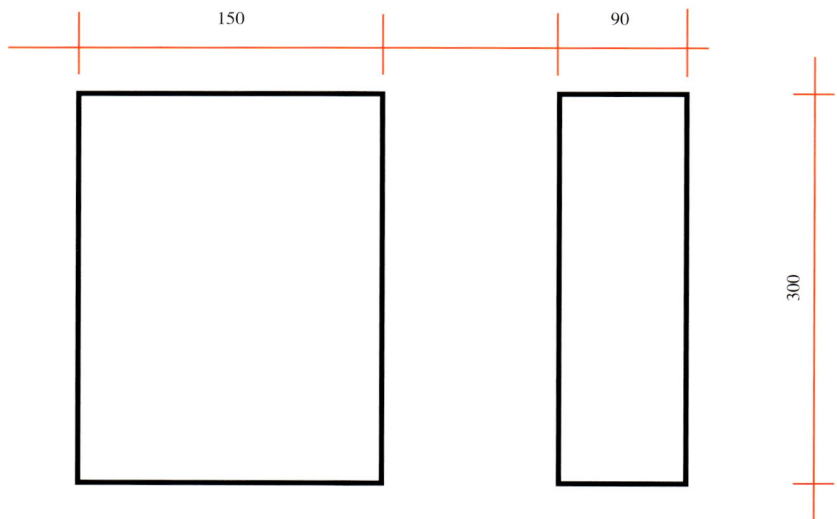

图三　乌孜别克族墙体土坯砖尺寸图（单位：mm）

基本工具：

基本材料：

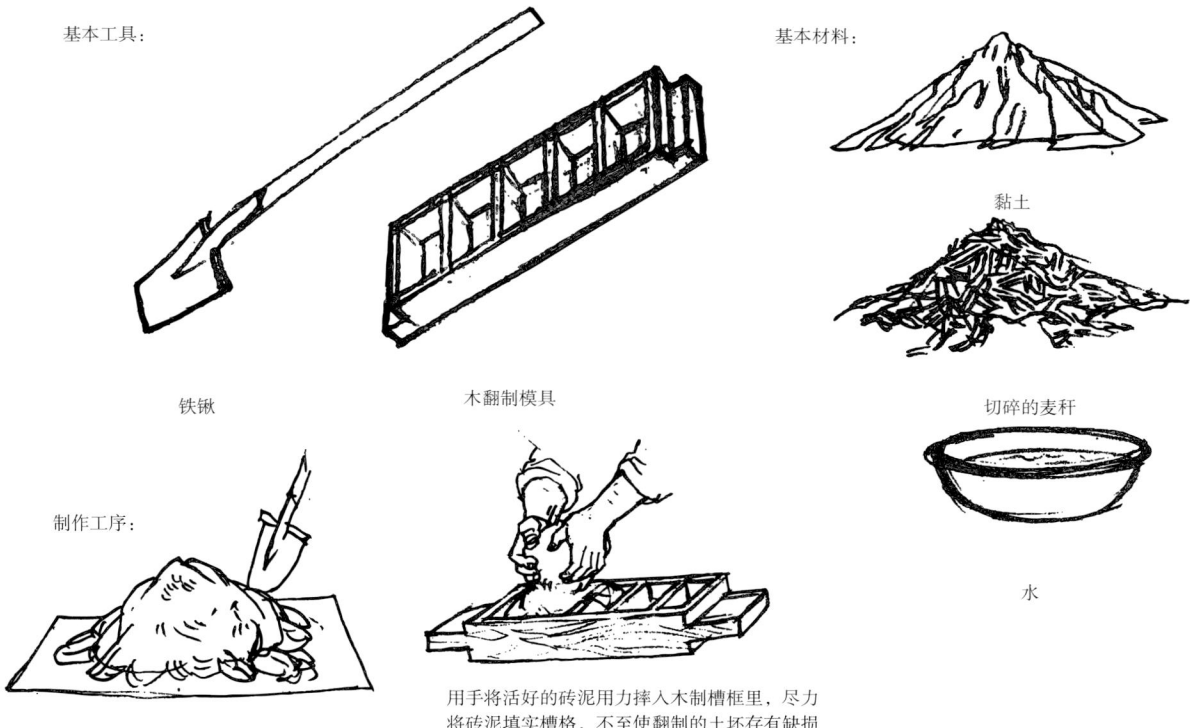

铁锹　　　　木翻制模具

黏土

切碎的麦秆

水

制作工序：

将水倒入准备的黏土中进行浸泡，并加入切碎的麦秆，使其起到拉结的作用，之后使用铁锹进行反复搅拌，制成软硬适度的砖泥备用

用手将活好的砖泥用力摔入木制槽框里，尽力将砖泥填实槽格，不至使翻制的土坯存有缺损

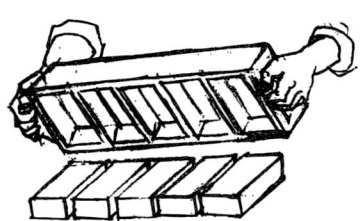

将木制模具倒扣在事先准备好的空地上，有序平铺排列以尽可能摆放更多的土坯砖数量

放置在制作原地进行晾晒，干固凝结后收拢备用，备有雨布便于遇到雨天及时遮雨进行防护

图四　乌孜别克族墙体土坯砖制作流程图

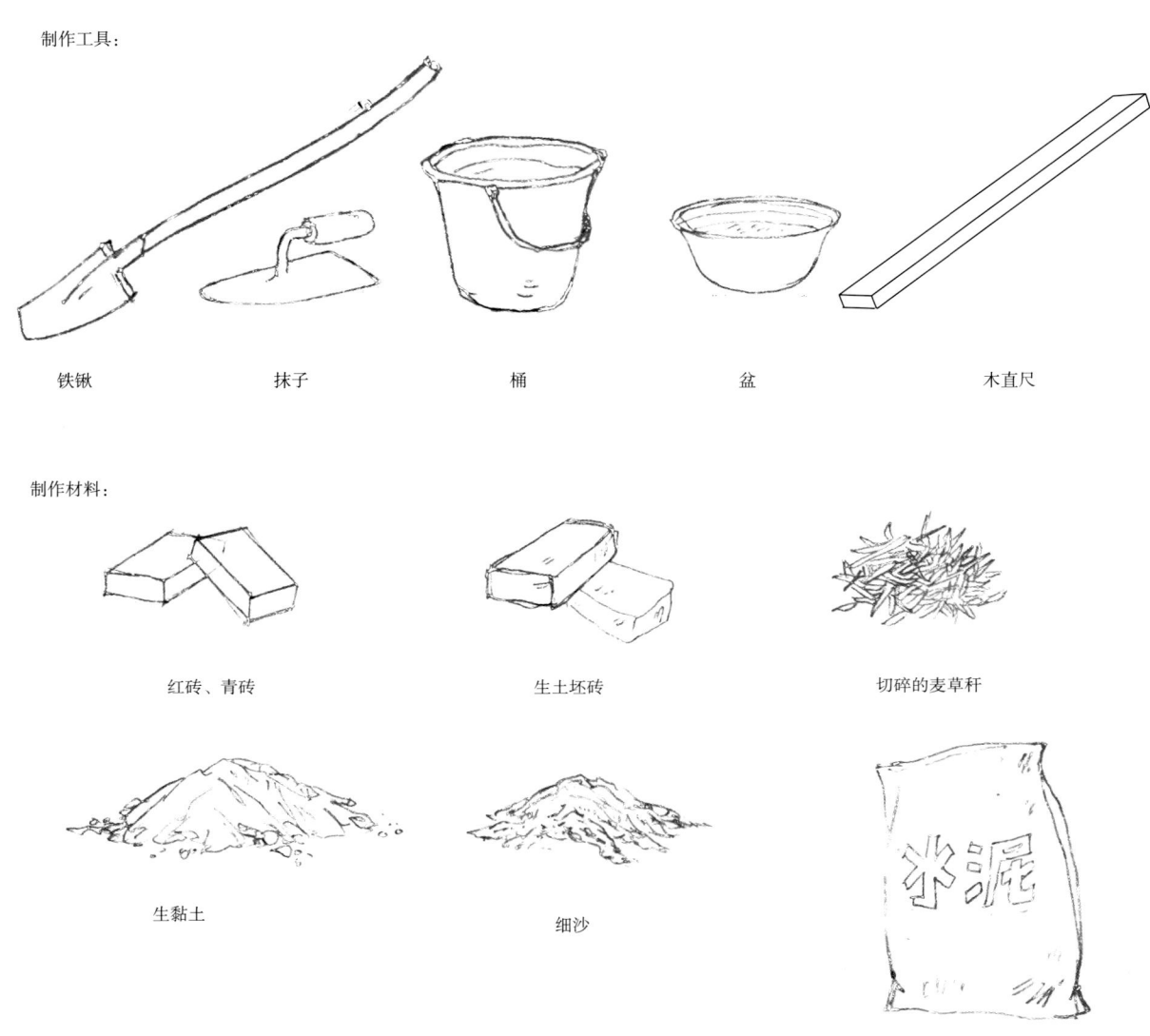

图五　乌孜别克族墙体砌筑制作工具及材料名称图

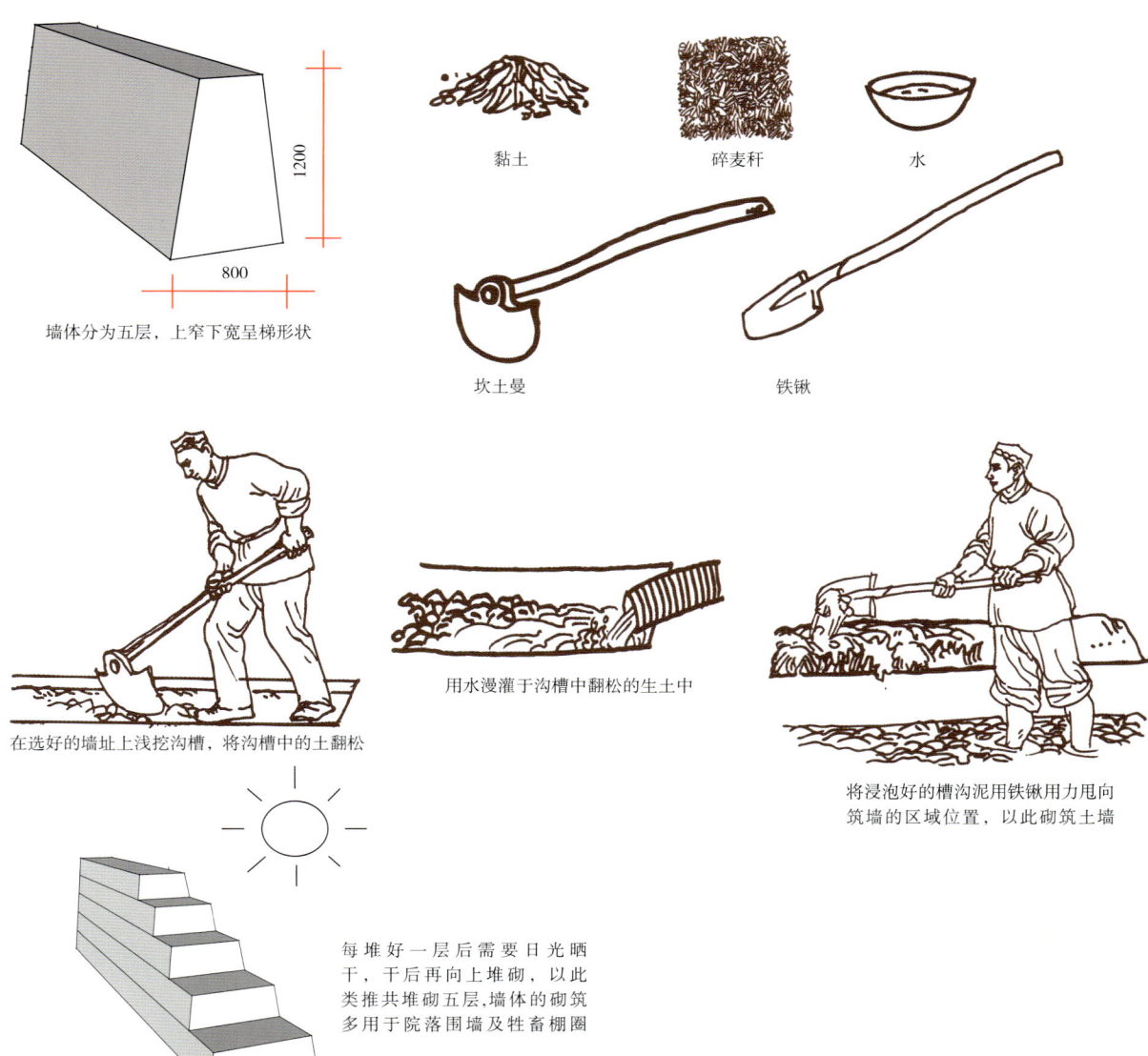

图六 乌孜别克族土墙堆砌流程图（单位：mm）

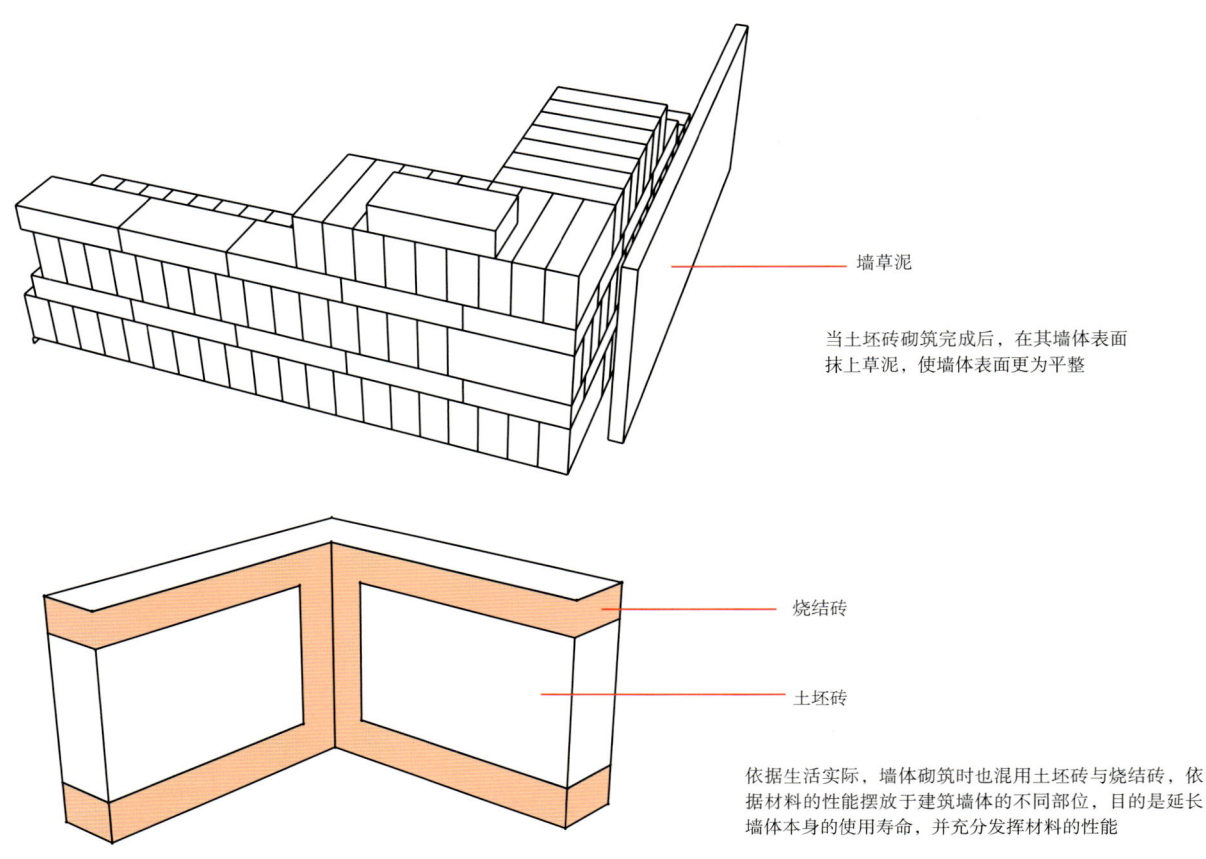

墙草泥

当土坯砖砌筑完成后，在其墙体表面抹上草泥，使墙体表面更为平整

烧结砖

土坯砖

依据生活实际，墙体砌筑时也混用土坯砖与烧结砖，依据材料的性能摆放于建筑墙体的不同部位，目的是延长墙体本身的使用寿命，并充分发挥材料的性能

墙体的上沿、墙基及拐角栋使用强度较高的烧结砖，上沿可抗雨雪及风的侵蚀，墙基部分可抵御雨雪的浸泡，拐角则增强了墙体的牢固度，土坯砖及烧结砖混筑的墙体因其经济与实用性而被民众接受

图七　乌孜别克族土坯砖与烧结砖混合砌筑墙体解析图

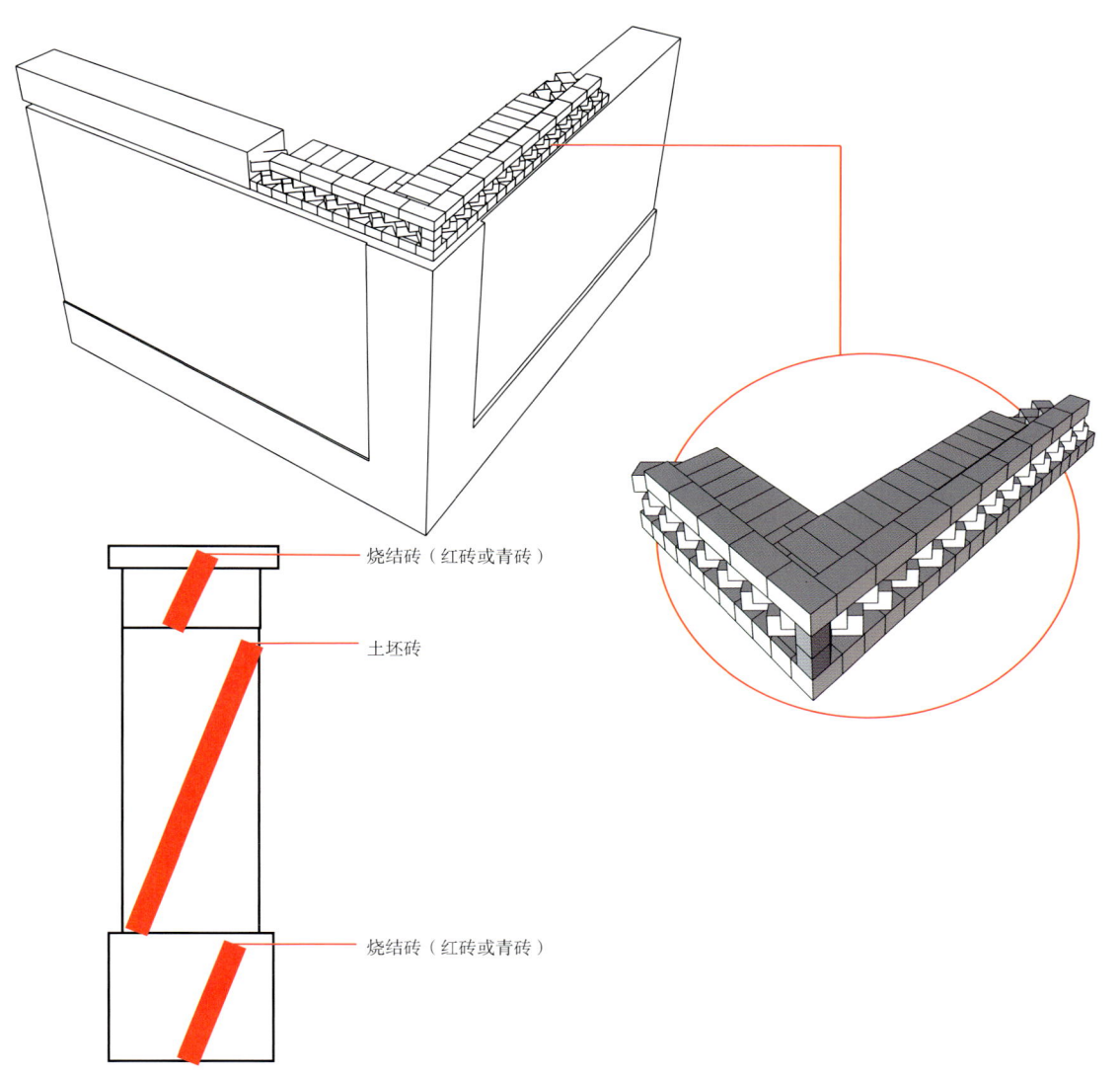

图八 乌孜别克族墙体砌筑主材解析图

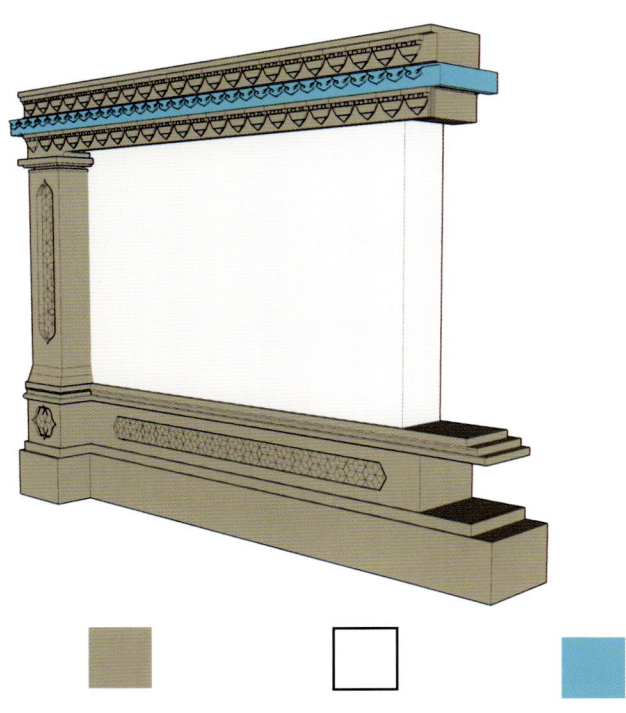

| 火烧砖本色（约占46%） | 墙面粉饰白色（约占46） | 天蓝色（约占8%） |

外墙体装饰色彩布局

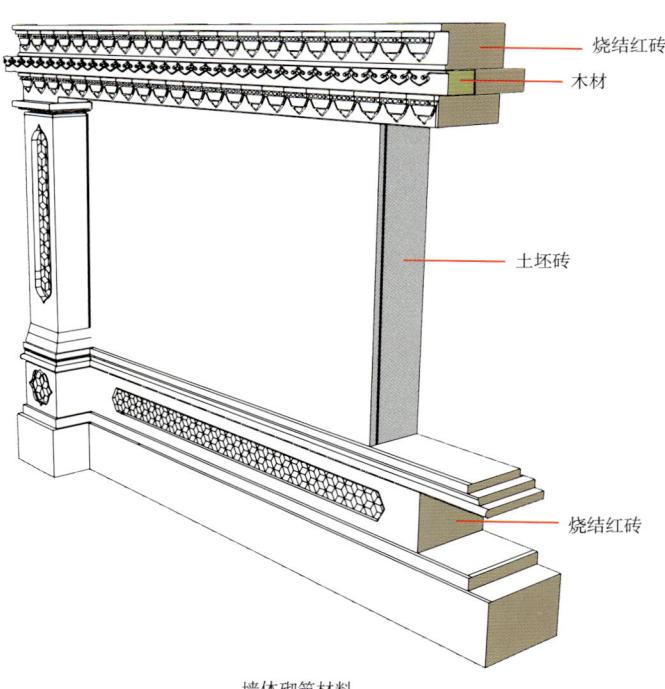

烧结红砖
木材
土坯砖
烧结红砖

墙体砌筑材料

图九　乌孜别克族墙体砌筑用材及装饰色彩解析图

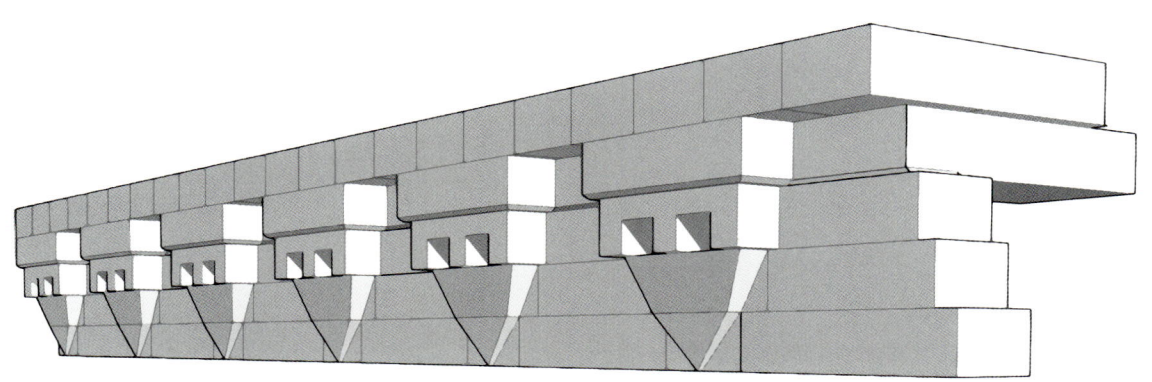

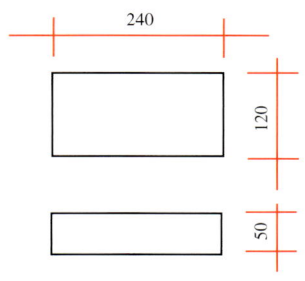

火烧红砖尺寸

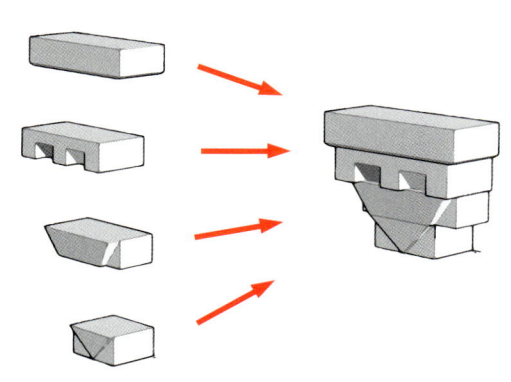

火烧红砖的雕刻与组合

乌孜别克族民居建筑擅长使用火烧红砖进行装饰，装饰手法主要采用浮雕艺术表现，运用概括、几何化的抽象形象装饰。装饰设计中常常依据建筑织机状况进行灵活的改动，装饰中借用、吸收其他民族的纹样，并与装饰整体协调。砖雕为乌孜别克族民居建筑常用的装饰材料，砖也是民居建筑中常用的材料，多出自专门化的生产与加工渠道，相对于土坯砖火烧红砖具有较好的抗风化、耐水等性能，墙体砌筑通常用于主要部位，也是建筑装饰的上好材料，墙体砌筑前要精心计划，请工匠加工、安装，采用磨、锯、刻、钻的手法进行加工，使其成为具有民族特点的装饰设计

图十　乌孜别克族墙体火烧红砖装饰工艺分析图（单位：mm）

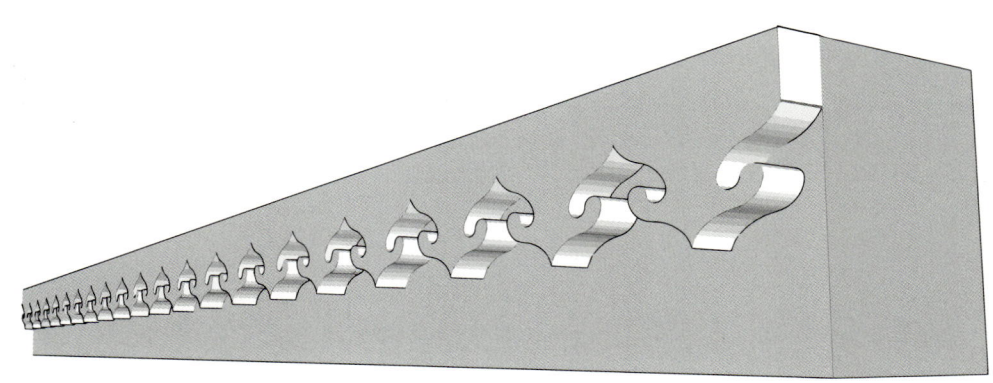

木雕正反花蕾浮雕纹样

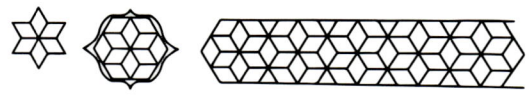

墙体骨骼结构表面拼砖花卉装饰纹样

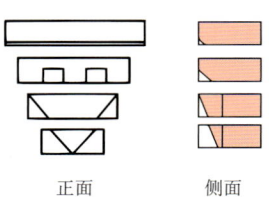

装饰内容主要以植物花卉为主，造型手法以建筑所使用的材料为主，依据材料的物性进行加工，造型上也有所区别，木雕印材料的柔韧性，花蕾的造型中多使用曲线，借以表现曲线之韵律。砖较硬且脆裂，多采用直线形造型，对呈直角的形体采用打磨的加工方式，用以避免、减缓墙体边角的触碰而出现的残缺，并具有美观性

正面　　侧面

烧结红砖装饰

图十一　乌孜别克族墙体装饰纹样解析图

图十二　乌孜别克族墙体上部浮雕装饰情境图

图十三　乌孜别克族墙体火烧砖与土坯砖混砌筑墙体情境图

乌孜别克族庭院

图一　乌孜别克族庭院主图

乌孜别克族呈分散的居住状态，大部分居住在北疆，少部分居住在南疆。以天山为界，地理环境有明显的差异。南疆属温带大陆性干旱气候，气温较北疆高，降水稀少，地貌以沙漠和戈壁为主，有绿洲分布；北疆属温带大陆性干旱半干旱气候，气温低，降水较南疆多，地貌以高山和平原为主。

乌孜别克族传统的住房四周都用墙围起来，形成一家一户独立的庭院。庭院中一般设有一口自备的井，将井水用于日常的生活或灌溉庭院内种植的蔬菜等，靠近水源地通常修建一条穿过庭院的水渠，在庭院中还设牛、羊、马圈。庭院的各类设施布局方便日常的生活，同时又具有合理性、美观性，庭院中的树木栽植常与民族的生活习性结合，喜种植果树，特殊的地理环境气候及较大温差极适宜瓜果的生长，人们夏季常在棚架下宴请会客、歌舞，这成为庭院生活内容的重要组成部分。庭院内部也是一个浓缩的生产、生活环境，主要功能是满足自给自足的生活需要，同时也起到住宅与外部环境的一个过渡与缓冲。庭院中的设计内容主要包含着院门、住宅及通道部分、宅前的活动空地、室外炊具、果园、菜地、杂物堆场、厕所、畜圈和停车场等。庭院内种植高大乔木，加上果树、葡萄架等，使庭院生机盎然，呈现绿影扶疏、净污分野、井然有序的景象。在牧区的定居点中，因为他们饲养的牛羊数量较多，牧民们为保持生活区的整洁，往往会将畜圈及棚舍在其院落中单独安排，这样便形成前圈式、后圈式和侧圈式庭院布局。

乌孜别克族庭院依据一家一户经济状况进行建造。富者一般设有前、中、后三院，贫者只有前、后两院。院内有果树、葡萄架相间，前院一般是接待来宾的场所，中后院多是主妇备置饭食的地方（主妇不到前院）。如果一家兄弟姐妹较多，兄弟与父亲在前院用餐，姐妹与母亲在中院用餐，后院是就寝之处。房屋土木结构，富者家一般将中梁的一端伸出墙外，梁头雕以图案。主体房屋延伸出的廊檐，看起来显得富丽、高雅、大方。夏季可遮风避雨、煮饭、吃饭、会客、小憩。冬季则可遮风挡寒，堆放什物。庭院以土筑墙围成，院内栽种花草、果木。葡萄架搭至檐廊口与整个屋宇连接起来，相映生辉，架下形成林荫甬道，曲径通幽。讲究的人家还引渠水流经院内，院中天地更显出静穆悠远的意境。

乌孜别克族庭院不仅为从户外到室内空间变化的第一层过渡，也是庭院经济对日常生活的一种补偿方式，在建筑前形成的一个开放性空间，围合的庭院便是这个空间的主体。庭院中种植的花木、果树、葡萄等，既

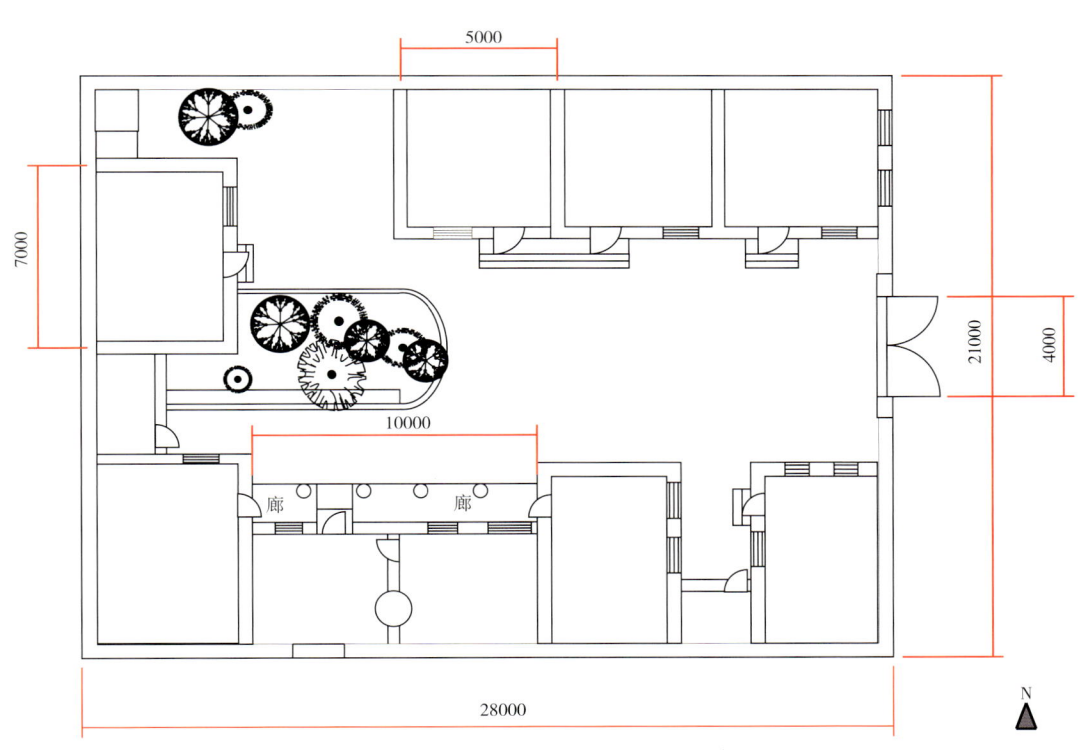

图二　乌孜别克族庭院平面尺寸图（单位：mm）

是一种庭院中的自然观赏，又具有实惠的经济效益。设计营造的空间符合人们夏季多在庭院中就餐、待客的生活习俗，并营造出一个温馨的开放式家庭聚会环境。庭院中一般将杂物及牲畜棚安排在居室一侧，便于进行日常的管理，庭院布局设计是乌孜别克族生活习性要求的具体体现，是特殊自然环境下与所相邻的其他民族交往过程中的综合设计产物。庭院中不同的空间组合满足了家庭生活中的不同功能内容需要，利于家庭成员在庭院生活管理过程中的分工与协作，营造并形成和睦的家庭氛围，此设计创意中对传统文化心理因素的关注及表现值得当下借鉴与参考。

图片来源
图一、图十一、图十二　陈述　摄影
图二　陈西木　制图
图三　陈述　制图
图四　陈西木　陈述　制图
图五至图七、图九、图十　陈述　陈西木　制图
图八　陈述　王静　制图

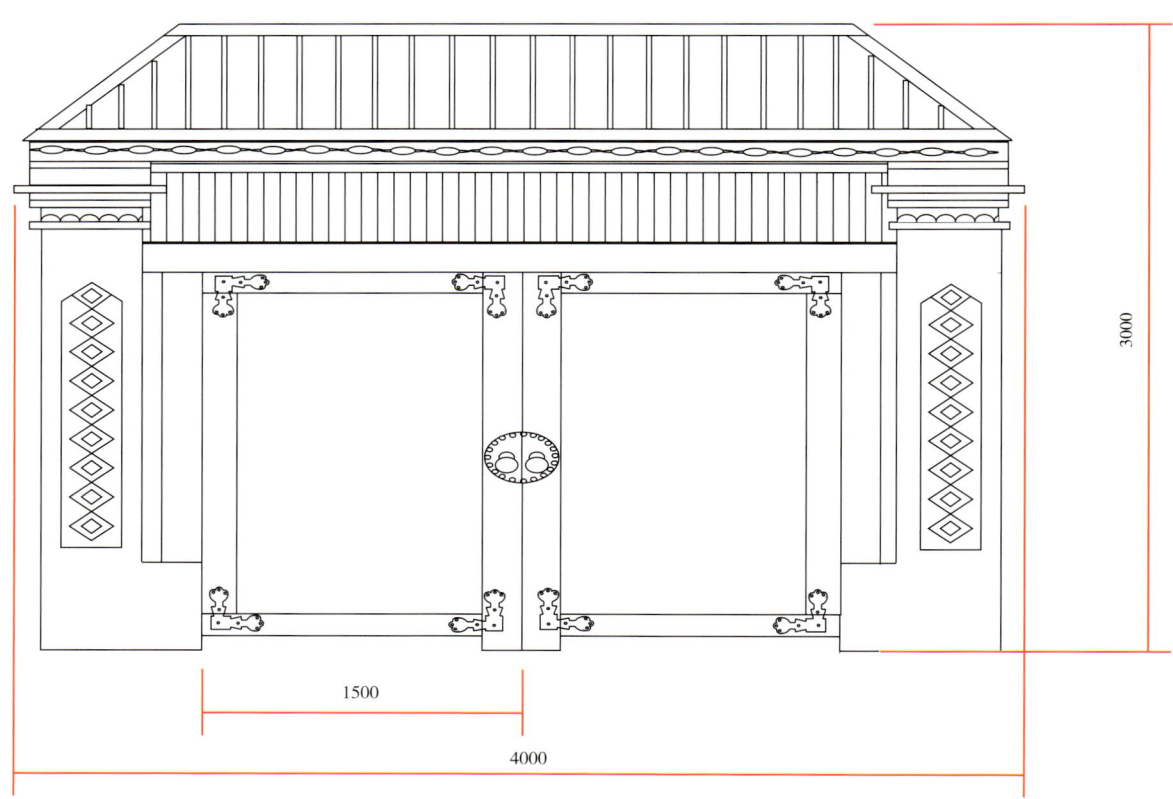

图三　乌孜别克族庭院大门尺寸图（单位：mm）

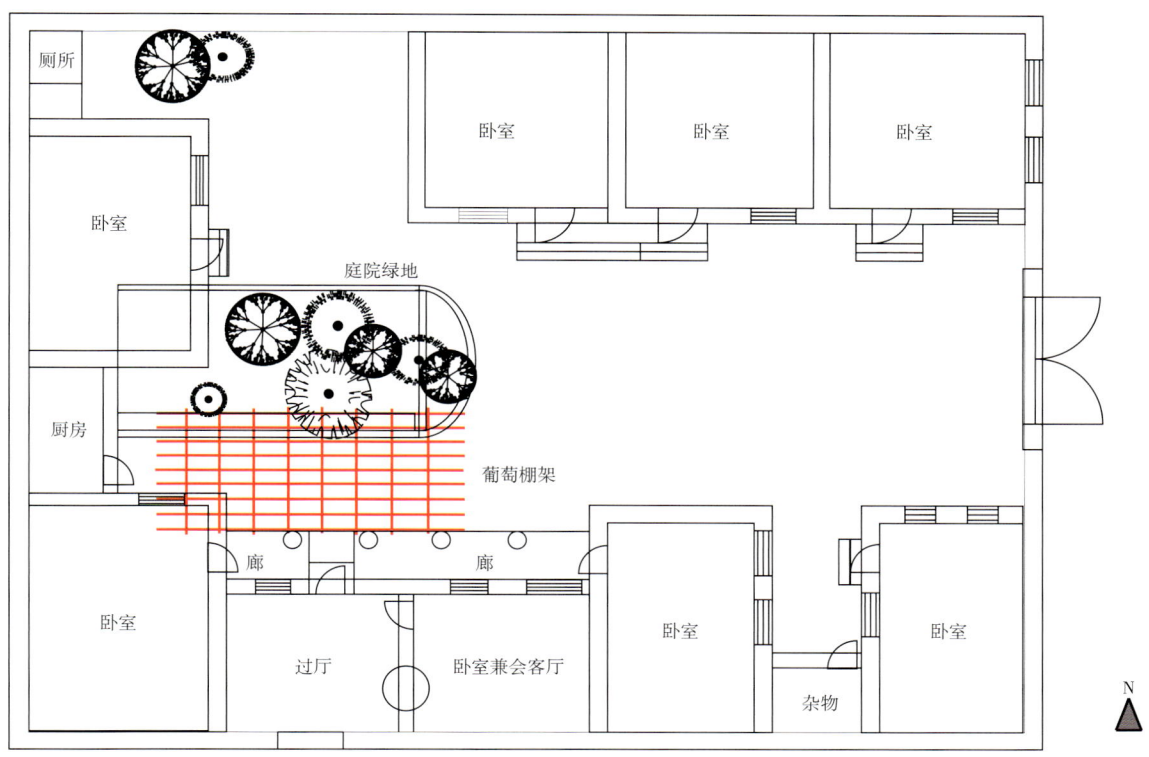

图四 乌孜别克族庭院功能布局示意图

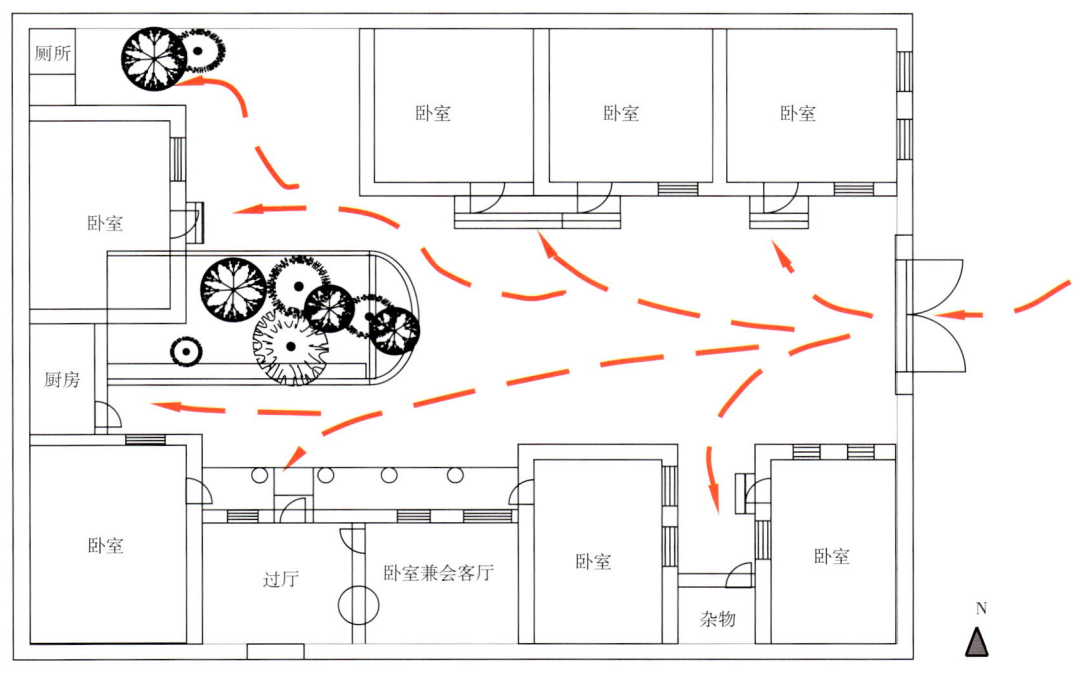

图五 乌孜别克族庭院导流示意图

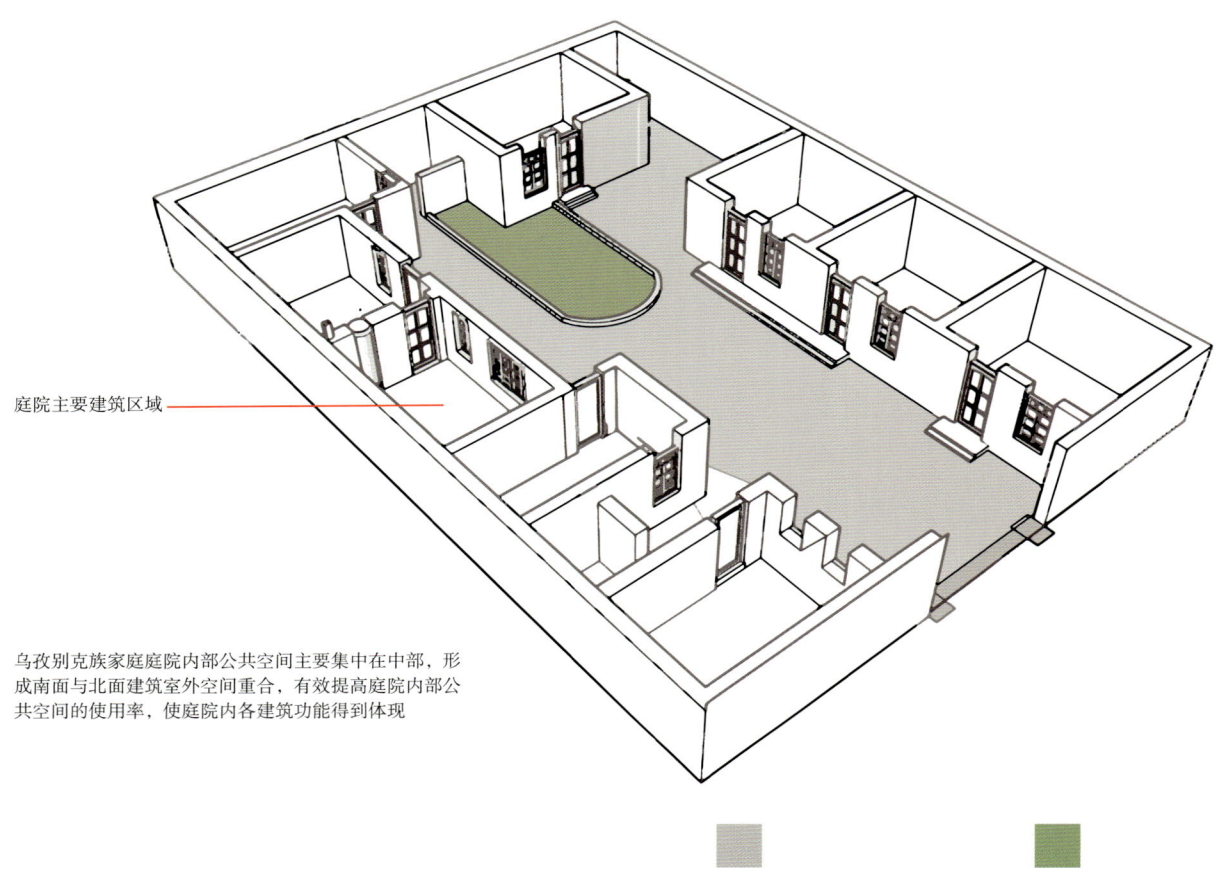

庭院主要建筑区域

乌孜别克族家庭庭院内部公共空间主要集中在中部，形成南面与北面建筑室外空间重合，有效提高庭院内部公共空间的使用率，使庭院内各建筑功能得到体现

庭院硬地面积约占公共地面空间的75%　　绿地面积约占公共地面空间的25%

图六　乌孜别克族庭院地面公共空间区域功能分区解析图

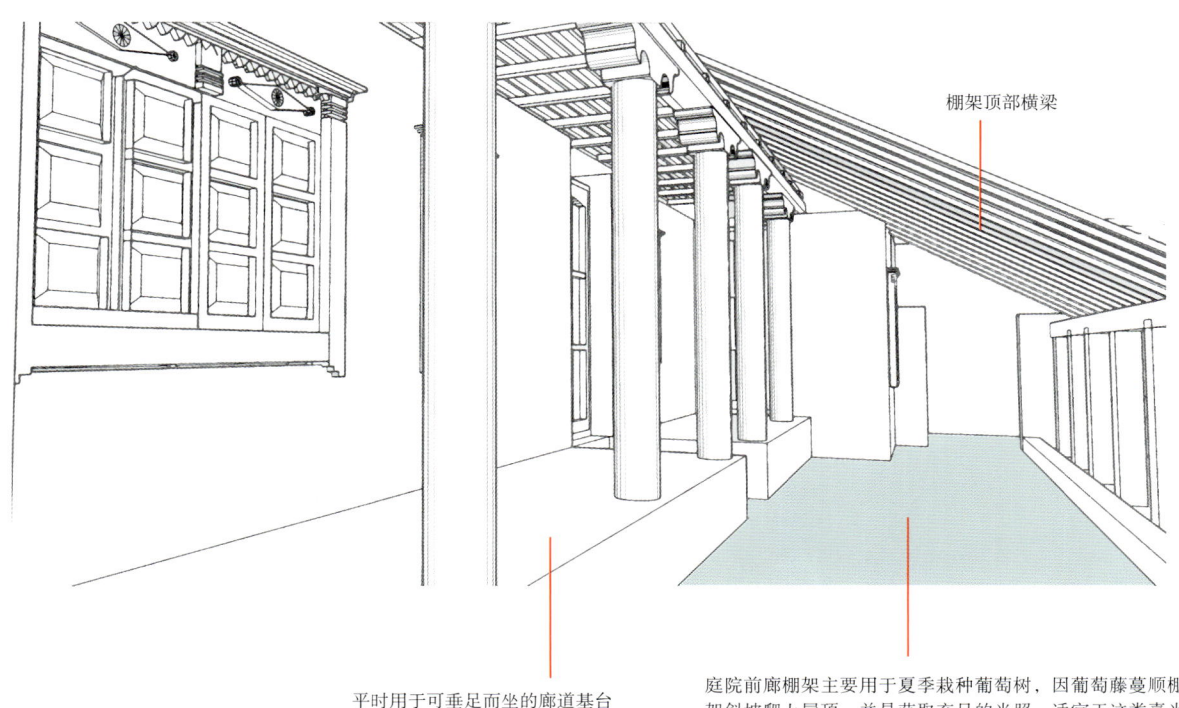

平时用于可垂足而坐的廊道基台

庭院前廊棚架主要用于夏季栽种葡萄树，因葡萄藤蔓顺棚架斜坡爬上屋顶，并易获取充足的光照，适宜于这类喜光照植物的生长。棚架顶端拉开距离的木条用于支撑下垂吊挂的葡萄果实，棚架的设置将自然之物有机融入生活环境中，常邀请亲朋好友在葡萄架下聚会并跳舞唱歌，使这一区域更显自然的勃勃生机，营造出浪漫、惬意的区域环境

图七　乌孜别克族庭院棚架区域功能解析图

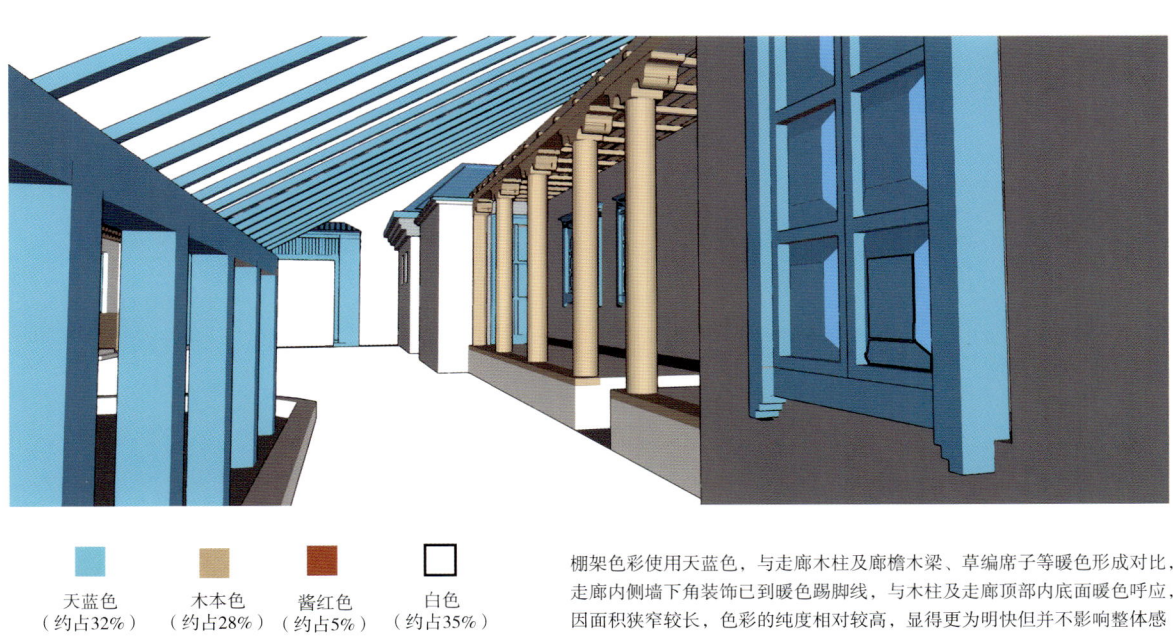

天蓝色（约占32%）　木本色（约占28%）　酱红色（约占5%）　白色（约占35%）

棚架色彩使用天蓝色，与走廊木柱及廊檐木梁、草编席子等暖色形成对比，走廊内侧墙下角装饰已到暖色踢脚线，与木柱及走廊顶部内底面暖色呼应，因面积狭窄较长，色彩的纯度相对较高，显得更为明快但并不影响整体感

图八　乌孜别克族庭院棚架区域色彩配置解析图

第一章　乌孜别克族传统建筑

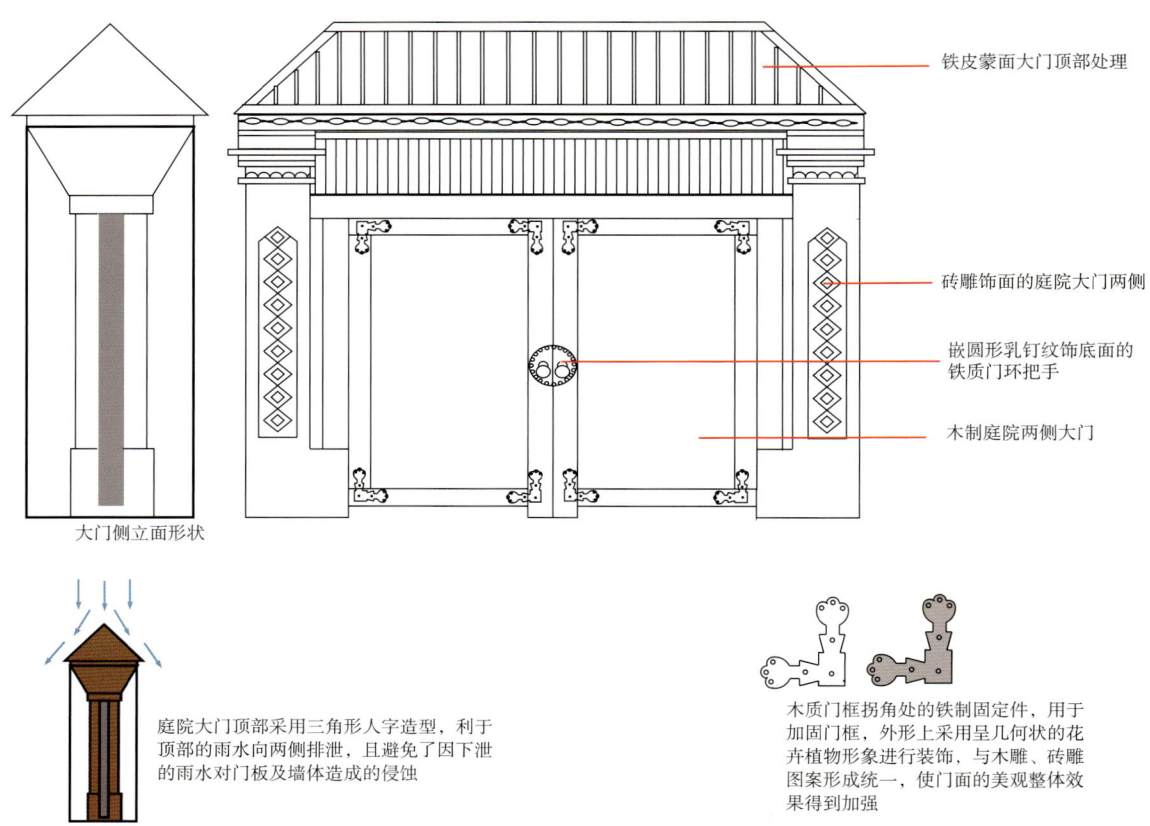

图九 乌孜别克族庭院大门材料及装饰解析图

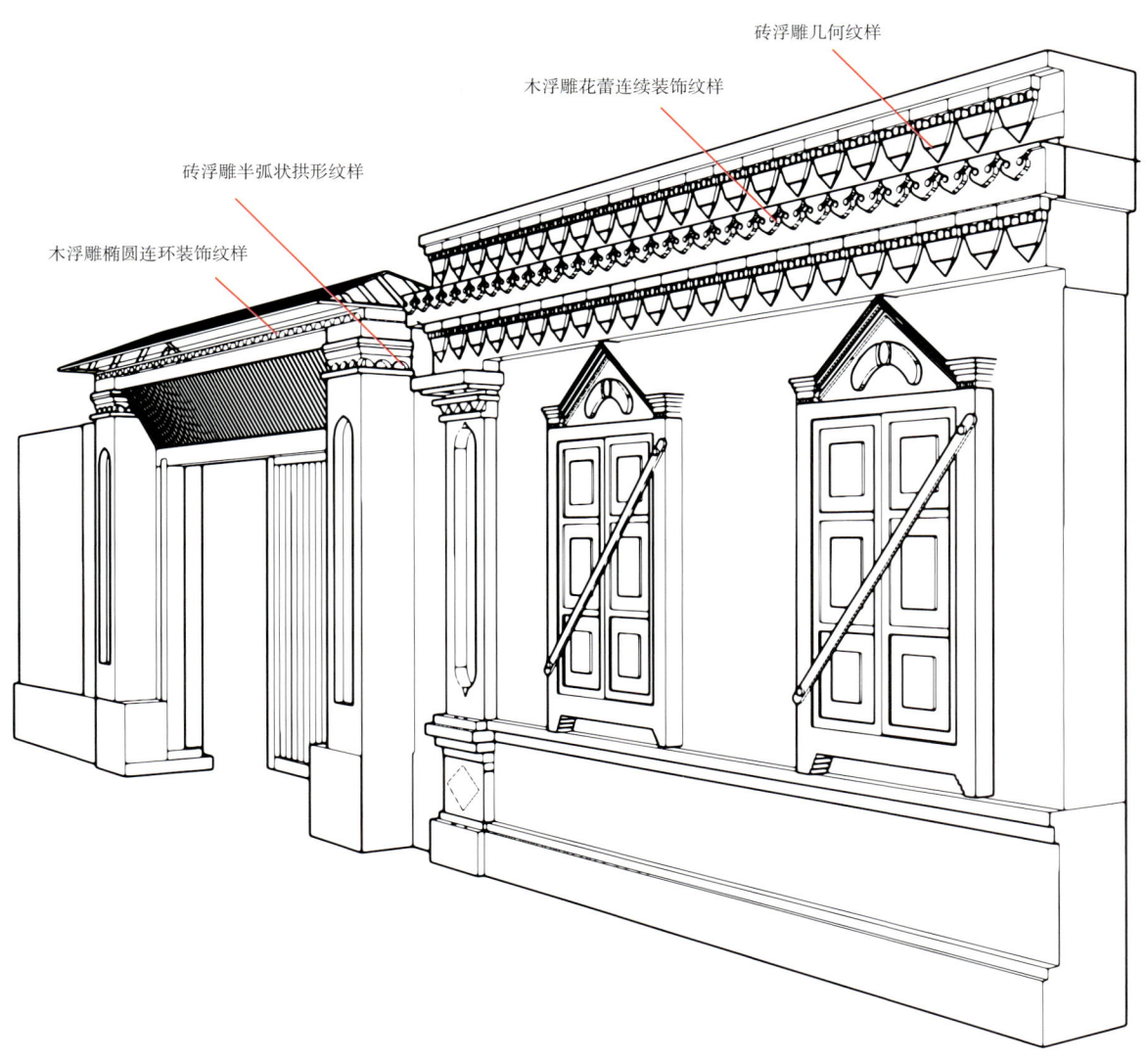

图十　乌孜别克族庭院大门外墙立面浮雕装饰解析图

图十一　乌孜别克族庭院棚架情境图

图十二　乌孜别克族庭院大门情境图

乌孜别克族屋顶

图一　乌孜别克族屋顶主图1之平顶屋

　　南疆的乌孜别克族住房多为平顶稍有倾斜的长方形土木架构房屋。由于气候干燥，风沙较大，房顶常使用白杨木和松木作支撑横梁。横梁上排放椽子，上面再铺以木板，用混入麦秆的混浆将房顶抹平。而北疆的乌孜别克族人的房屋大多和当地的维吾尔族住房相同，为土木结构的屋顶，房顶可堆放杂物或晒制干果。生活在牧区的乌孜别克族牧民春、夏、秋季与哈萨克族牧民一样，以居住毡房为主。毡房（又称蒙古包）上部呈穹形，以木质撑杆搭成骨架，上端插入天窗盖的木质圆形框体内。外部用自制的毛毡覆盖，用皮绳固定，依靠顶部专设的天窗排烟及交换室内外空气，依据天气状况可随时启闭天窗。乌孜别克族土木结构屋顶的坡度一般在10%~15%之间，视觉上不是很明显。屋顶的材料结构为梁、檩、椽、苇席或木板条，上铺油毡、麦草、草泥封面抹光，每年都要抹上一次房泥，厚可达二十多厘米，有的装有铁皮屋面，很少挂瓦。室内作木板吊顶，用小木条封闭板缝。

　　平顶是新疆少数民族民居建筑普遍采用的设计方式，也是干旱地区乌孜别克族民居较为成熟的案例之一。其砌筑工艺制作材料的选取及加工都带有明显地域性特点,最大限度的满足了定居及流动的生产、生活需要,具有操作相对便利易于掌握与普及的特点。平顶的房屋结构是各民族在长期生活实践过程中相互吸收、融合再创造与发明的结果,对当下设计师的设计创意具有一定的启示意义。

图片来源
图一、图二、图十四　陈述　摄影
图三至图七、图九　陈述　王静　制图
图八、图十一至图十三　陈述　陈西木　制图
图十　陈述　王晨鉴　制图

图二　乌孜别克族屋顶主图2之尖顶屋

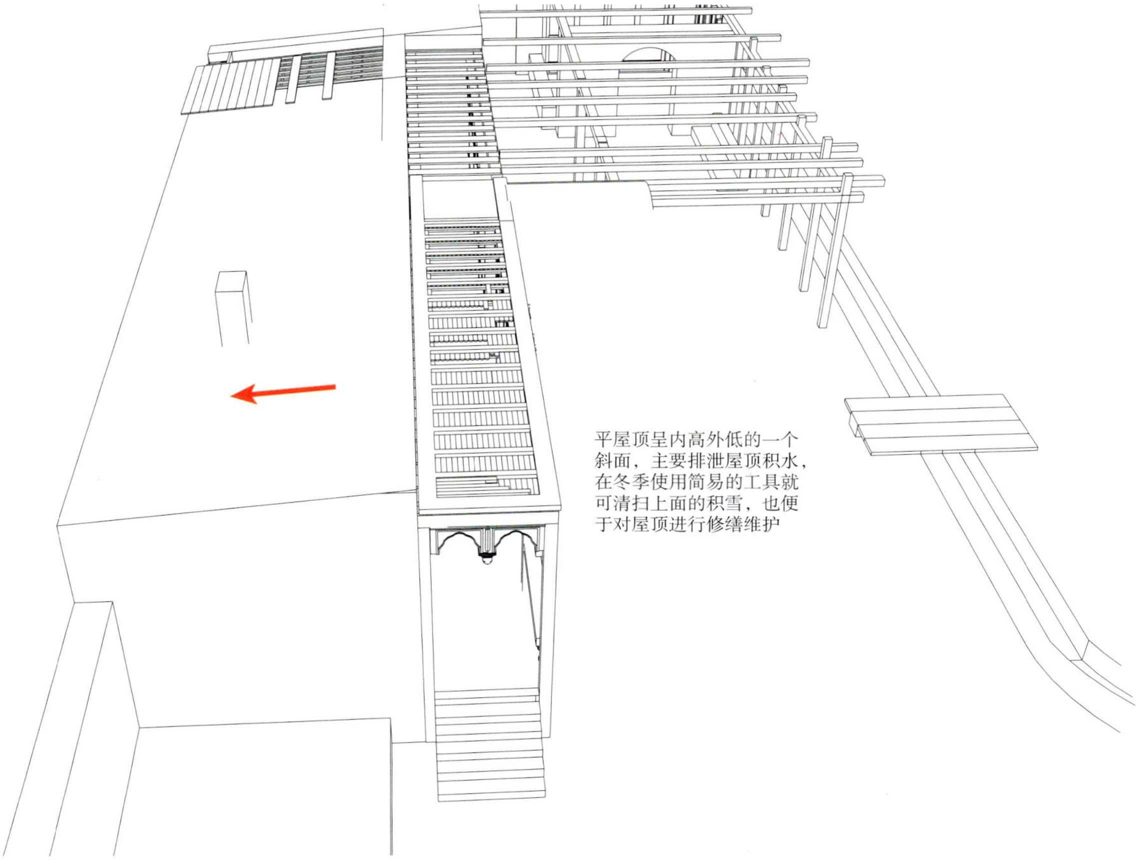

平屋顶呈内高外低的一个
斜面，主要排泄屋顶积水，
在冬季使用简易的工具就
可清扫上面的积雪，也便
于对屋顶进行修缮维护

图三　乌孜别克族屋顶斜面解析图

∠10
院内
院外
屋顶排泄雨水
屋顶清扫积雪

图四　乌孜别克族屋顶斜面倾角解析图

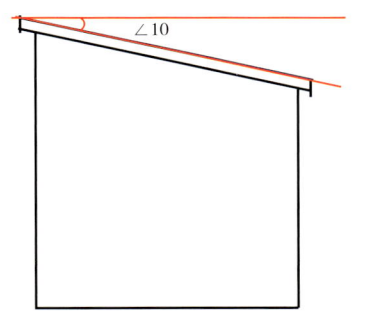

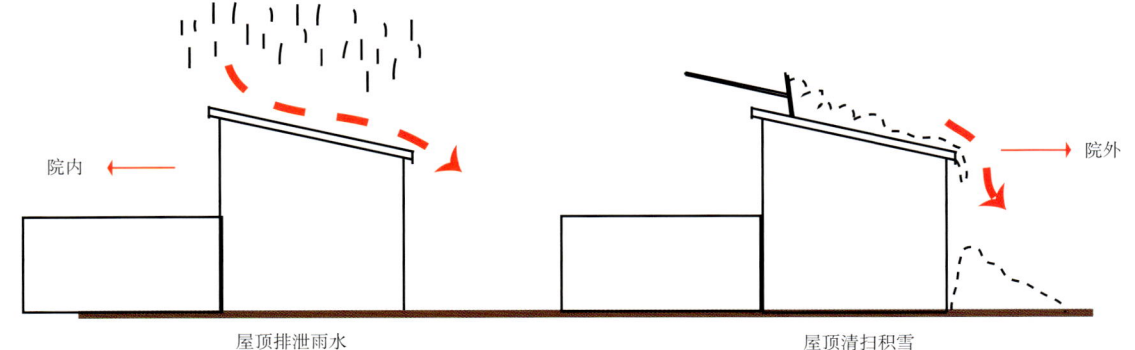

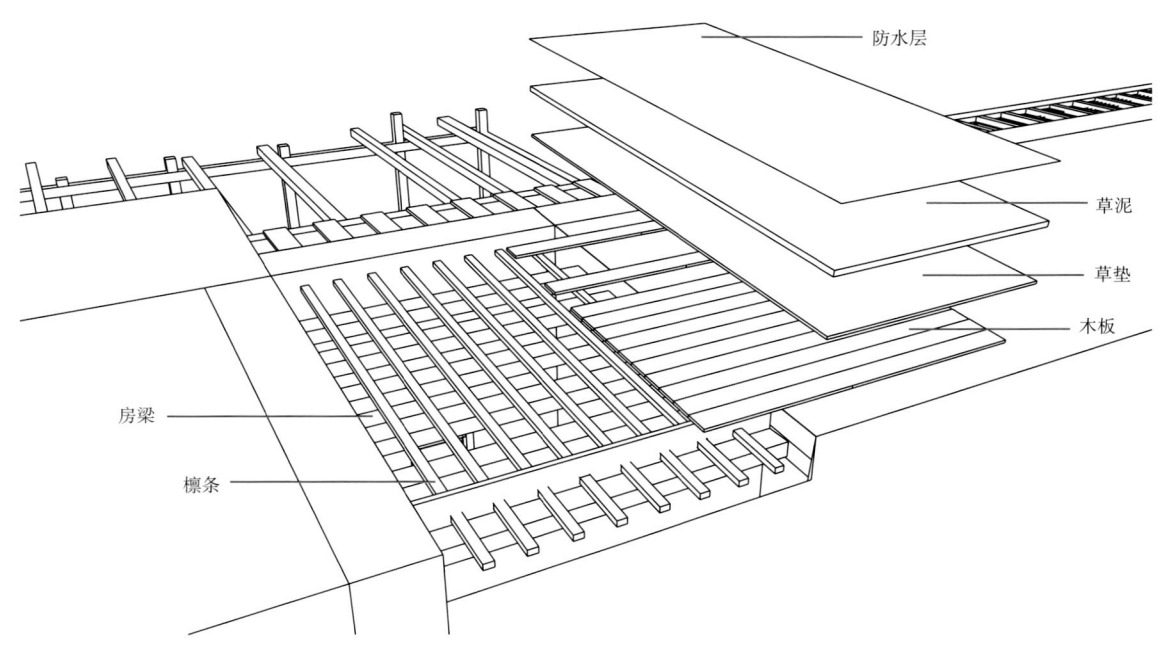

图五　乌孜别克族屋顶材料名称图

图六　乌孜别克族屋顶施工常用工具名称图

整理木料　　置梁　　铺木板　　裁剪油毡

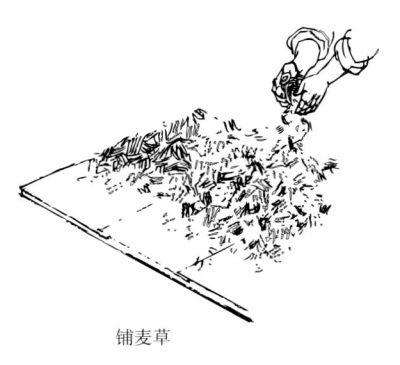

铺麦草　　拌草泥　　铺、抹草泥

图七　乌孜别克族屋顶工序流程图

有的也在屋顶面四周围垒建矮墙，用于防止屋顶雨水向四周漫流而损坏立面墙体，同时起到装饰性的作用，对顶部防水层油毡之类也具有加固的作用

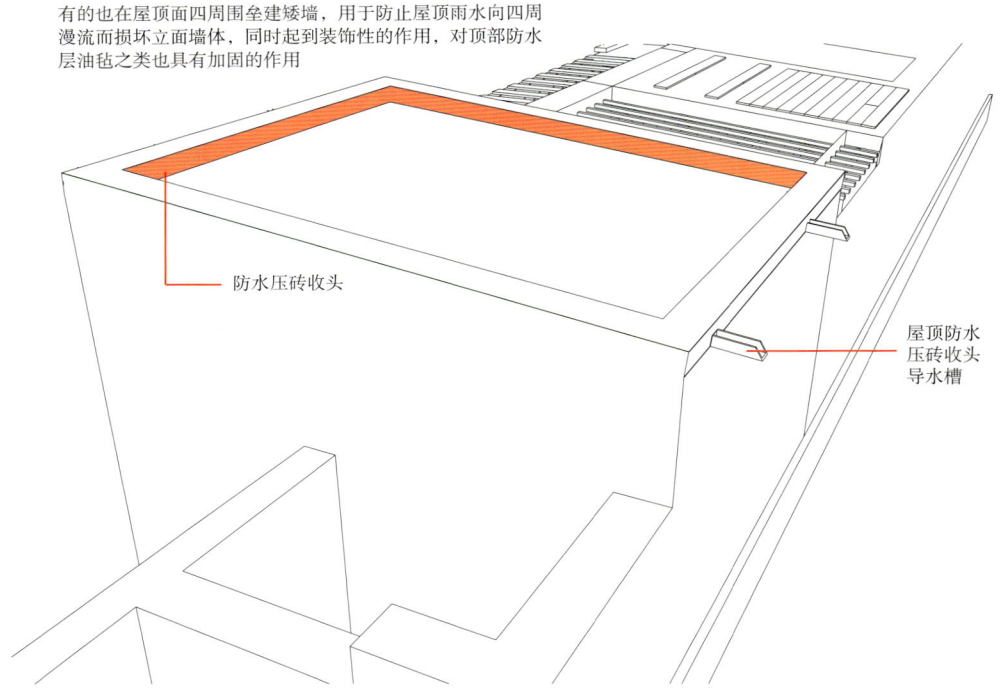

防水压砖收头

屋顶防水压砖收头导水槽

图八　乌孜别克族屋顶防水压砖收头解析图

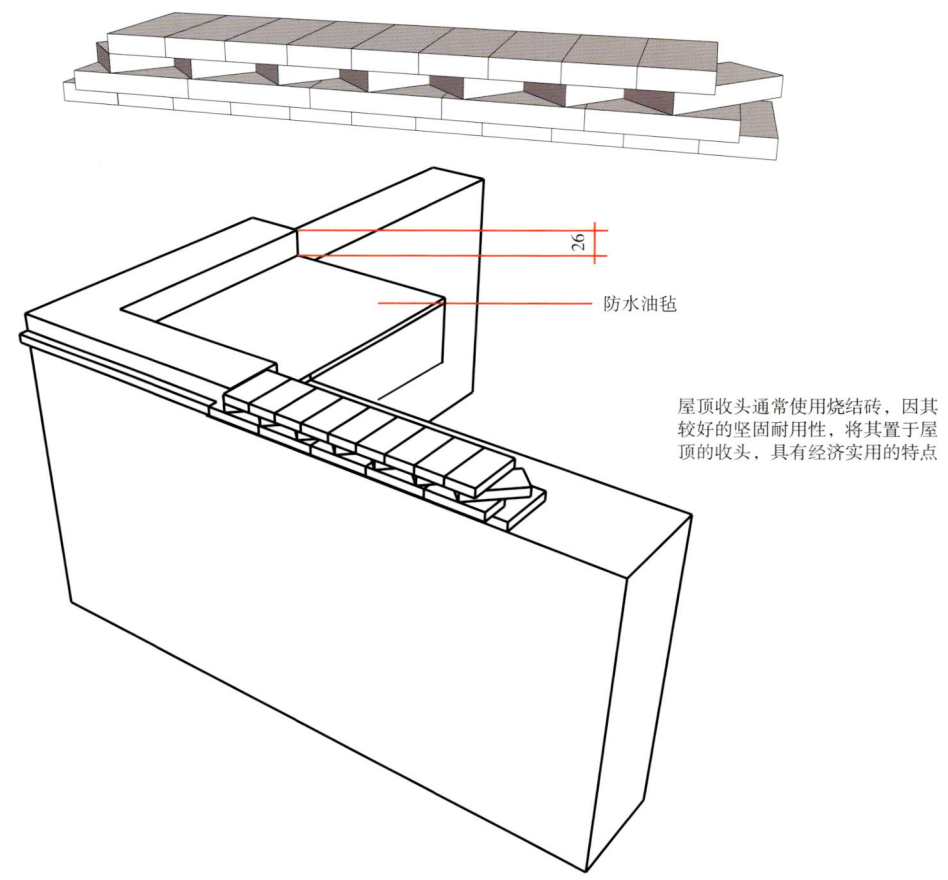

防水油毡

屋顶收头通常使用烧结砖，因其较好的坚固耐用性，将其置于屋顶的收头，具有经济实用的特点

图九　乌孜别克族屋顶收头拼砖结构解析图（单位：mm）

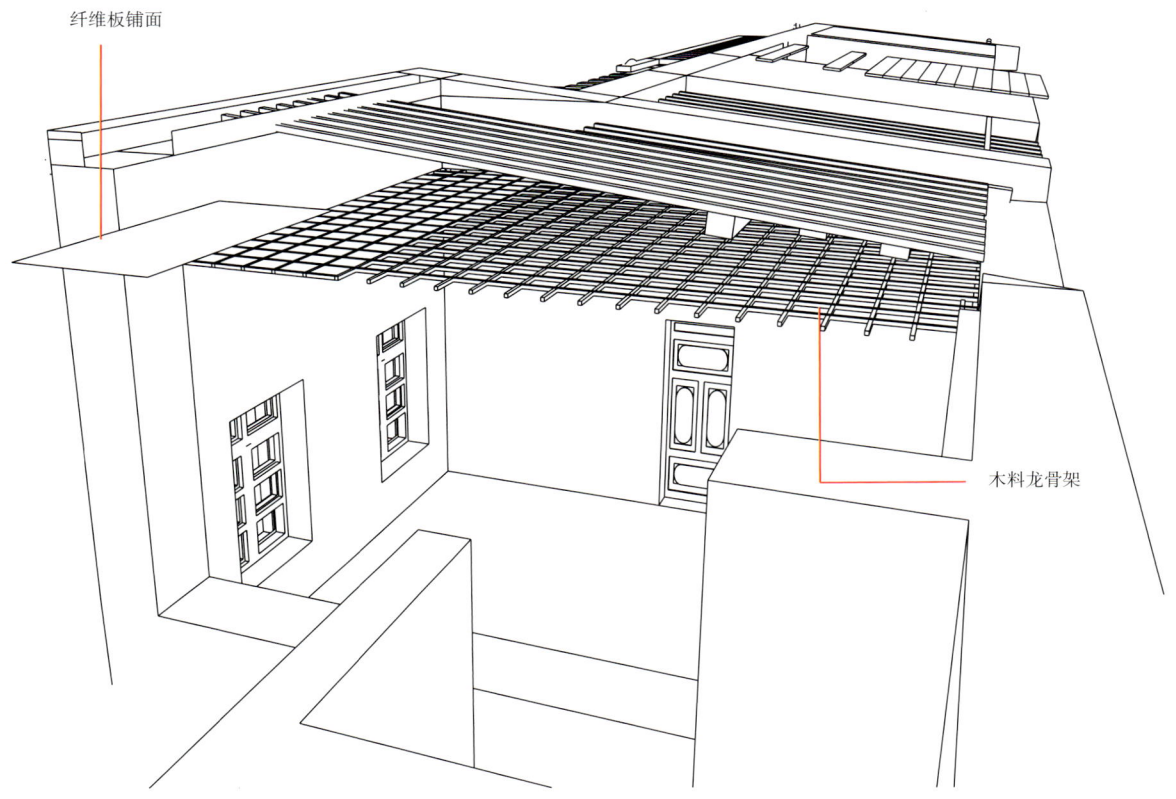

纤维板铺面

木料龙骨架

呈斜面形态的外层屋顶利于排掉雨水及积雪，平行的屋顶可以减少耗材，有效降低建造成本，巧妙的构思及简化的建造工艺程序便于在民众间普及。乌孜别克族房屋室内通常都做吊顶处理，使其与地面呈平行状，不仅利于体现室内装饰的均衡效果，也因方正规整的空间形态而获得平和、稳定的心理效应

图十　乌孜别克族屋顶之室内吊顶解析图

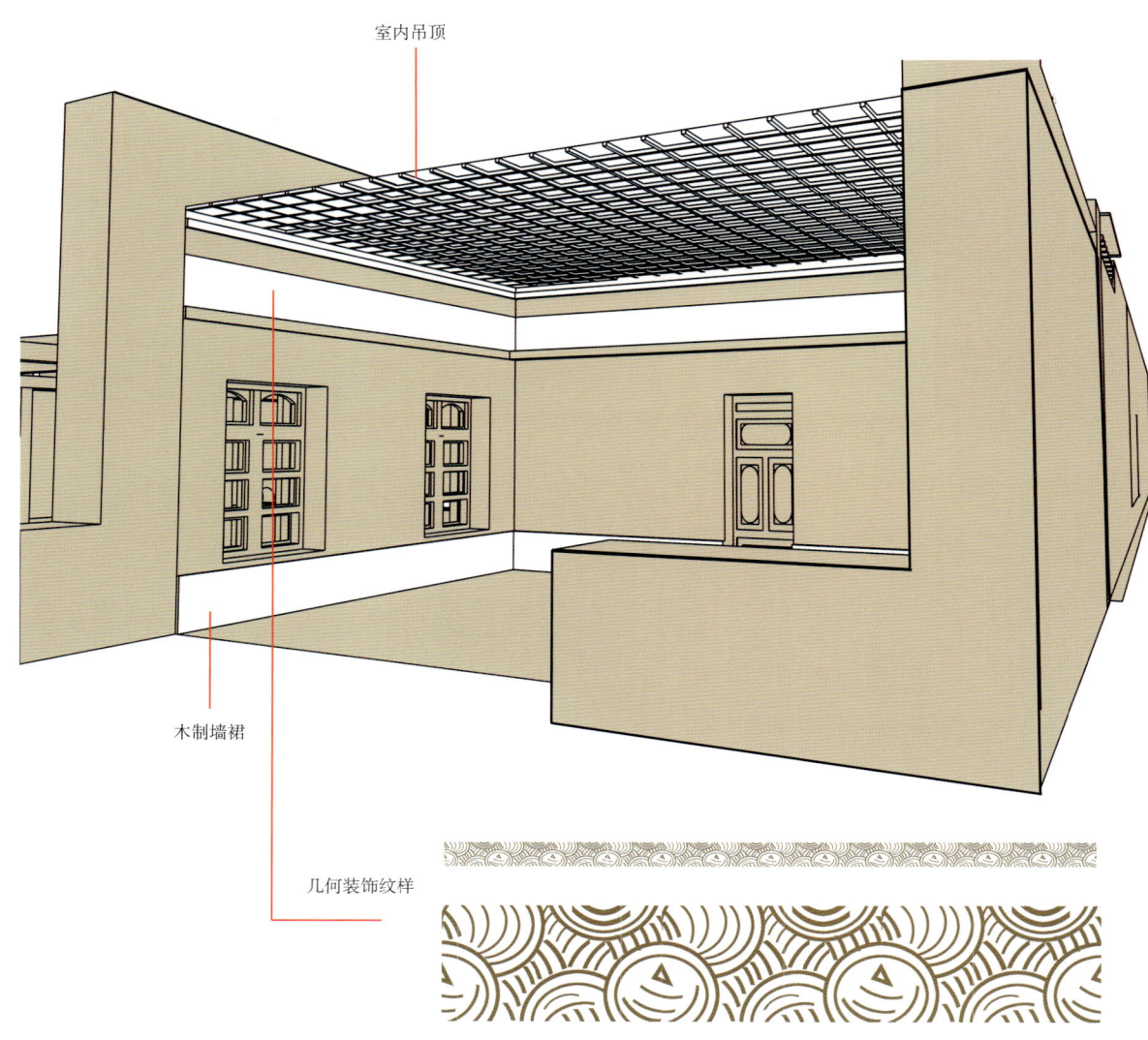

图十一　乌孜别克族屋顶之室内吊顶墙面装饰解析图

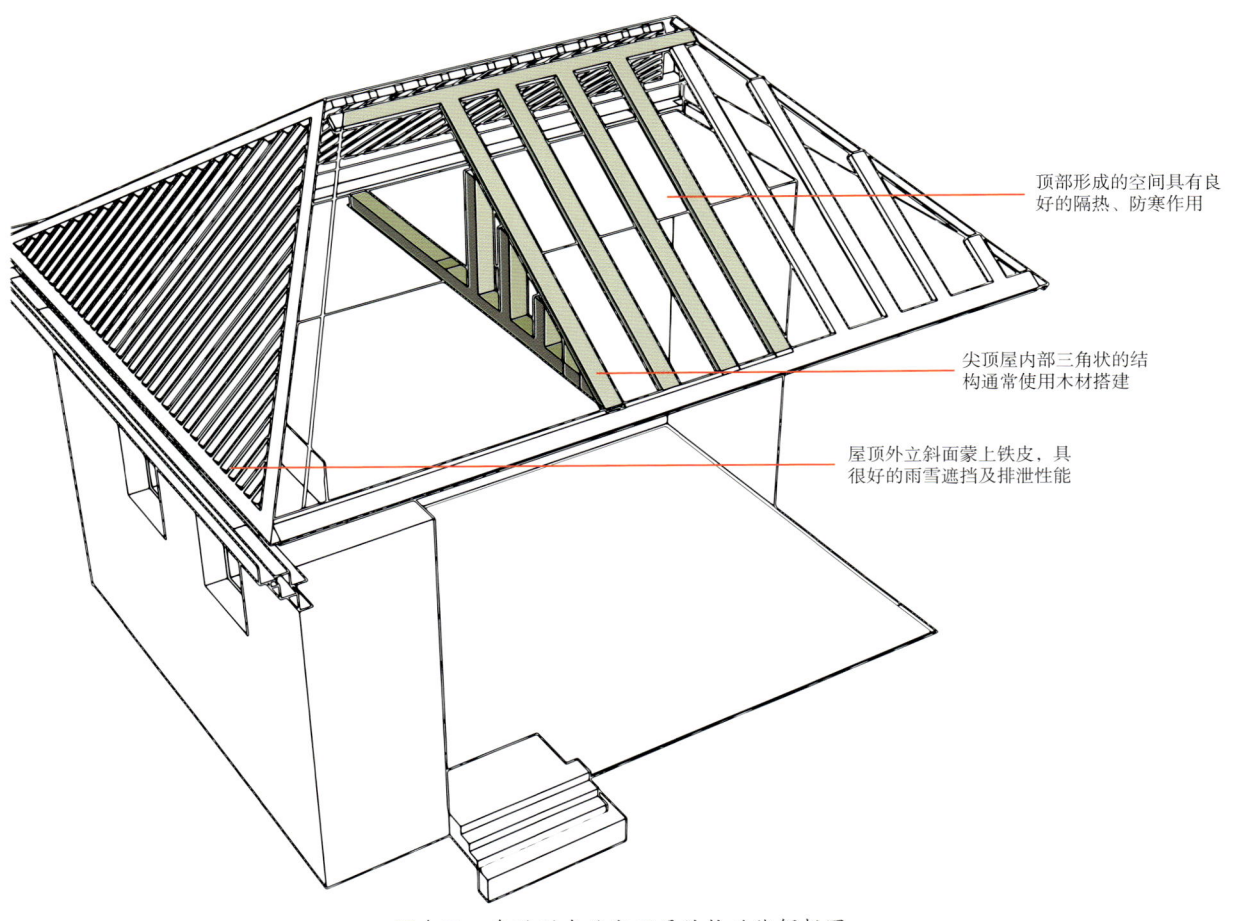

图十二　乌孜别克族尖顶屋结构功能解析图

顶部形成的空间具有良好的隔热、防寒作用

尖顶屋内部三角状的结构通常使用木材搭建

屋顶外立斜面蒙上铁皮，具很好的雨雪遮挡及排泄性能

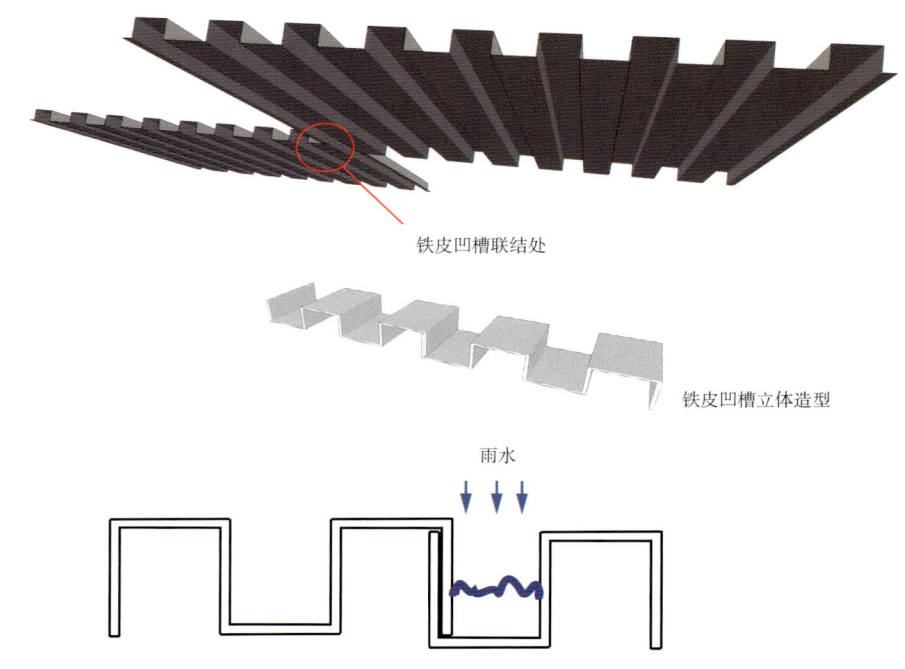

铁皮表面被制作成方形条状，长条凹槽利于雨雪排泄，隆起方管长条直立的边易于与其他条形块面的铁皮咬合联结，有效防止雨雪水渗漏，外形均衡、统一美观

图十三　乌孜别克族尖顶屋面铁皮制作工艺分析图

图十四　乌孜别克族尖顶屋结构情境图

乌孜别克族毡房

图一 乌孜别克族毡房主图

乌孜别克族主要分散居住在新疆维吾尔自治区的伊宁、乌鲁木齐、塔城、木垒、叶城等地。其中绝大部分人居住在城镇里，少数人居住在农村或牧区。居住在北疆，位于博格达山脚下，距木垒县城13公里的大南沟乌孜别克民族乡的群众多从事传统畜牧业生产，因为这里降水充沛、牧草茂盛，是得天独厚的天然牧场。游动迁徙的放牧生活一定程度影响并形成了为适应与这一生活需要的居住方式，在与其他民族的交往中吸收并融合了许多宜于草原游牧生产生活的建筑文化，其适于搬迁、搭建的毡房便是草原游牧民族广泛使用的一种居住类型。

毡房也称蒙古包，高3米左右，一般占地面积为二三十平方米，毡房下部为圆形，与圆柳木杆纵横交错排列，与搭建围合而成的顶部圆形对应，形成一个外部是圆弧状的立体空间，具有较好的防寒抗风功能，顶部通透的天窗具有良好的通风透气及采光作用。毡房整体主要靠内部撑杆搭成的骨架支撑，使用牛皮绳等将骨架进行连接。被称为"克依格宇"的毡房一般可容纳6~10人，相对于更简便的"浩斯"毡房来说显得较为笨重，在毡房的拆装与运输上也显得不便。"克依格宇"更适宜较长时间停留定居使用。"浩斯"毡房外形简易，多用于运转场途中，具有搭建简易、方便携带使用的特点。通常情况下，一座新搭建的"浩斯"毡房可供三四个人居住，结构与其他毡房基本相同，因无房厢子所以内部空间要比毡房显得低矮狭小。

毡房设计中的功能性表现与乌孜别克族牧民的生产、生活方式密切相关，在建筑材料的选择"加工"制作及结构的组合、使用等方面，都围绕游牧生活生产方式的实际需要进行设计。"逐水草而迁徙"是游牧生产、生活的特点，便于搭建、携带的建筑正是适应这一特点而产生。在搭建毡房时要适合各种不同的环境地质条件，并具备较好的防寒抗风效果，以保证居住的安全性要求，根据转场途中临时性居住的需要而设计了这种便于居住的临时性毡房"浩斯"。简易的造型及轻质材料的选用，适度减轻了携带不便的困难，体现出设计中对实用性功能的考虑，毡房的设计与使用使游牧这一生产生活方式延续至今。

图片来源
图一　陈述　摄影
图二　陈西木　陈述　制图
图三、图五至图七、图九、图十　陈述　陈西木　制图
图四　王静　制图
图八、图十二至图十八　陈述　制图
图十一　陈述、木合亚提·加海　制图

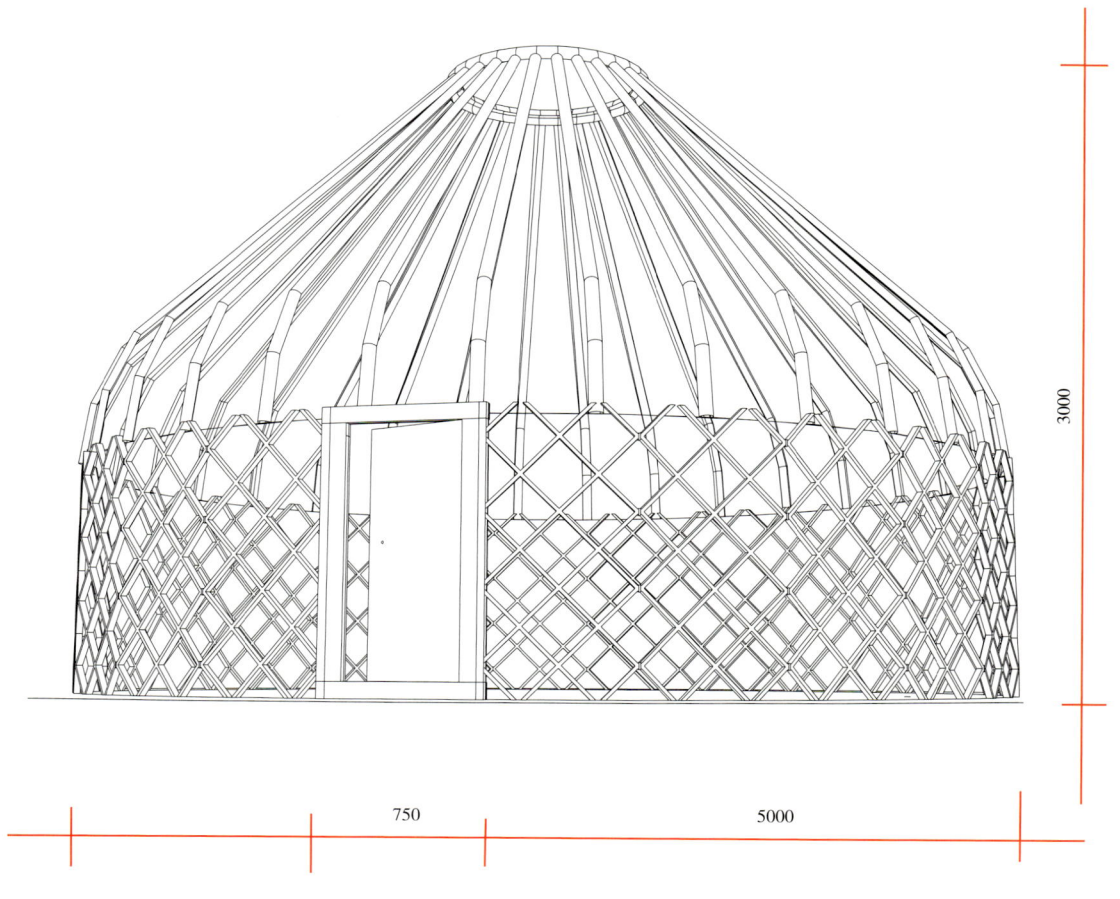

图二　乌孜别克族毡房尺寸图（单位：mm）

毡房内部由木制骨架构成，分为上、下两部分。上部位倾斜的屋顶，呈倒漏斗状，收口的天窗利于室内通风排气，上升的热气流利于阻止冷气流的侵入，具有较好的保暖作用，也是室内炉具用火排烟的出口。圆形的天窗位于屋顶上部中央，能充分获取自然光照

木制圆形天窗

毡房上部木制骨架

毡房下部墙体网格状木制骨架

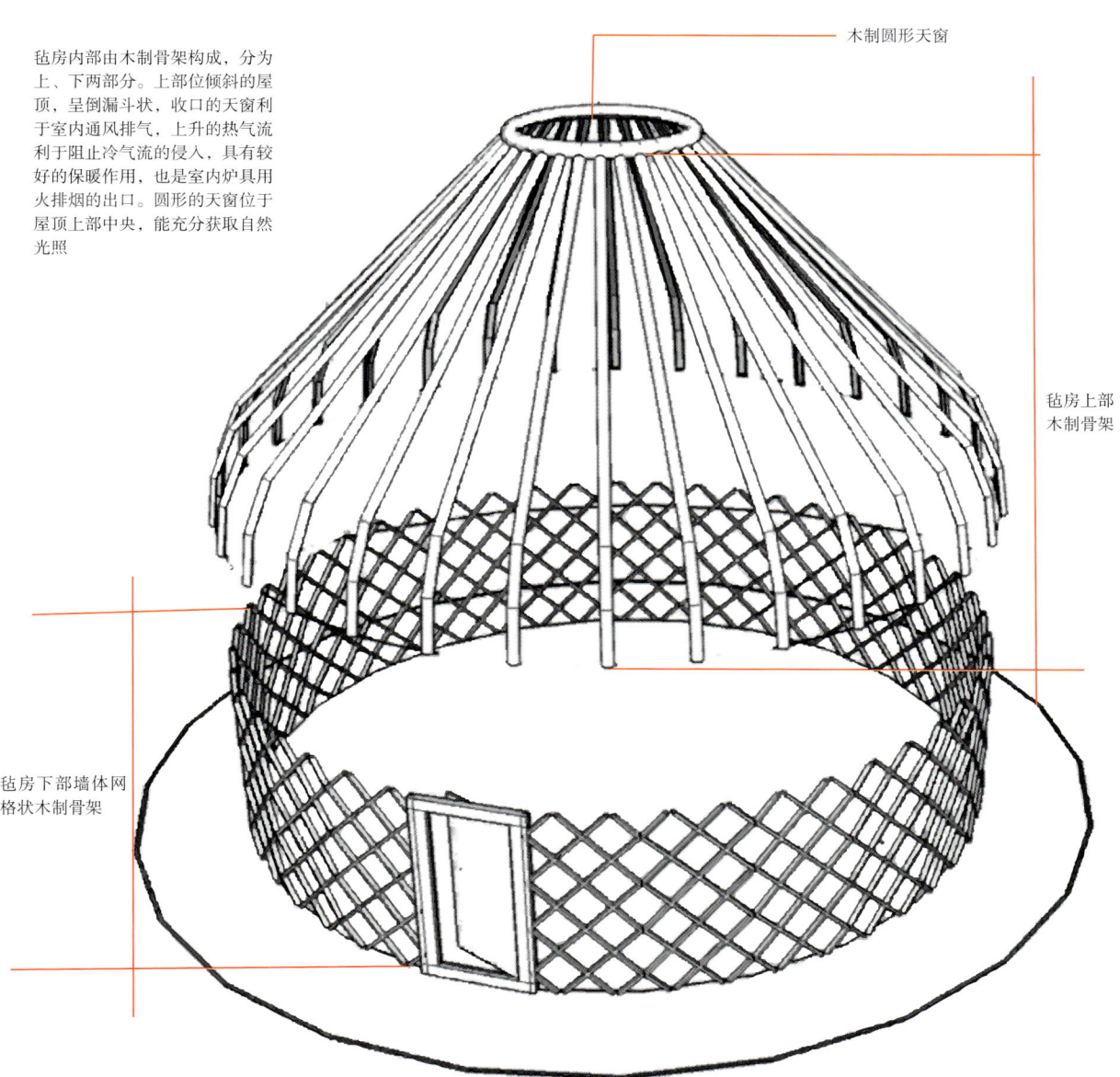

图三　乌孜别克族毡房骨架结构解析图

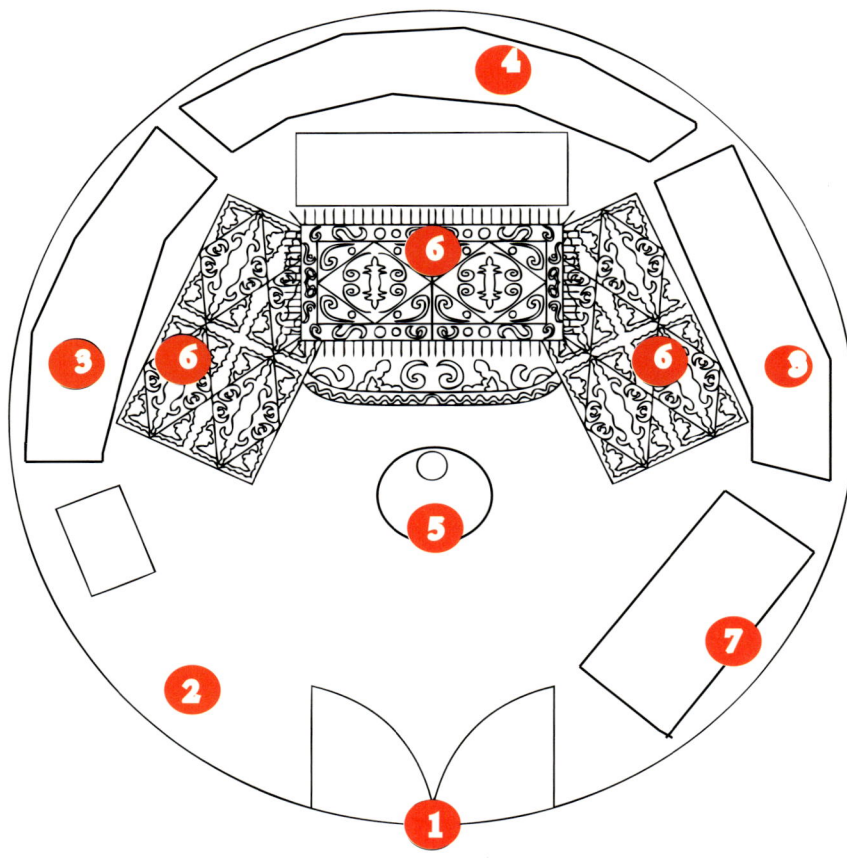

北

1. 毡帐出入口
2. 马具存放区域
3. 睡卧区域
4. 贵客休息区域
5. 室内炉具
6. 餐饮区域
7. 食物加工区域

图四　乌孜别克族毡房平面布局示意图

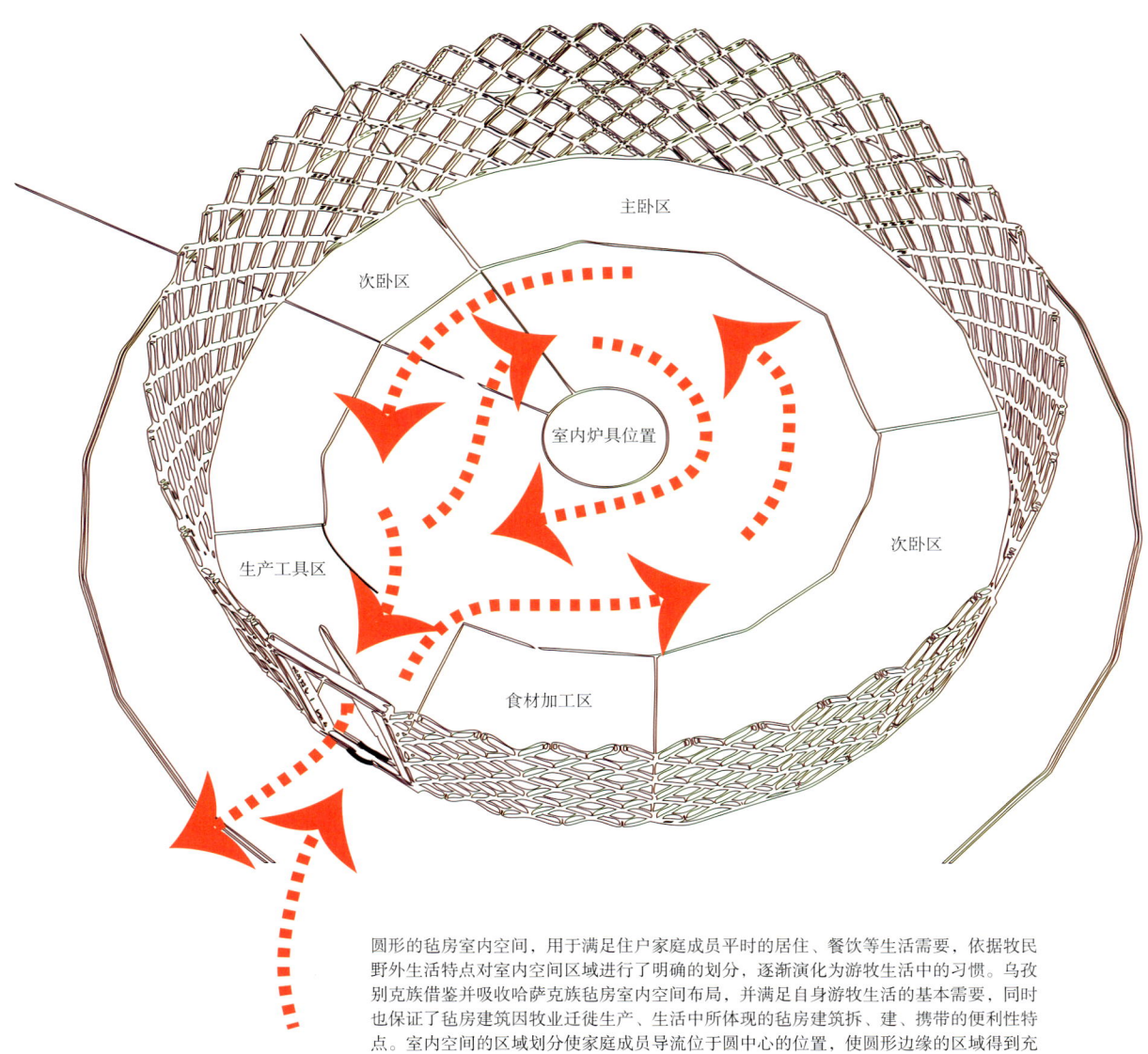

圆形的毡房室内空间，用于满足住户家庭成员平时的居住、餐饮等生活需要，依据牧民野外生活特点对室内空间区域进行了明确的划分，逐渐演化为游牧生活中的习惯。乌孜别克族借鉴并吸收哈萨克族毡房室内空间布局，并满足自身游牧生活的基本需要，同时也保证了毡房建筑因牧业迁徙生产、生活中所体现的毡房建筑拆、建、携带的便利性特点。室内空间的区域划分使家庭成员导流位于圆中心的位置，使圆形边缘的区域得到充分的利用，以炉具为圆心的区域主要用于家庭成员出入及做饭、烧水、加工食材等

图五 乌孜别克族毡房室内家庭成员导流示意图

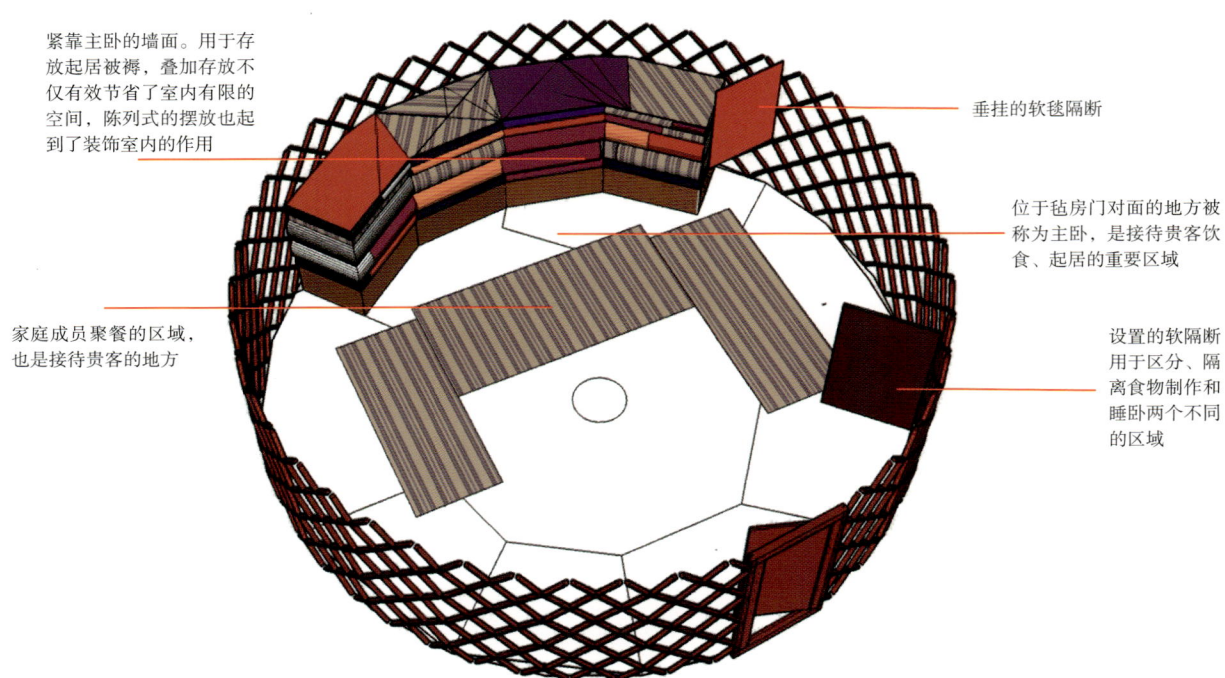

图六 乌孜别克族毡房室内生活区域划分解析图

紧靠主卧的墙面。用于存放起居被褥，叠加存放不仅有效节省了室内有限的空间，陈列式的摆放也起到了装饰室内的作用

垂挂的软毯隔断

位于毡房门对面的地方被称为主卧，是接待贵客饮食、起居的重要区域

家庭成员聚餐的区域，也是接待贵客的地方

设置的软隔断用于区分、隔离食物制作和睡卧两个不同的区域

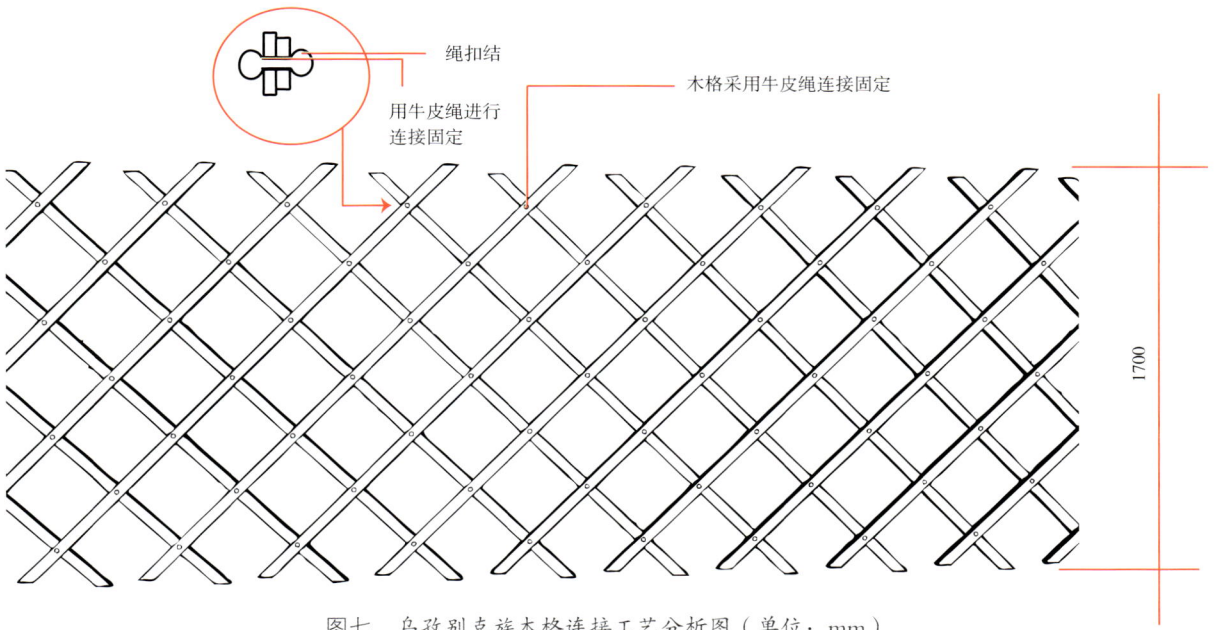

图七 乌孜别克族木格连接工艺分析图（单位：mm）

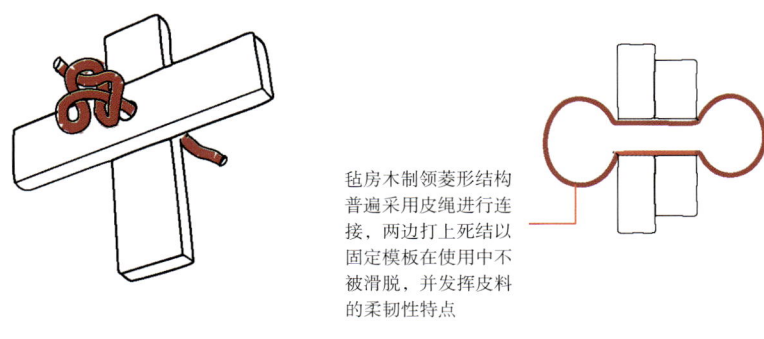

图八 乌孜别克族皮绳扣工艺分析图

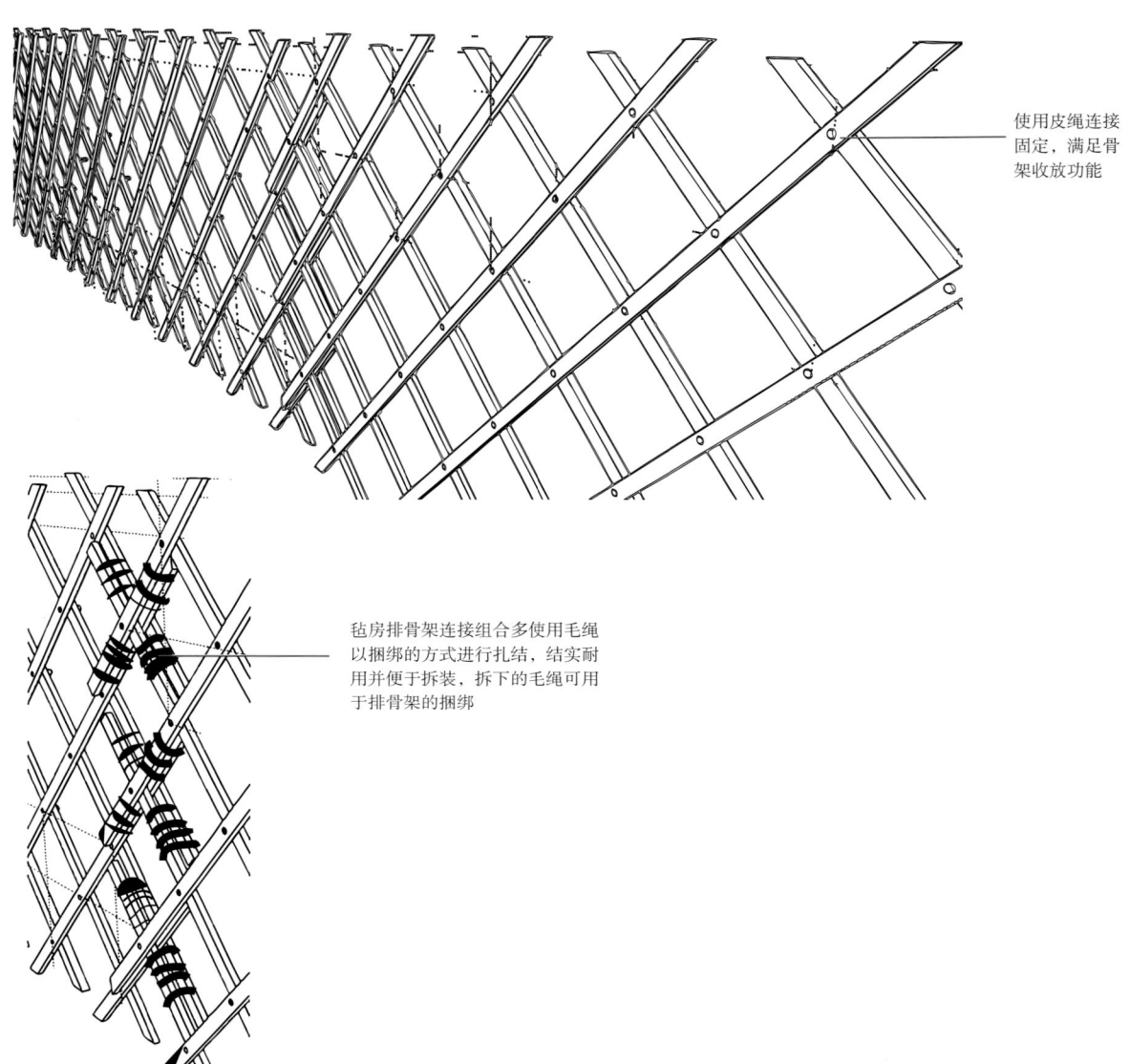

图九 乌孜别克族毡房木制骨架并连解析图

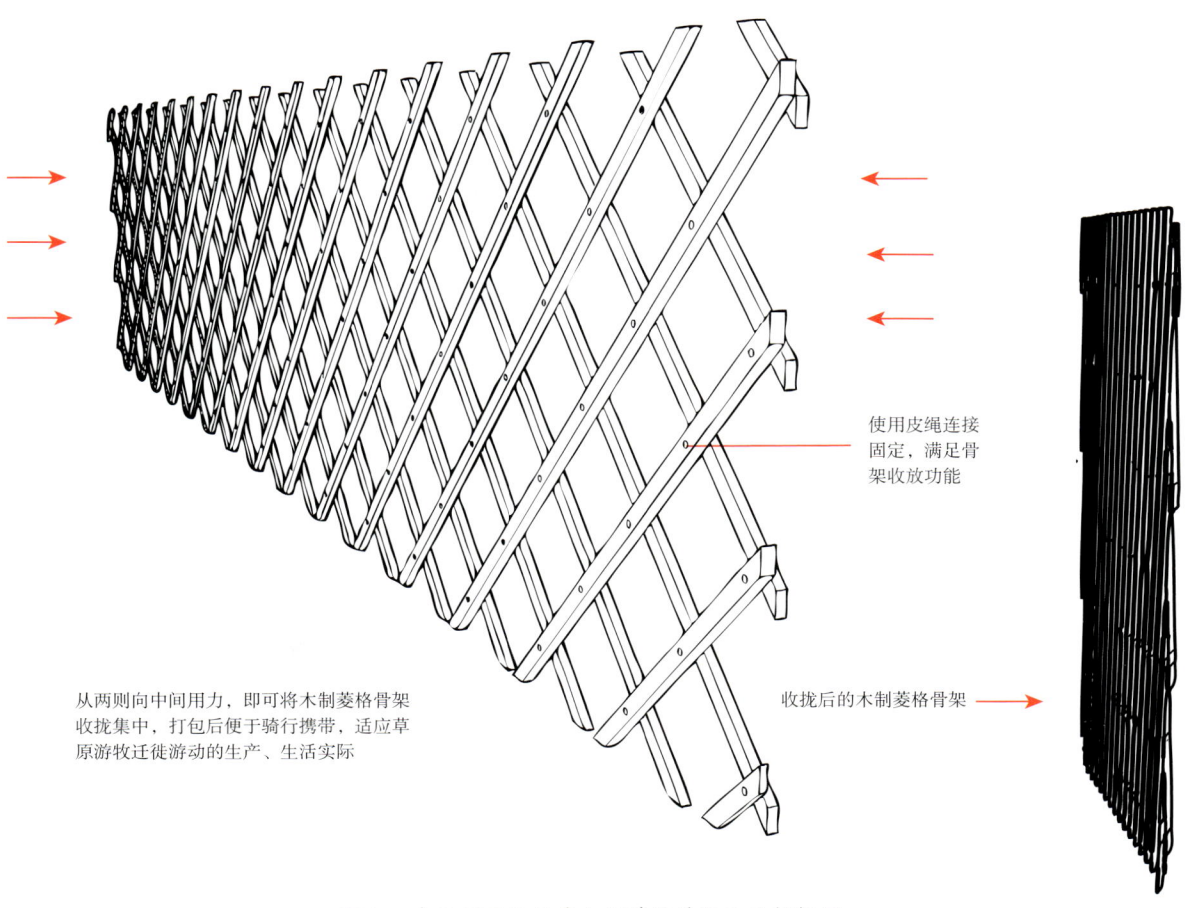

使用皮绳连接固定，满足骨架收放功能

从两则向中间用力，即可将木制菱格骨架收拢集中，打包后便于骑行携带，适应草原游牧迁徙游动的生产、生活实际

收拢后的木制菱格骨架 →

图十　乌孜别克族毡房木制菱格骨架收放解析图

撑杆连接于木格交叉处，使毡房屋顶的重力在相互的木网格中得到分化，下部网格状结构利于力的相互传输，使其具备一定的抗压、抗风性

竖立的木撑杆与木制菱格骨架的捆绑连接方式

压力分解示意图

撑杆与网状木格连接示意图

毡房顶部木杆与下部木格围栏之间的连接采用毛绳捆绑的方式进行，利用木格交叉点部位将竖立的木杆绑定，使毡房顶部的重力通过这种连接方式得到分解，使木制菱格骨架具备良好的承重作用

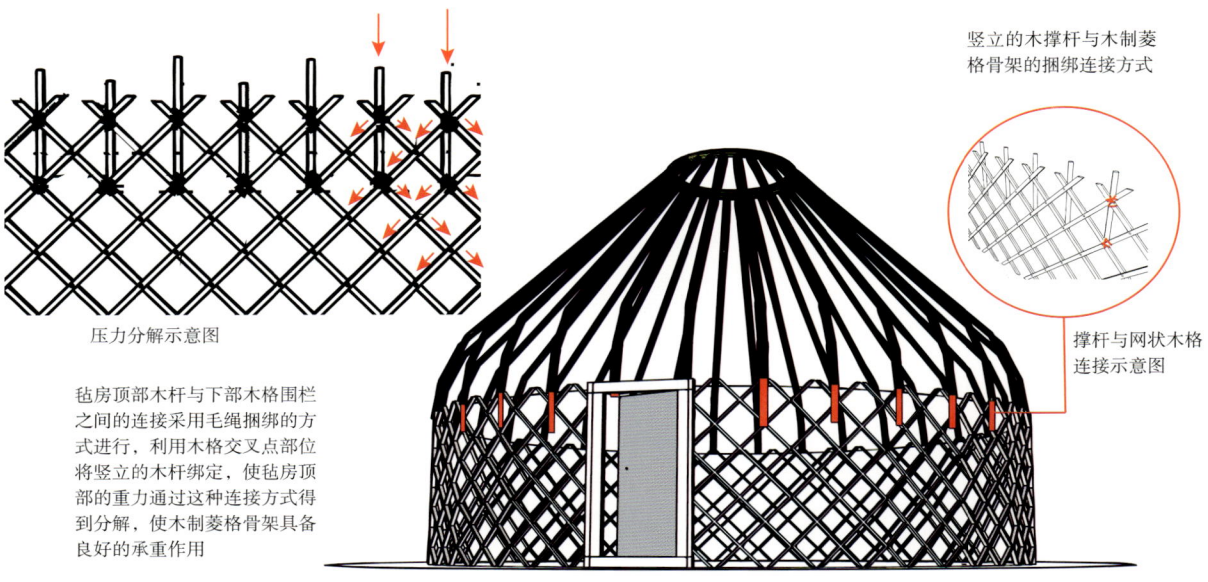

图十一　乌孜别克族毡房木骨骼基本结构解析图

前端牛皮绳死扣

后端死扣

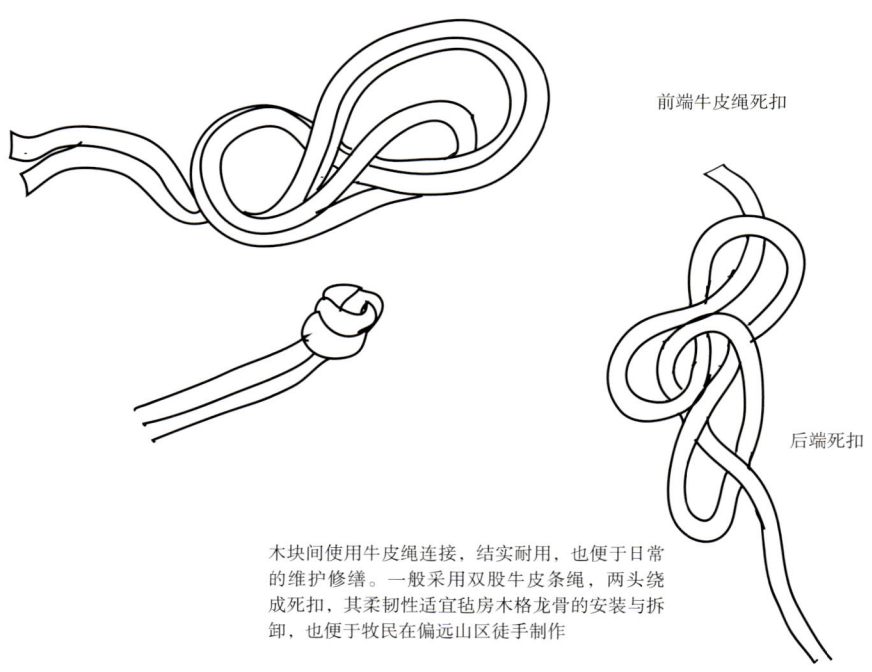

木块间使用牛皮绳连接，结实耐用，也便于日常的维护修缮。一般采用双股牛皮条绳，两头绕成死扣，其柔韧性适宜毡房木格龙骨的安装与拆卸，也便于牧民在偏远山区徒手制作

图十二　乌孜别克族毡房木格龙骨牛皮绳连接固定扣结工艺分析图

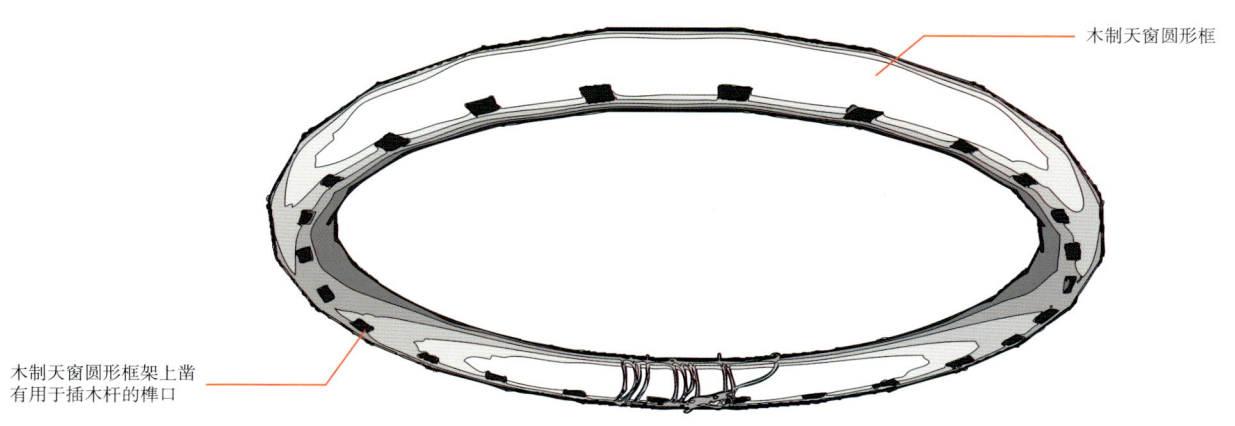

木制天窗圆形框

木制天窗圆形框架上凿有用于插木杆的榫口

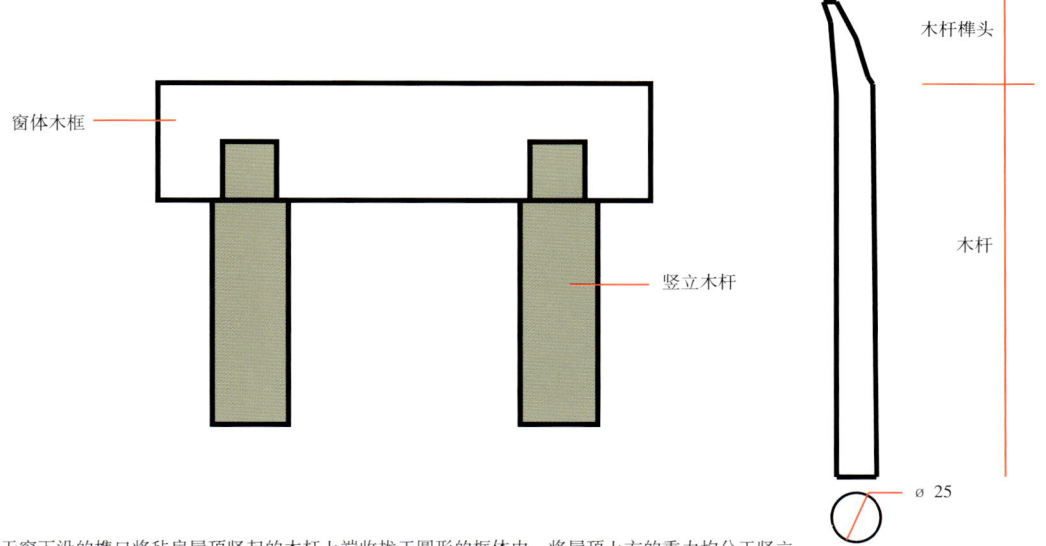

窗体木框

竖立木杆

木杆榫头

木杆

ø 25

天窗下沿的榫口将毡房屋顶竖起的木杆上端收拢于圆形的框体内，将屋顶上方的重力均分于竖立的木杆上，使其受力较为均衡，加之木质的柔韧性特点，使毡房具备较好的抗雨雪能力

图十三　乌孜别克族毡房木制天窗结构解析图（单位：mm）

第一章　乌孜别克族传统建筑

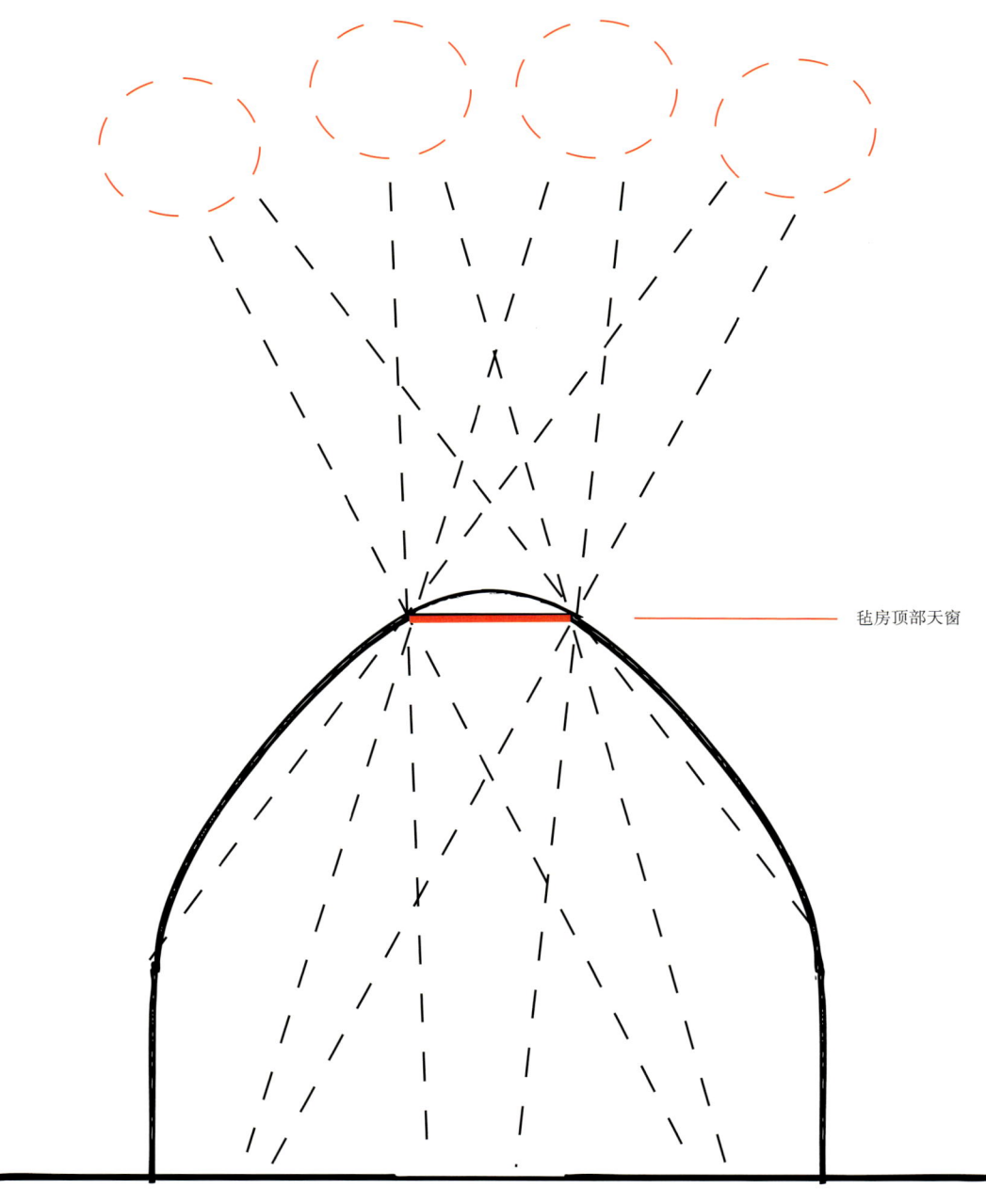

毡房顶部天窗

通常毡房顶部天窗自然采光主要为正午时段前后，在天气晴朗的条件下具有很好的采光效果，并依据室内温度及光照需要，利用顶部天窗盖毡进行遮挡调节

图十四　乌孜别克族毡房天窗功能解析图

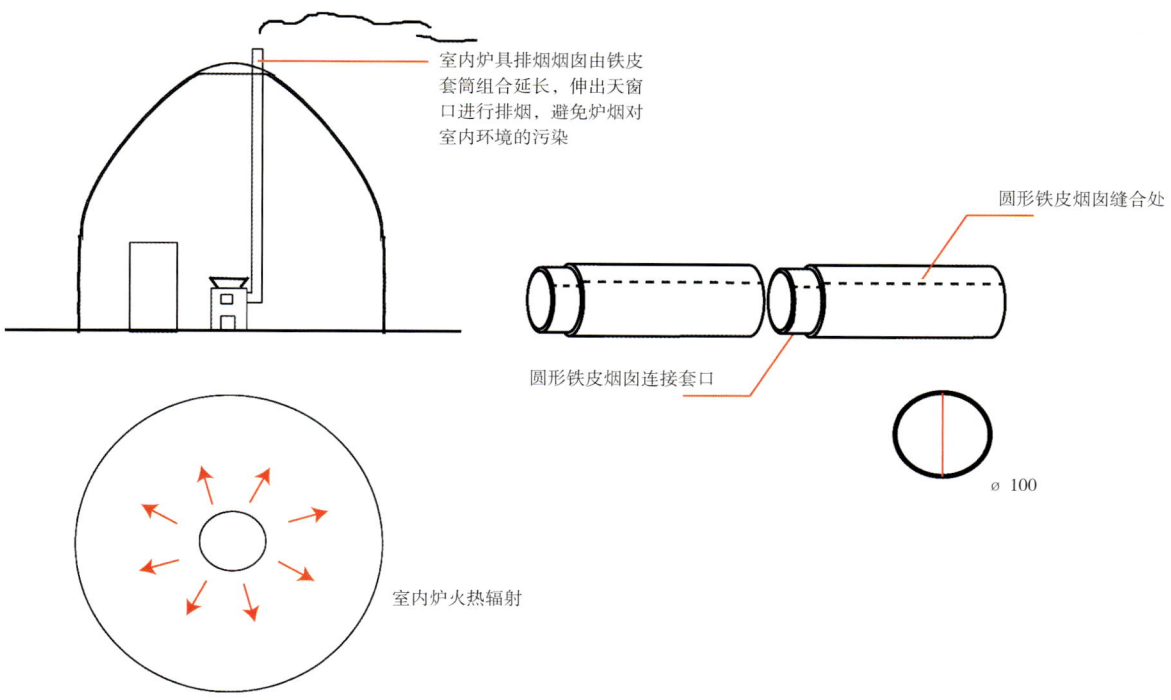

图十五 乌孜别克族毡房室内炉具设置解析图（单位：mm）

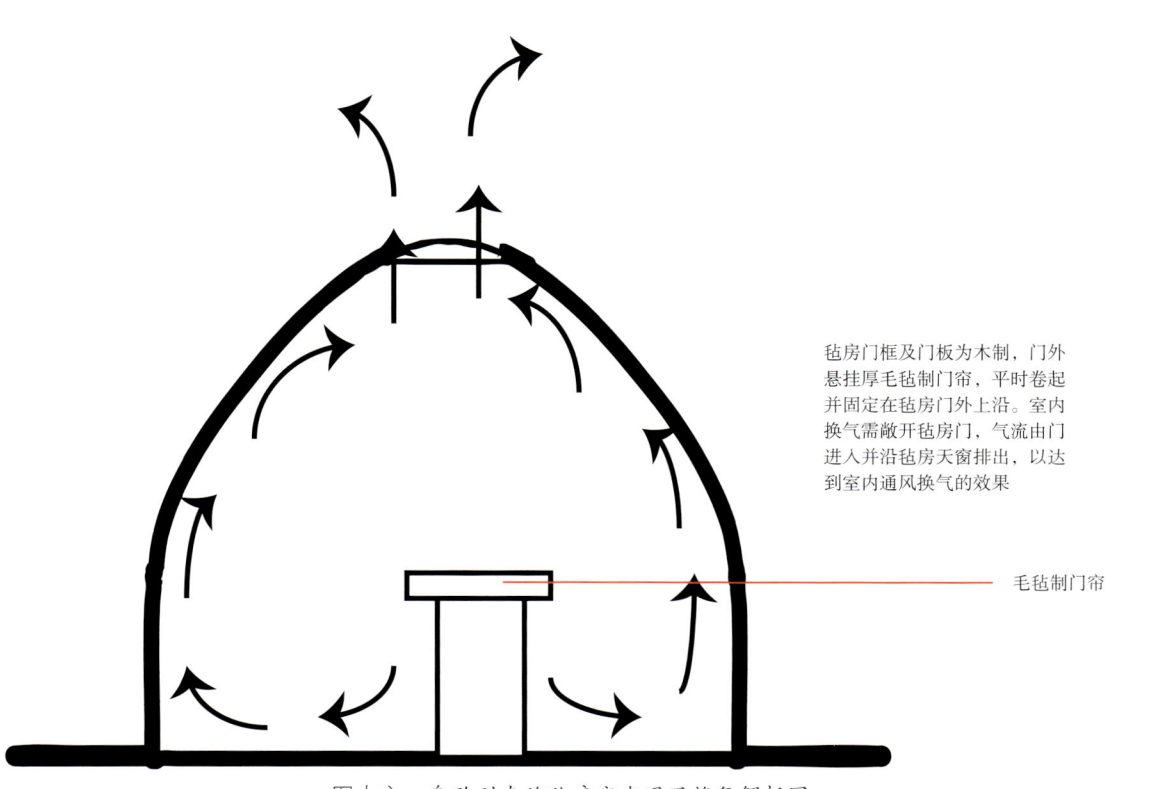

图十六 乌孜别克族毡房室内通风换气解析图

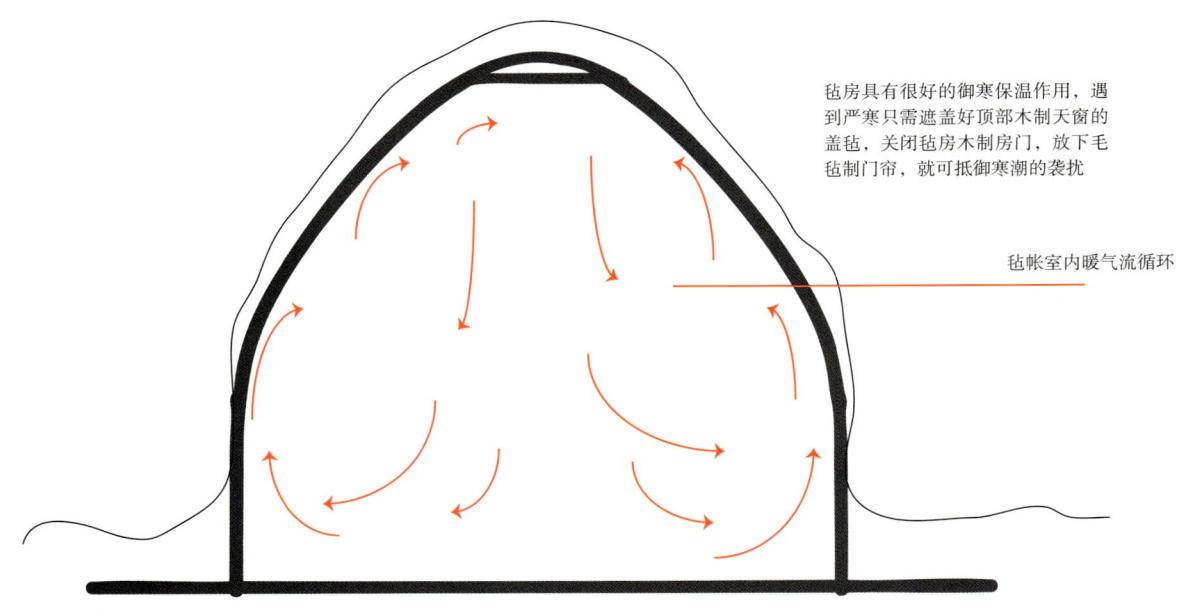

图十七　乌孜别克族毡房御寒保温解析图

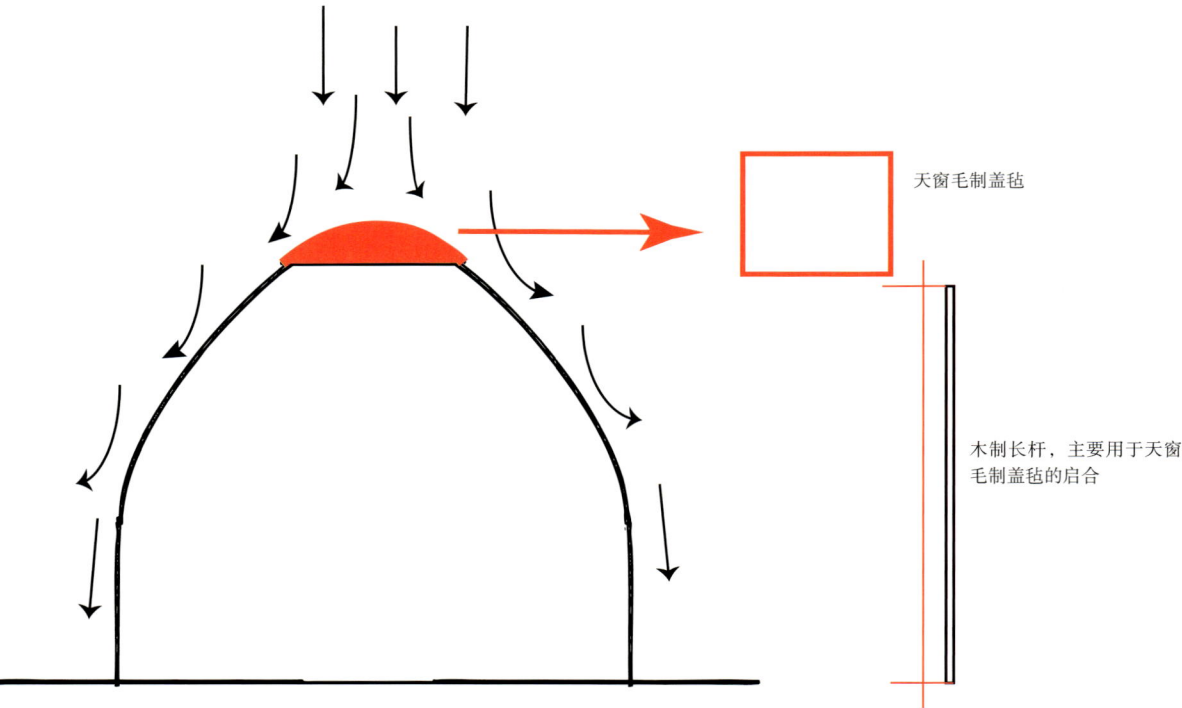

图十八　乌孜别克族毡房天窗防雨解析图

乌孜别克族木制房门

图一　乌孜别克族木制房门主图

新疆呈三峡二盆的地形特征，横亘于中部的天山山脉东西长约3500公里，将新疆分为南疆、北疆两个区域。北疆因天山阻挡了北方干冷的气流造成南北疆差异较大，沿天山以北为寒温带，冬季漫长且寒冷，年均气温在6~7摄氏度，北疆沙漠和砾漠的植被覆盖率约30%~40%，南疆则不到10%。北疆森林面积占全疆森林面积的75%。居住于北疆伊犁地区的乌孜别克族与维吾尔族、俄罗斯族、汉族、哈萨克族等少数民族杂居。在民居住房的设计、材料、技术应用及空间功能等方面广泛吸收借鉴其他民族的经验，同时逐步形成了具乌孜别克族传统意识的住房。

乌孜别克族建房时要选择好地基,通常采用较大的石块砌筑,房屋朝南,便于冬季时采光。房门则选用厚实的木料制作。门是民居建筑室内空间与室外空间连接的关口与通道,门既要满足日常出入开启与关闭的需要,同时还须有较好的防风、保温作用。乌孜别克族人善于利用门、窗采光,因此门的高度一般为2.4米左右,结构分为上下两部分,上部40厘米左右的为固定透窗,主要用于采光,下部约2米为进出开启闭合的门,通常为双扇向外开启。每扇门板宽度约为50厘米,门扇与木框用金属合页连接固定,通常只在门外安装金属简易把手,把手安装呈"八"字形状,便于增加用双手拉启门扇时舒适性程度。

房门为建筑中内外部空间的联系通道,也是视觉最易注目的位置,常将房门作为部位进行设计改造,因此具有很强的视觉装饰

图二　乌孜别克族木制房门尺寸图(单位:mm)

效果。乌孜别克族建筑中的木门在造型上多为长方形，这种造型也是乌孜别克族喜欢的形状，也是最经济的一种制作加工形制。木制门面的装饰依据门板的纵横拼对结构组合进行实施，形成美观的视觉形象而不影响原有的功能性使用强度。将具有神性的龛形造型应用在装饰中，一是表明宗教信仰的身份，二是认为龛形作为一种图形符号具有崇高神圣感，以保佑家人的平安，也被视为是美的形式之一。门的上半部分设有并排的两个龛形，重复的排列强化了图形的秩序感以强调其视觉装饰设计中的有序与规律。龛形与传统喜爱的方形构架组合，将宗教信仰的神圣与世俗习惯通过设计有机整合，以此体现民族的精神情感世界及审美趣味。

图片来源
图一　陈诗雅　制图
图二、图三、图五　陈诗雅、王静　制图
图四　陈诗雅、赵欣一　制图

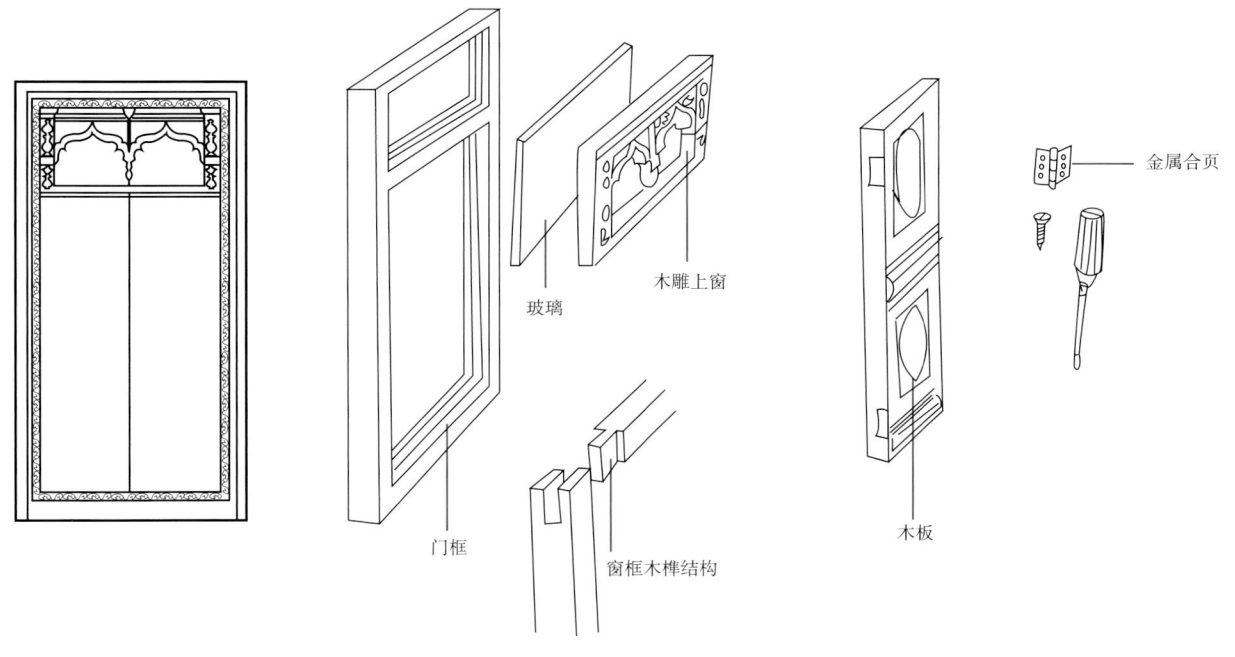

图三　乌孜别克族木制房门结构分解图

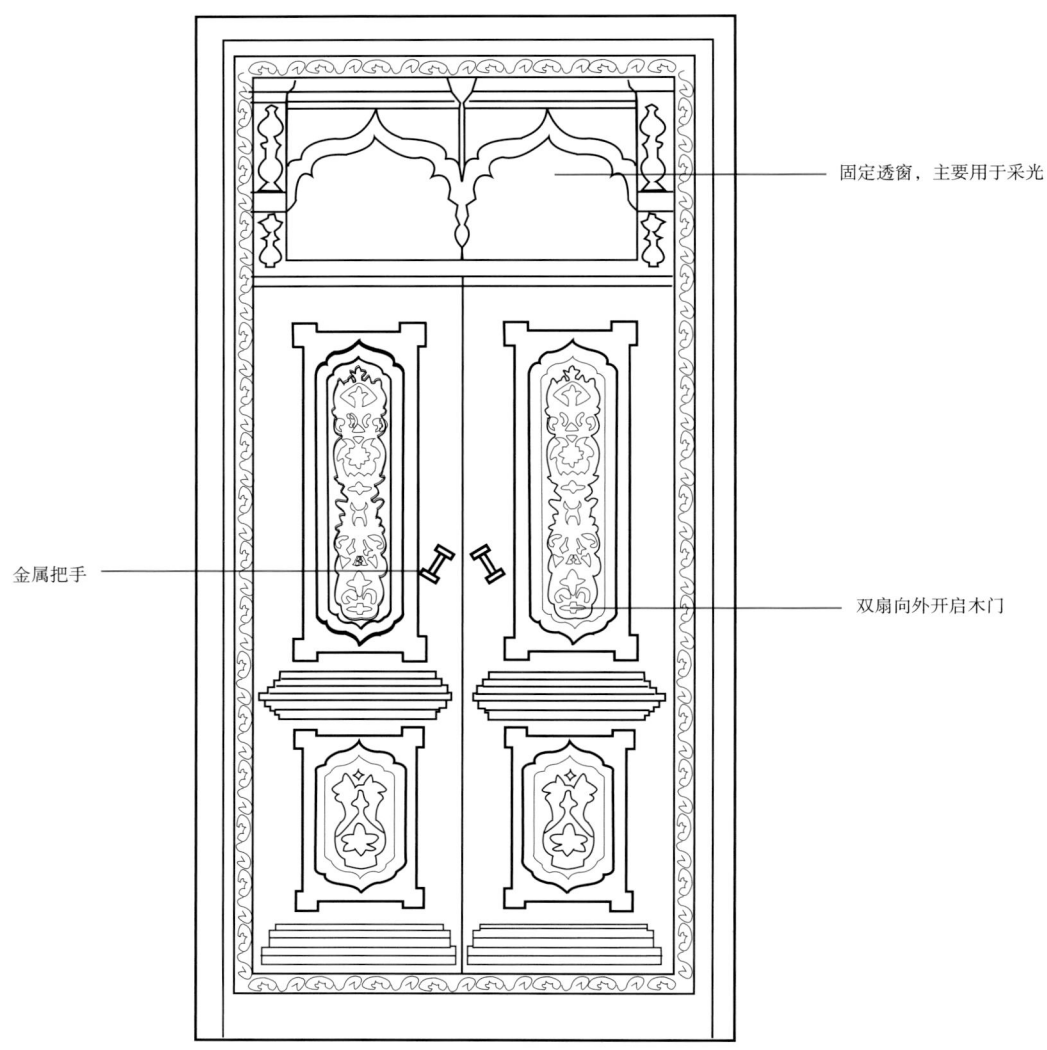

图三（续） 乌孜别克族木制房门结构细部解析图

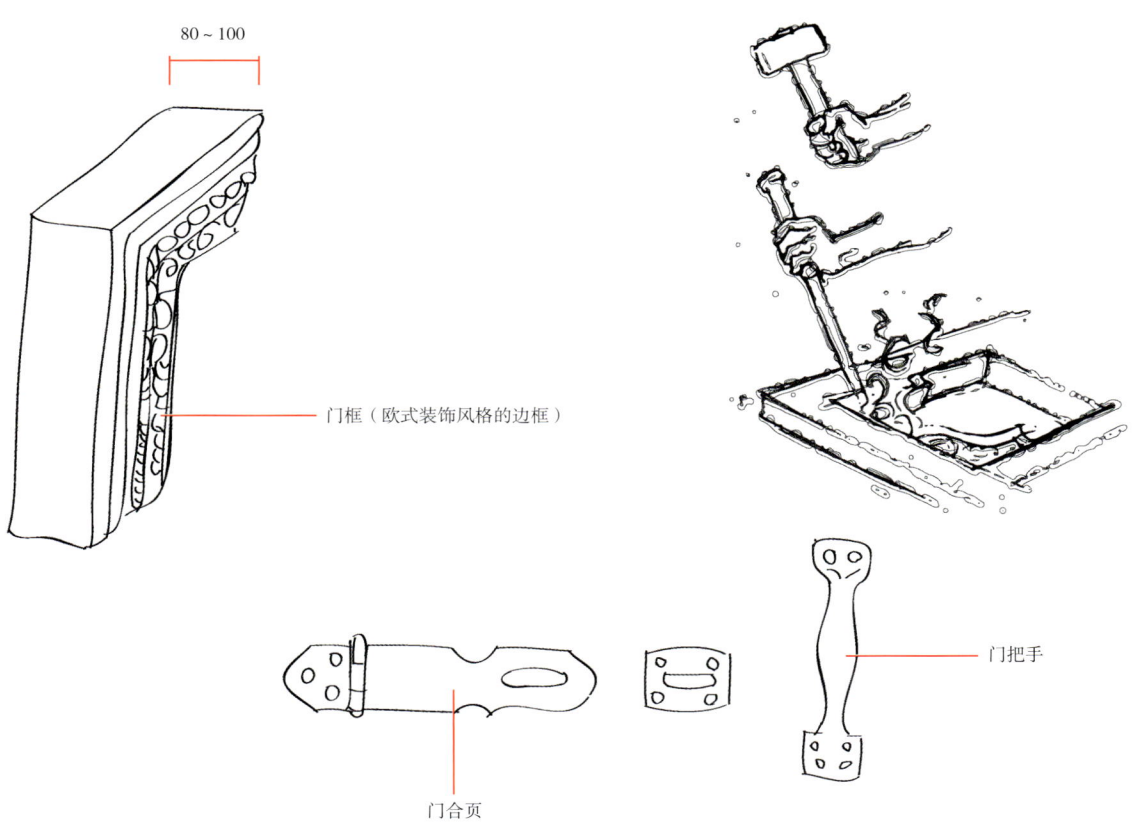

图五　乌孜别克族木制房门工艺分析图（单位：mm）

乌孜别克族纱帘

图一　乌孜别克族纱帘主图

乌孜别克族人的传统住房多为土坯或砖结构的长方形房屋，两室或三到八室，一到两三个厅。房屋面积在200平方米以上，房屋带有一个大院或小院，客厅或卧室各设有一窗户，用于通风、透气、采光，由于日温差及年温差大，冬季有时可达零下30摄氏度。窗户多设置为两层，在冬天以起到保暖的作用。乌孜别克族住户房屋窗户一般都比较大，易使室内宽敞明亮，营造优雅舒适的生活环境。窗帘是用于遮挡或调节室内光照的帘子，根据需要可随意动手调整闭合窗帘。乌孜别克族的住房的窗帘主要使用布或纱材料制作，布窗帘主要用于遮光，纱窗帘对光具较好的调节作用，并具有防尘、防蚊虫、透气、利于改善室内气候及环境的作用，其通透性及朦胧的视觉效果又起到装饰室内的作用。

乌孜别克族人房屋的窗帘通常为两种：一种是半截式，窗帘布中央不绣花；另一种是垂地式窗帘，布幅中央绣满月季、蔷薇图案，边缘绣葡萄纹及各种花形图案，悬垂于窗户的上部。纱帘具有很好的透光、透气性，多选用仿真丝或混纺织物面料，具较好的耐晒性及耐磨性。根据整幅尺寸在上绣花卉图案，纱帘下沿边为向外呈弧状的波纹连续性曲线，与纱帘幅内的弯曲形装饰花卉图形边缘相契合，总体安排上装饰图形上疏下密，弯曲的线形在视觉上减缓了下落的速度，使花卉图形由上向下呈缓慢的洒落状，优雅而具情调。纱帘上部装有木制窗帘盒，内设有专用于纱帘开合的直线绳，沿纱帘上沿用折叠的方式量好长短尺寸后使用带环扣的夹子夹住即可，方便于安装时对纱帘长短的调整，将窗盒内固定平行的直线绳穿过固定在纱帘布上沿的小夹子金属环就可以随意开合纱帘，调节光照。

乌孜别克族窗纱帘在设计上兼具实用性与美观性。简化的结构，便于安装和拆卸。窗纱宽大的幅面又为擅长刺绣的乌孜别克族妇女提供了展示其才艺的平台，使窗纱在装

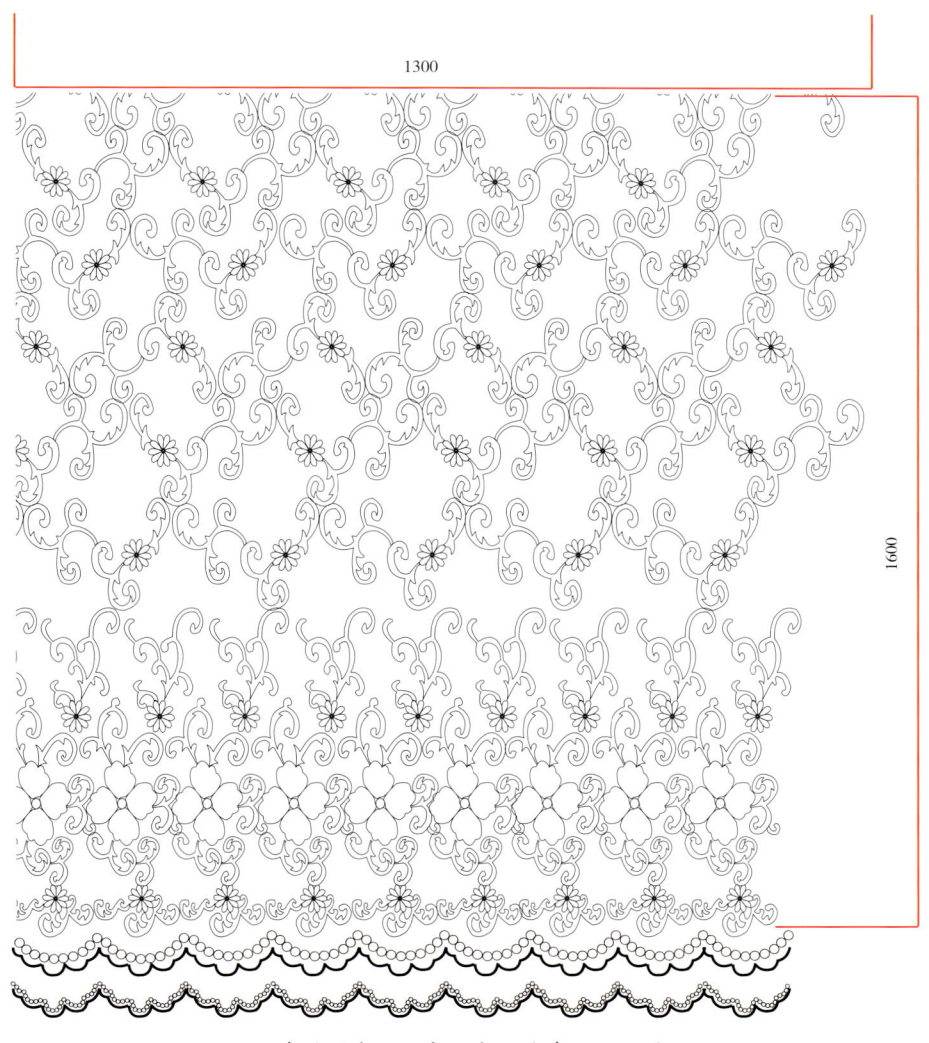

图二　乌孜别克族纱帘尺寸图（单位：mm）

饰设计表现上又呈现出趋于不同家庭中女主人个性化的特点。因此窗帘的装饰形式及表现手法也呈丰富与变化，与室内的软织物装饰呼应协调，形成室内装饰的整体效果。窗纱帘的材料选用及加工制作注重于所处社会经济环境的实际，材料的获取在得到基本保证的前提下充分发挥创造的潜能，通过反复的实践性过程使设计能付诸具体的应用，渐形成特有的装饰设计表达，并承载内在的精神情感，因而被民众认可并融入日常的生活当中。

图片来源
图一　陈述　摄影
图二至图六　王静　制图

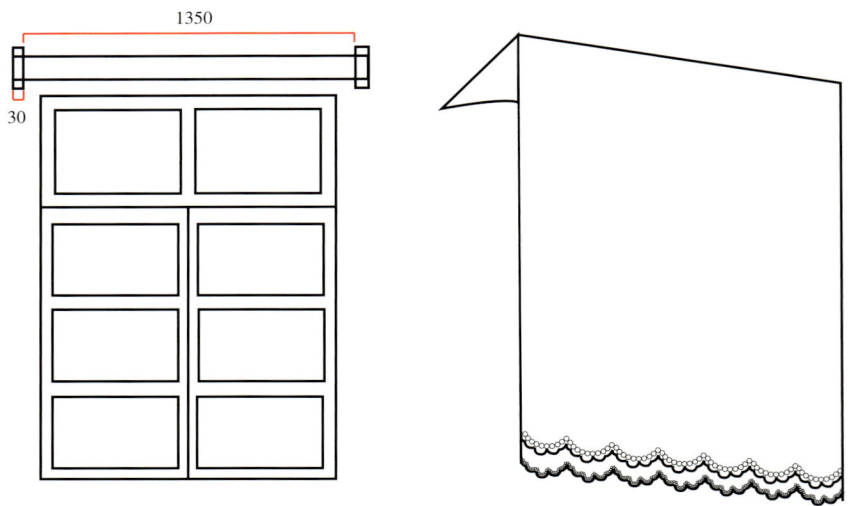

图三　乌孜别克族纱帘结构示意图（单位：mm）

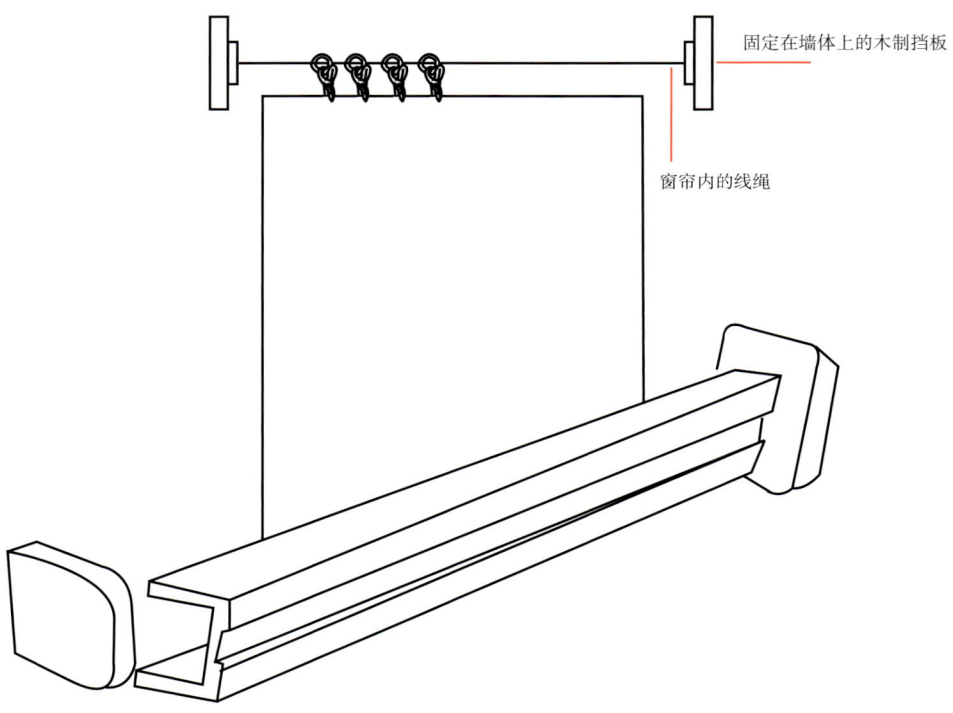

图四　乌孜别克族纱帘结构名称图

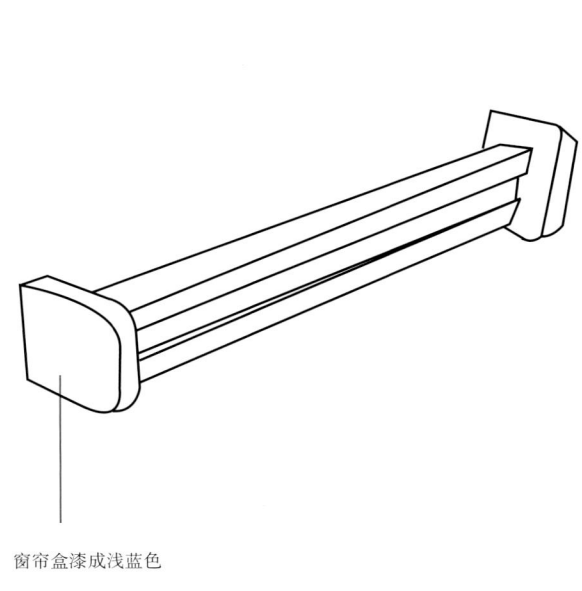

窗帘盒漆成浅蓝色

小夹子夹住即可

安装时可根据窗帘的长短用手叠的方法来进行调节

图五　乌孜别克族纱帘安装解析图

布幅中绣满月季、蔷薇图案，葡萄纹及各种花形图案

图六　乌孜别克族纱帘图案示意图

第二章 乌孜别克族传统服饰

乌孜别克族巴达木花帽

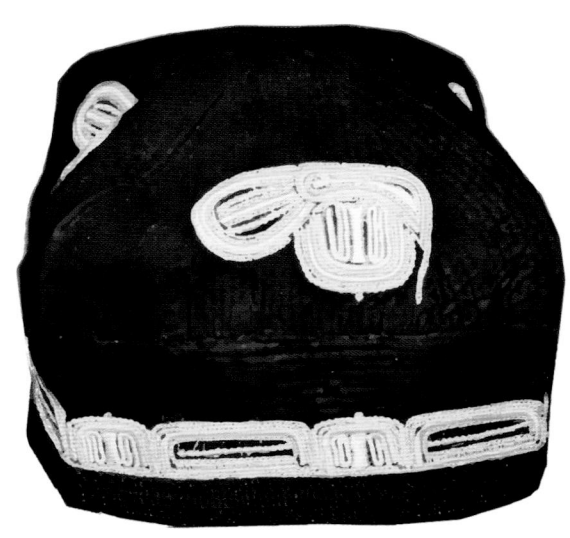

图一　乌孜别克族巴达木花帽主图

"巴达木"为维吾尔语音译词，指薄壳杏仁，是新疆地区特产的一种干果，从植物分类学上是桃属中扁桃亚属的植物，外形呈扁圆，果肉无汁，主要食其仁，有特殊的甜香味。巴达木具有丰富的营养及安神、健脑、润肺等滋补作用，是新疆乌孜别克族等少数民族传统的滋补食品之一。巴达木花帽是指以类似半月形的巴达木图案纹样装饰的花帽。

花帽是乌孜别克族人传统的头饰，它不仅保暖，而且还有美观的作用。乌孜别克族花帽有十几种，不论男女，都爱戴各式各样的小花帽。著名的花帽种类有"托斯花帽"，也就是巴达木花帽。

乌孜别克族多生活于城镇，且与维吾尔、哈萨克、塔塔尔族等杂居，所以在服饰文化上与其他民族有许多共同之处，特别是受维吾尔族的影响较大。然而在花帽的戴法上，乌孜别克族和维吾尔族不一样。乌孜别克族花帽中红色和黄色花帽很少，基本上没有，青年人和老年人都爱戴巴达木花帽，有时戴白色绣花的花帽。

巴达木花帽有两种样式：一种是帽檐有图案并由吉耶克装饰，帽顶绣有巴旦木花。另一种帽檐用纯色吉耶克装饰，帽子下部四面及上部四棱锥体结合的八个面上绣有两面对称的巴达木花。花帽布料采用墨绿、黑色、白色、枣红色的金丝绒和灯芯绒，做工精美，色彩鲜艳，是乌孜别克族传统的手工艺品。巴达木能在干旱沙漠地带生长开花结果，乌孜别克族人根据巴达木的特性和状似新月的果核，运用白色丝线，采取曲、直、点、线相结合的手法,在花帽上绣制成涟漪和小珠簇拥着巴达木核的装饰图案,象征涓涓清泉哺育着果实累累的果木。这种淡雅素净、庄重大方的巴达木花帽,多受中老年人的喜爱。

巴达木花帽黑白用色主要体现其明度,是采用概括与简化的用色方式来表现本民族具有的色彩美学底蕴,呈现为一种独有的视觉化情感艺术境界。纹样是由粗细、疏密、曲折的线所构成,在黑白关系营造上,制作巴达木花帽的艺人,以针当笔,使纹样呈现出视觉的深浅不同层次,古典、深邃、含蓄而庄重。这是巴达木花帽在众多花帽中被称为帽子之王的缘由之一。

巴达木花帽在装饰设计上也极具浓郁的地方性特征。在装饰纹样造型上把巴达木杏仁与变幻的月牙有机结合统一起来,以图形联想的方式即表明自己所属的宗教身份,又具有祥和、平安的寓意祈祷。将生活的理想期盼与愿望借助视觉化形象进行表达,其符号化的形式感自然很快被民众所认可记忆直至流传至今,并成为日常生活中民族身份的标志之一。

图片来源
图一　陈述　摄影
图二、图三、图五　陈曦梓　制图
图四　陈述、王静　制图
图六　陈述　制图

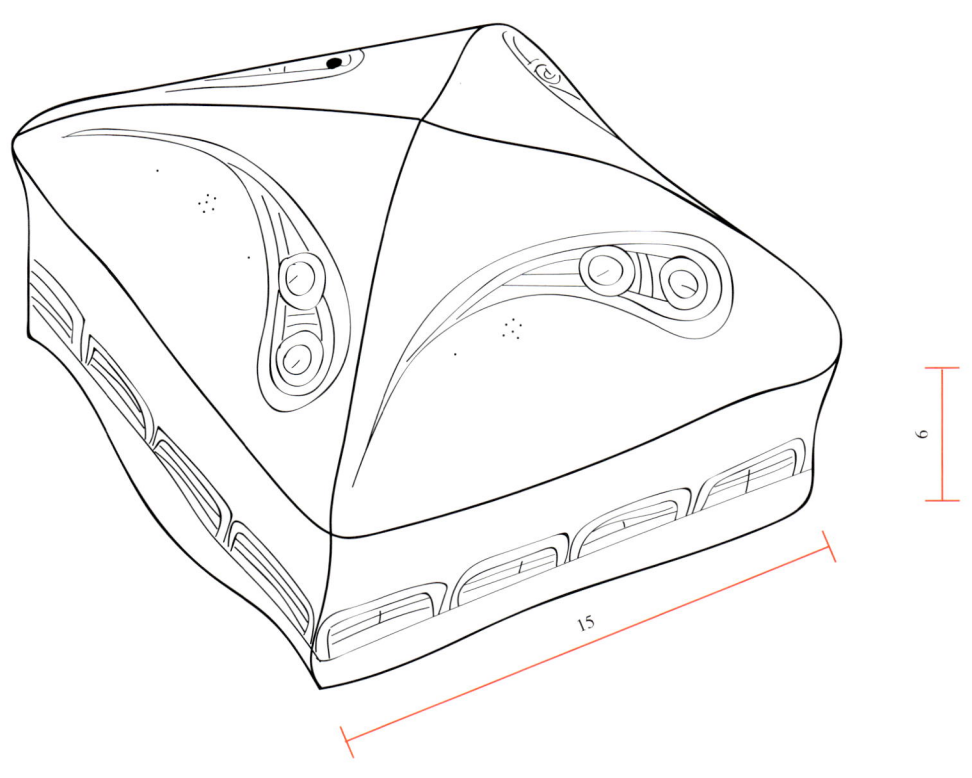

图二　乌孜别克族巴达木花帽尺寸图(单位:cm)

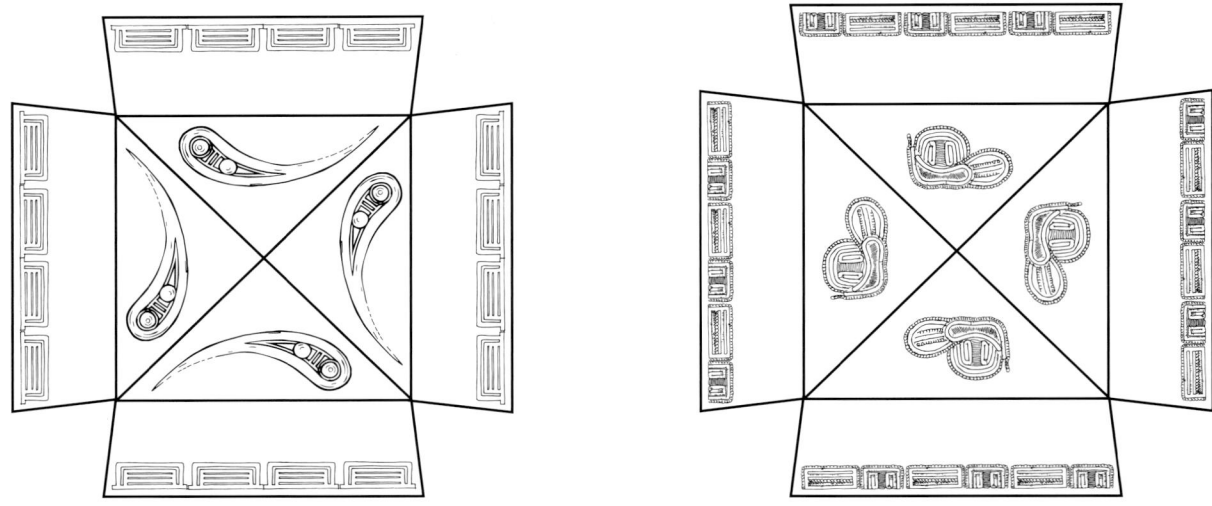

图三　乌孜别克族巴达木花帽结构分解图

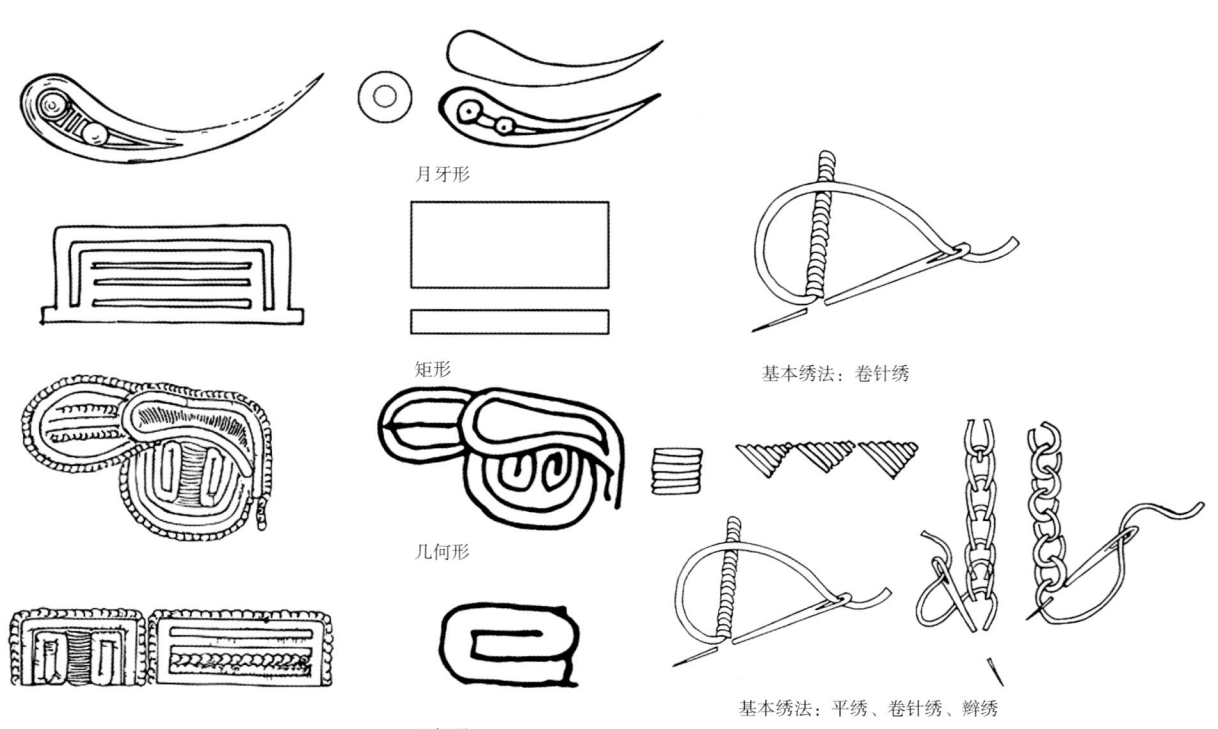

图四　乌孜别克族巴达木花帽基本纹样解析图

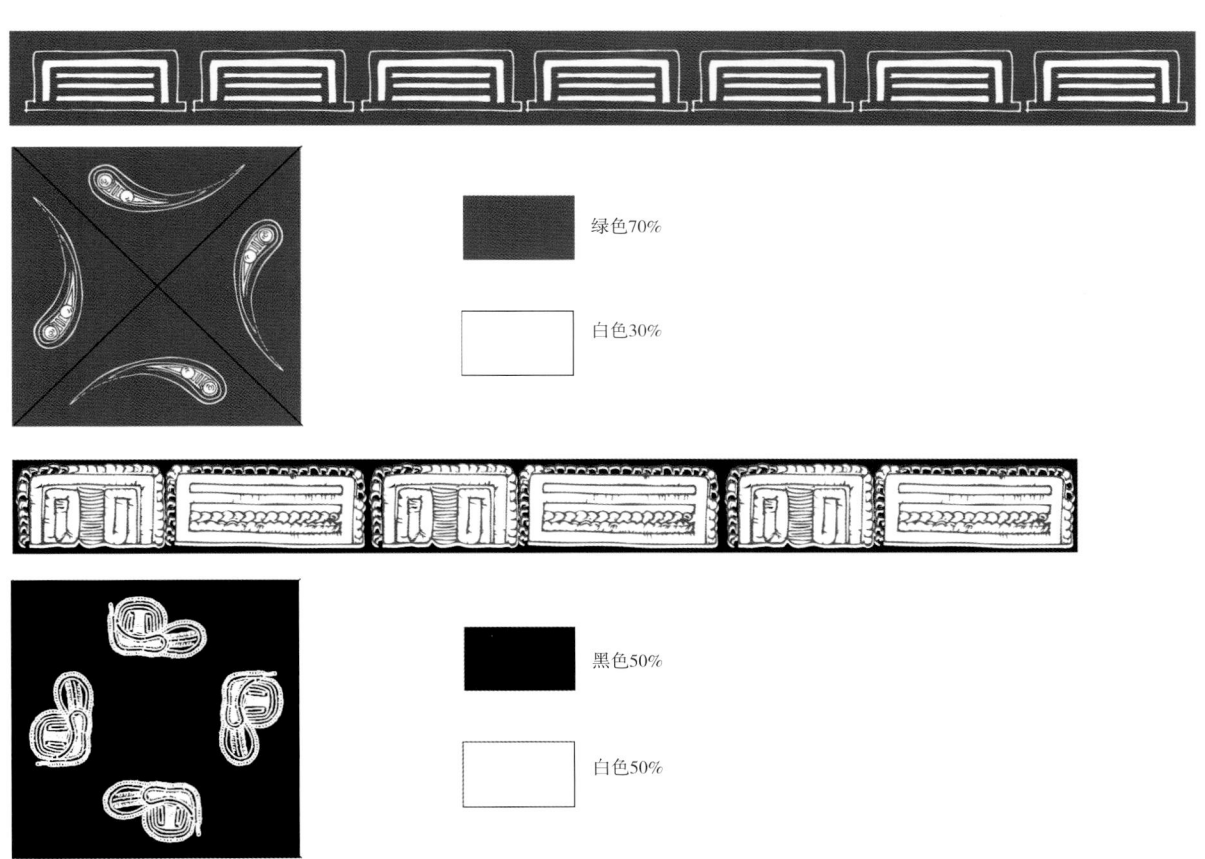

图五 乌孜别克族巴达木花帽色彩解析图

男士佩戴巴达木花帽　　　　　　　　女士佩戴巴达木花帽

金丝绒巴达木花帽　　　　　　　　灯芯绒巴达木花帽

图六　乌孜别克族巴达木花帽佩戴效果示意图

乌孜别克族魁纳克连衣裙

图一 乌孜别克族魁纳克连衣裙主图

新疆夏季昼夜温差较大，白天日照时间较长，连衣裙是乌孜别克妇女习以为常的穿着选择。"魁纳克"是乌孜别克语音译，意为"连衣裙"。它是乌孜别克族民间传统女士服装。

乌孜别克族妇女所穿的连衣裙，用淡红色和浅黄色绸子制成，下摆长过膝盖，舞裙则往往长至脚背。连衣裙束腰或不束腰，外穿较厚的齐腹紧身绣花背心，这样装扮能够显现她们的身材苗条、步姿款段，给人以美感。

夏季，青年女子穿花团锦簇的连衣裙，胸前精工绣上各式各样的花纹和图案，并缀上五彩珠和亮片。有时，她们在连衣裙的外面加上绣花衬衫、西服上衣，下配各式花裙，秀丽雅致，别具风采。相对而言，老年人则喜欢宽大、褶多的连衣裙，并且都是丝绸制成，有的还在连衣裙外穿着各种颜色坎肩和各式各样的短装。

乌孜别克族女裙，分为两种，一种是衣裙裙摆为两个褶，另一种为三个褶。褶子有的是直筒状，有的呈梯形状，显得开张自然。此衣裙有长袖和短袖两种样式，袖口有纽扣，领有高领、圆领，领子绣有很素雅的花纹。胸口部位通常设置有四五颗扣子，扣子一般与衣服同色或者进行协调搭配，不要求反差太大以显唐突。衣料多用棉布或条状纱绸，轻盈而飘逸。衣服多为乳白色、淡蓝色、粉色和黄色。整件衣服色彩显得和谐自然、清淡雅致，衣裙上不做过多缀饰。

乌孜别克族的传统服饰"魁纳克"连衣裙体现了乌孜别克族独特的审美观。乌孜别克族喜好歌舞，妇女穿上连衣裙更显舞姿轻盈飘逸。身着花色的紧身背心则具有稳定的视觉感受，易形成收与放的对比效果，折褶的裙摆具有很好的扩散作用，体现了简洁而活泼的设计风格。

图片来源

图一　陈述　制图

图二、图三、图四、图五　陈曦梓　制图

图六、图七　王静、陈曦梓　制图

图二　乌孜别克族魁纳克连衣裙尺寸图（单位：cm）

图三 乌孜别克族魁纳克连衣裙结构分解图

图四 乌孜别克族魁纳克连衣裙样式示意图

第二章 乌孜别克族传统服饰

图五　乌孜别克族魁纳克连衣裙纹样示意图

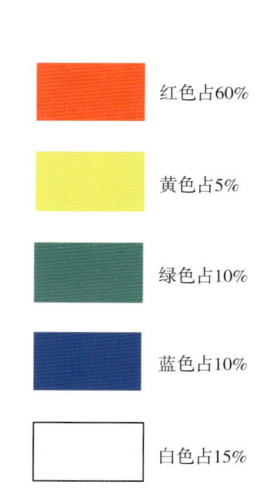

红色占60%

黄色占5%

绿色占10%

蓝色占10%

白色占15%

图六　乌孜别克族魁纳克连衣裙色彩解析图

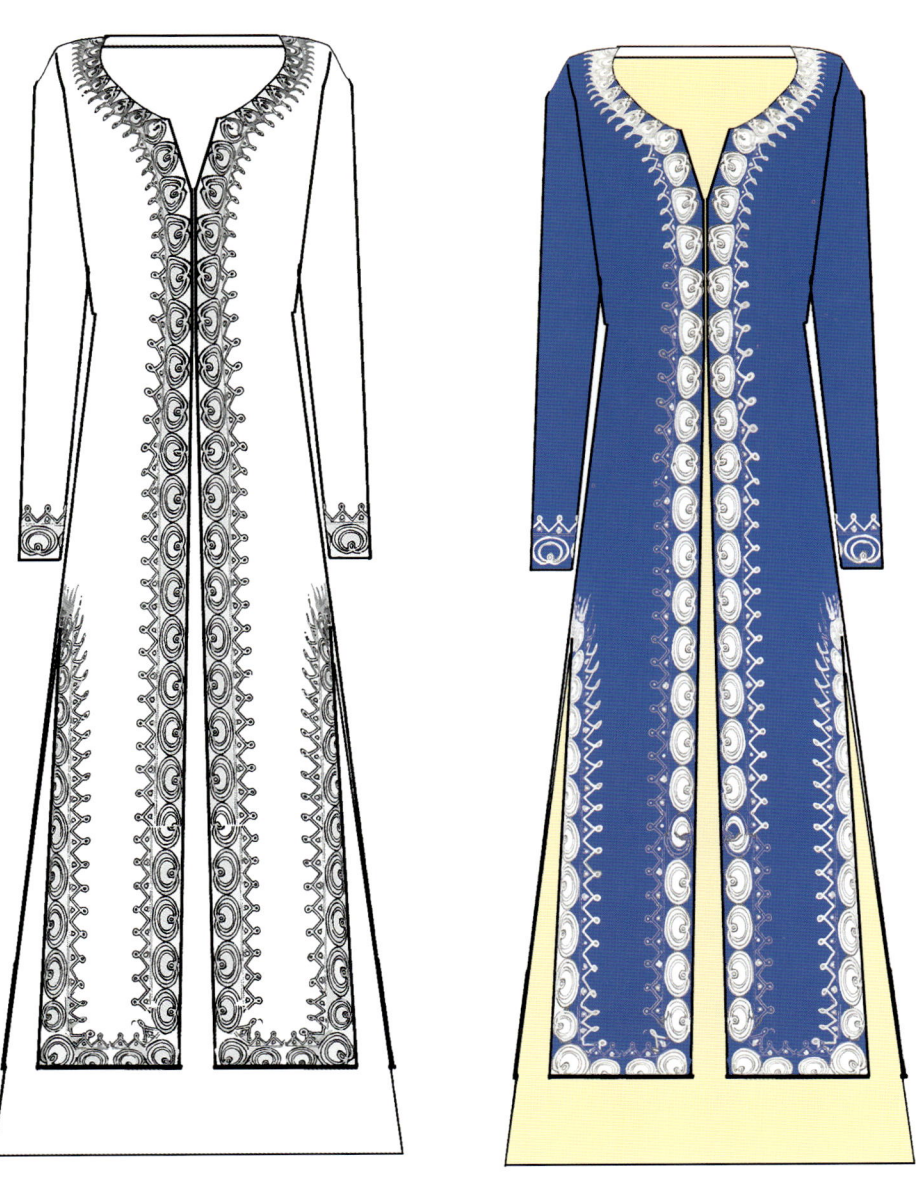

图七 乌孜别克族魁纳克连衣裙示意图

乌孜别克族塔什干花帽

图一　乌孜别克族塔什干花帽主图

塔什干市日照比较充足，有"太阳城"之称，塔什干花帽就是源流于塔什干的花帽，现为对格刺绣几何形纹花帽的通称，主要在乌孜别克族等少数民族中比较流行。新疆气候干燥，昼夜温差较大，无论夏季还是冬季，乌孜别克族人都有戴帽的习惯，在预防头部着凉的同时又兼具装饰效果。

塔什干花帽以南疆和田地区生产最多，其表面图案造型简洁、绣工精细，深受广大男女青年所喜爱。此帽四角突起、状如升斗，采用大地散花图案与彩色平绣技术，精心绣制，一般色彩对比强烈，火红闪耀如盛开的花丛，又如盛开的花海。塔什干花帽除色彩艳丽之外，更多的是在视觉形象上多采用意象的表现方法，图案似花非花，闪耀跳动，多用不规则构图形式，自由、随意、耐人寻味。花帽上抽象的几何块状图形概括、突出，色彩协调装饰性强，个个绚丽多彩，争相跃出画面。

花帽的用料主要为灰色、蓝色、黑色、红色、紫色的纯棉斜纹布做里，用灯芯绒或金丝绒做面，先绣好各个分瓣，又配色彩各异的丝绒编织纹样，疏密有致的穿插，致使纹样透溢出独特韵味。再以顶为中心缝合，放上帽模使它成型，最后包缝布边而成。塔什干花帽各瓣接缝处带有棱角，全帽端庄隆起，是仿古代清真寺的圆顶。

塔什干花帽做工精致，图案活泼多样，造型美观，戴在头顶近似于龛形的花帽造型，符合宗教崇拜的心理需求。人们戴帽时很认真，注意外观仪表的端庄。花帽作为精美工艺品，常被少数民族挂在墙壁上用作家庭装饰品类进行陈列。特别是每逢节日、婚礼盛会、走亲访友时，乌孜别克族人都会戴上漂亮的花帽来装扮自己。

塔什干花帽主要为手工制品，帽为冠，

常置于头顶最为显要的位置。不仅具有对头部御寒保温的功能性作用，而且其讲究的造型同时具有明显的装饰性寓意及象征，与民族的审美习惯、情感意识、生活习惯及宗教礼仪要求等对接统一。塔什干花帽虽源于塔什干，但在设计上也能体现出中国乌孜别克族在长期的使用中，随着社会历史的变迁，在不断加工、改造、融合中使其具有新的内涵及意义，并与特定的历史发展进程相呼应。这是文化多元交融情境下的设计实践结果，值得当下设计师借鉴参考。

图片来源
图一　陈述　摄影
图二至图四　陈曦梓　制图
图五　陈述　制图

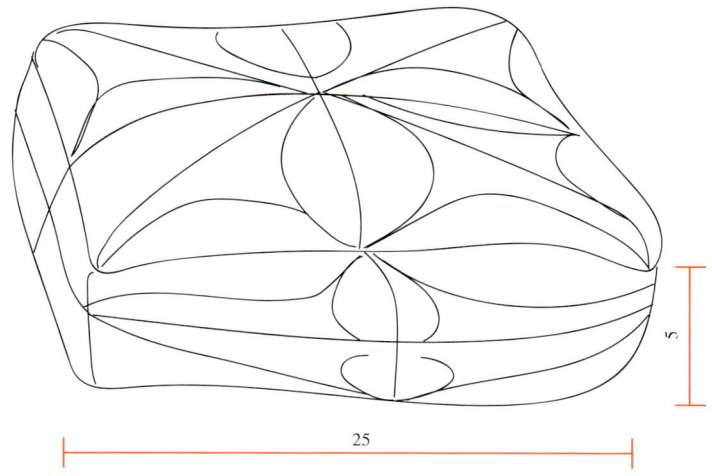

图二　乌孜别克族塔什干花帽尺寸图（单位：cm）

图三　乌孜别克族塔什干花帽结构分解图

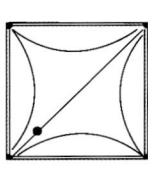
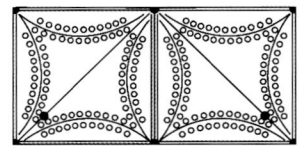

 白色20%　　　绿色75%　　　 黑色5%

图四　乌孜别克族塔什干花帽色彩解析图

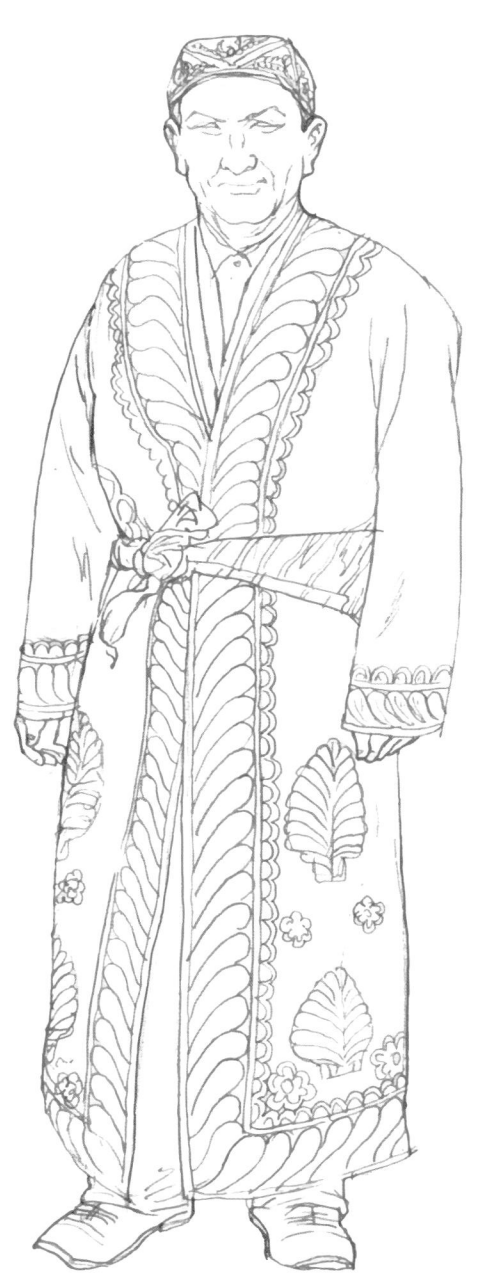

图五　乌孜别克族塔什干花帽佩戴效果图

乌孜别克族绸布三角形绣花腰带

图一 乌孜别克族绸布三角形绣花腰带主图

　　绸布三角形绣花腰带为居住在南疆的乌孜别克族较典型的男士衣物之一。服饰设计中喜束腰带是新疆少数民族的传统。

　　乌孜别克族男子佩戴的腰带，多用艾德莱斯绸、伯克萨木绸制成。艾德莱斯绸是当地十分受欢迎的一种丝绸面料。它是使用蚕丝，采用古老的扎经染法工艺，按照图案的要求进行染色制作而成，其工序是非常细致而烦琐的。艾德莱斯绸质地柔软、富于弹性、轻薄柔韧、活泼华丽，具有鲜明的乌孜别克族特色，深受少数民族群众的青睐。现在人们不仅把艾德莱斯绸视为衣料，还有不少人把它作为工艺品买回去制作成室内装饰品。

　　腰带为正方形或三角形，边长80厘米，带面不绣花，但方带四周则绣一些非常繁丽的图案，多为苹果花、大丽花，以及变化有序的藤蔓和碧色肥大的绿叶，使腰带显得既庄重又艳丽。底色分杂色和纯色两种，杂色多以黑、蓝、红、黄为主，纯色则以褐、绿、红、黄为主。年轻人的腰带色彩都很艳丽，所穿领边、袖口、前襟开口处都绣着红、绿、蓝相间的彩色花边图案；老年人爱穿黑色长衣，腰带的颜色也偏于淡雅；妇女喜欢穿连衣裙，宽大多褶，不系腰带。

腰带一般都是在男子穿长袍托尼时配用，佩饰的腰带起到3个作用，首先是穿者身份的象征，腰带的手工技巧、质地选择、花色繁简等都能准确地传达出穿者的身份信息。其次，选择束什么样的绣花腰带又是随着不同场合而变化的，喜庆的场合与一般性的场合所佩戴的腰带也会有所不同，表明穿者对特定场合的认识表达。最后，腰带的选择可以突显个人的审美品位。公共场合中只要一看男子的腰带便知道该人的审美取向，设计配置俱佳的腰带能引起人们的广泛关注与青睐。

乌孜别克族绸布三角形绣花腰带的创意设计十分自然与简练。只采用一块方巾对折系于外套上，对外套起到固定作用，特别是在跳舞中，可以使外套不会飘起，同时也具有很强的装饰效果，展现出欢快热情、温文尔雅又不失礼仪的男子形象。腰带的质料轻巧、柔软，纹样简洁而显大方，其中所体现出的设计创意性、民族性颇值得回味。

图片来源

图一　陈述　摄影
图二、图三　陈曦梓　制图
图四　陈述　制图

图二　乌孜别克族绸布三角形绣花腰带尺寸图（单位：cm）

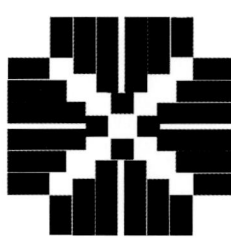
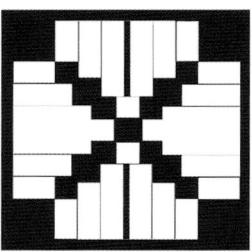

蓝色50%　　　　　　　　　　　白色50%

图三　乌孜别克族绸布三角形绣花纹样及色彩解析图

图四　乌孜别克族绸布三角形绣花腰带佩戴效果图

乌孜别克族高筒皮靴

图一　乌孜别克族高筒皮靴主图

乌孜别克族喜穿高筒皮靴，除为了保护脚部免受带刺的植物及硬物伤害外，主要还起到保暖防冻的作用，由于新疆气候干燥且温差大，地形起伏变化大，路途遥远，主要靠骑马及徒步行走，所以皮靴发挥着重要作用。

乌孜别克族无论男女，都习惯穿皮靴，与新疆其他少数民族一样，在皮靴外加穿一个浅帮套鞋，主要用于防泥水，也可保护皮靴不至于潮湿变形。外加浅帮套鞋进屋时脱下，又可以不把泥土带进屋内，十分干净。高筒的绣花女皮靴"艾特克"除满足穿着的功能外，外观还绣有精美的图案，堪称是乌孜别克族精湛的手工品之一。

乌孜别克族传统的绣花皮靴被称之为"艾特克"。多用牛皮制作，高筒，外壁用彩线绣桃花、苹果花等。运用散针、掺针、滚针、结子针等多种方法，将色彩艳丽的花卉图案绣于皮靴上，运针纤巧舒展，图案造型生动活泼、自然，变化丰富、刻画生动、别致美观，具有很强的艺术感染力。这些花卉、树枝图案在装饰上都带有明显的轮廓线，有"八思马克""吁土克""买什"等纹饰，风格明快、朴实，带有浓郁的装饰特点。女式皮靴靴跟比男式的靴跟稍高。

软底皮靴被称之为"麦赛"，主要用山羊皮制作，多为黑色。女士靴筒外多采用装饰绣花，靴头尖，靴底软，轻便柔软，很适宜老年人穿用，也适于妇女在家单穿，出门时在其外面套穿浅帮套鞋。浅帮套鞋一般使用牛皮、人造革等制成，多被染成黑色、咖啡色。

皮靴上的刺绣是常装饰在靴子拼接缝合处的表面，起到一定的装饰遮挡。不同的刺绣针法形成了强烈多变的视觉肌理。对比效果强烈，使皮筒的缝合处从属于图案的装饰纹理当中，进一步强化了靴子的整体感，使靴子的主体造型与刺绣的装饰形式协调统一，让人看了由衷的称赞。

高筒皮靴是乌孜别克族服饰的一部分，从服饰所占的比例来说并不很起眼，也不易受到注目，但其作用却非同小可，其功能性作用直接影响人的日常生产与生活。服饰反映人的身份与地位，其设计得是否合理，关乎一个人的仪表风度，也间接地影响着人的穿履行走姿态。乌孜别克族高筒鞋依据材料使用的不同来区别室外室内穿用。牛皮较羊皮厚实而耐磨，较硬，适于室外穿用皮靴设计制作，而选用羊皮材料新作的高筒靴具有较好的柔软性和舒适度，适于活动量较轻的室内穿用。皮靴在使用当中根据实际不同的使用状况又设计了外侧的浅帮鞋套，对高筒靴起到很好的保护作用，依据不同的环境使用需要可随意分离，分别置放，满足了乌孜别克族讲究卫生的习惯。牛、羊皮革材料也都源于畜牧业经济生产的活动方式，使得这种设计创意活动与社会生活紧密关联而彰显持久的生命活力。

图片来源

图一　陈述　摄影

图二至图五　王静　陈曦梓　制图

图六　陈述　制图

图二　乌孜别克族高筒皮靴尺寸图（单位：cm）

短靴方便活动

"八思马克"纹饰皮靴

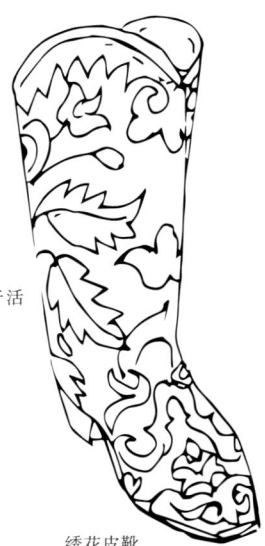

靴筒前有开口，易于活动，方便骑马、运动

绣花皮靴

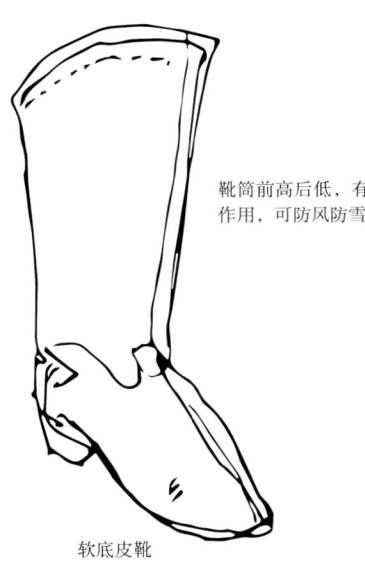

靴筒前高后低，有遮挡作用，可防风防雪

软底皮靴

靴筒前高后低，侧面呈流线型，增加靴口宽度，易于穿脱

"吁土克"纹饰皮靴

图三 乌孜别克族高筒皮靴靴型解析图

图四　乌孜别克族高筒皮靴色彩解析图

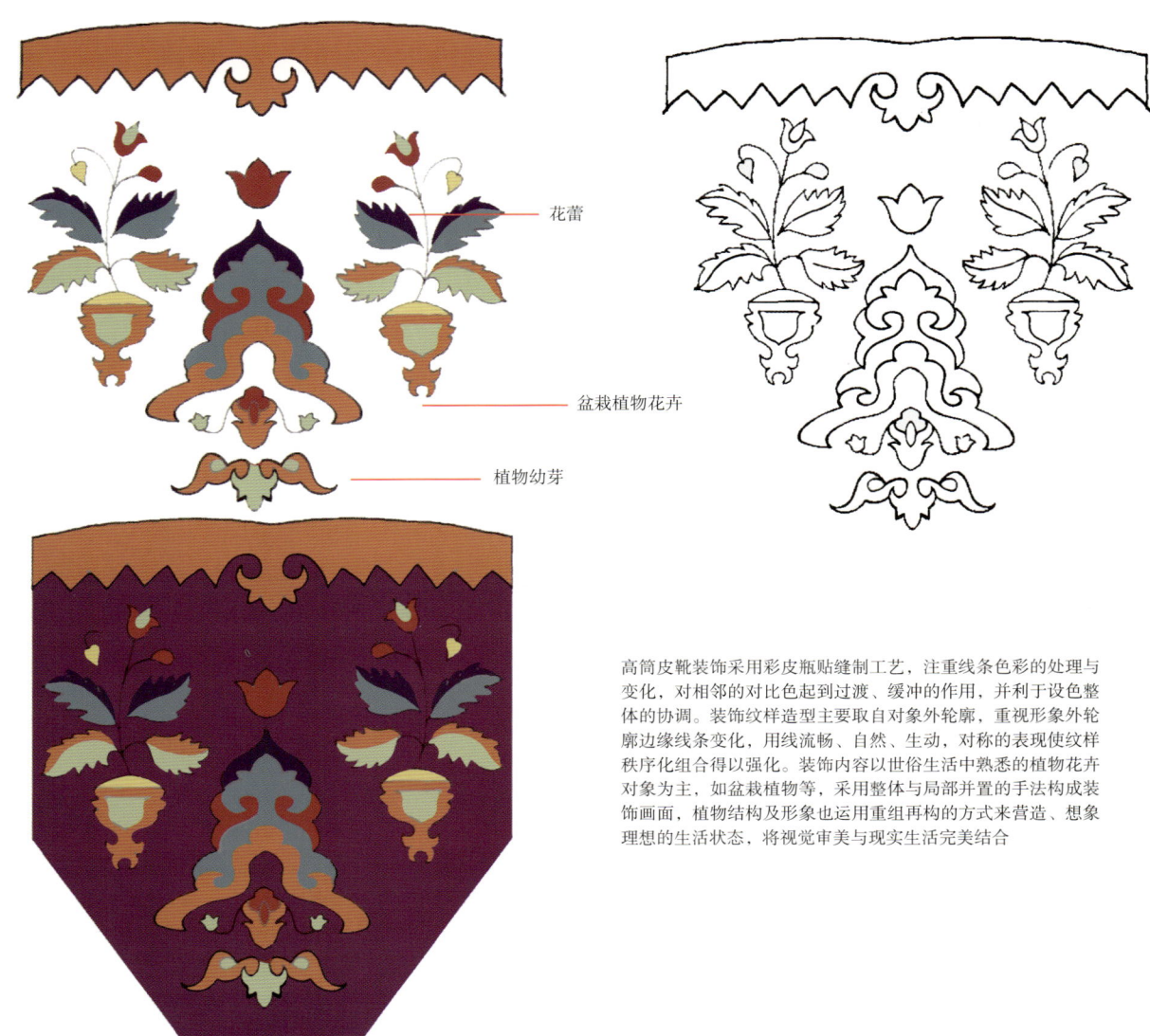

花蕾

盆栽植物花卉

植物幼芽

高筒皮靴装饰采用彩皮瓶贴缝制工艺，注重线条色彩的处理与变化，对相邻的对比色起到过渡、缓冲的作用，并利于设色整体的协调。装饰纹样造型主要取自对象外轮廓，重视形象外轮廓边缘线条变化，用线流畅、自然、生动，对称的表现使纹样秩序化组合得以强化。装饰内容以世俗生活中熟悉的植物花卉对象为主，如盆栽植物等，采用整体与局部并置的手法构成装饰画面，植物结构及形象也运用重组再构的方式来营造、想象理想的生活状态，将视觉审美与现实生活完美结合

图五 乌孜别克族高筒皮靴纹样色彩解析图

图六 乌孜别克族高筒皮靴穿着效果图

乌孜别克族男式斜领右衽托尼

图一　乌孜别克族男式斜领右衽托尼主图

新疆各少数民族喜爱穿袍式袷袢，长期与维吾尔族杂居的乌孜别克族，服饰上颇受维吾尔族的影响。乌孜别克族的男子也大多爱穿一种跟维吾尔族袷袢相似的长衫，袖口用黑布沿边。男子在春秋时节穿用，当地人称之为"托尼"。"托尼"是乌孜别克语音译，意为"长衫外套"。

乌孜别克族托尼的特点为对襟、交领、无纽扣、长到膝下、用长方巾束腰、圆领长身、无纽扣、袷袢袖子窄、衣襟宽、袖口窄而长。托尼长1.2米，腰宽1.34米，襟宽2.6米，袖长55厘米，袖口10厘米，上有皮领，右边短，一直到胸，左襟长，直到腋下，腋下肋部两处有扣儿。

乌孜别克族的托尼做工十分精细，除了用布、条绒等做面子外，里子有用棉、畜皮和兽皮来做的，还有一种是用手工将骆驼毛捻成线织成的托尼，其领口、袖口和面子上绣有图案和花卉，十分珍贵。乌孜别克族对长衣的布料十分讲究，过去多用伯克萨木绸（一种质地厚软的绸料）或金丝绒，现在也用各种质地优良的毛料。托尼有单棉之

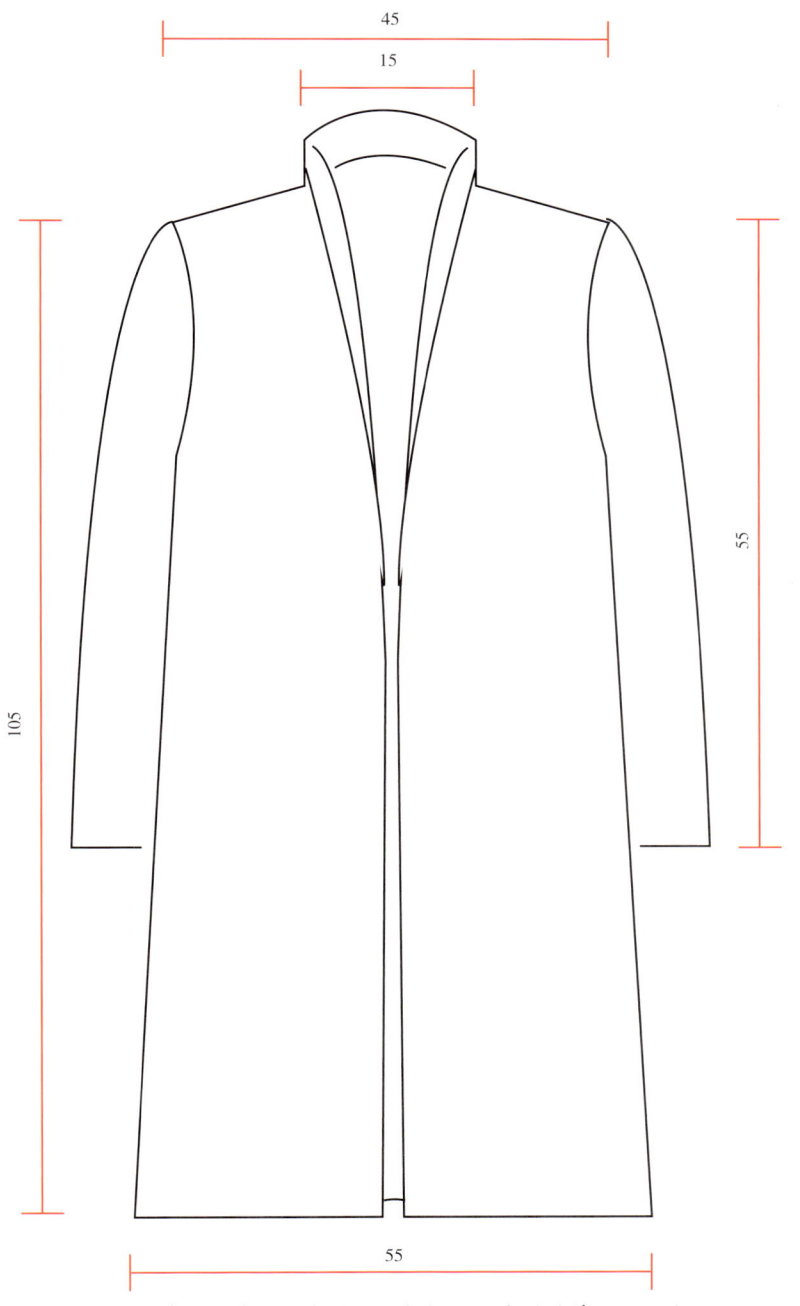

图二 乌孜别克族男式斜领右衽托尼尺寸图（单位：cm）

分，老年人的单托尼多为白色，棉托尼多为青色；中年人的多为灰色、蓝色、咖啡色等；青年人的色彩较为鲜艳，而且多有条格花纹，尤以红、绿底色套白、黄、黑长条纹为多。有的把腰巾系在袷袢的里面，露出一些图案来，显出另一种情趣。托尼多用宽线条装饰布料，条格纹样多以竖道线条进行裁剪，领口沿边，两侧则系用横道线条图形，竖横对比明显，身体竖立的宽线条使人更显高大。腰间系一例三角围巾，使得线条在视觉形式上的对比更富有变化，与内穿白衬衫的领口沿边图案相得益彰。在斜领右衽袷袢男士外套的设计创意中，局部的变化被纳入整体的思考当中，而在整体性的各种要素设计关系中体现在乌孜别克族特有的个性及传统的服饰特点。

图片来源
图一　陈述　摄影
图二至图五　陈曦梓　制图
图六　陈述、赵欣一　制图

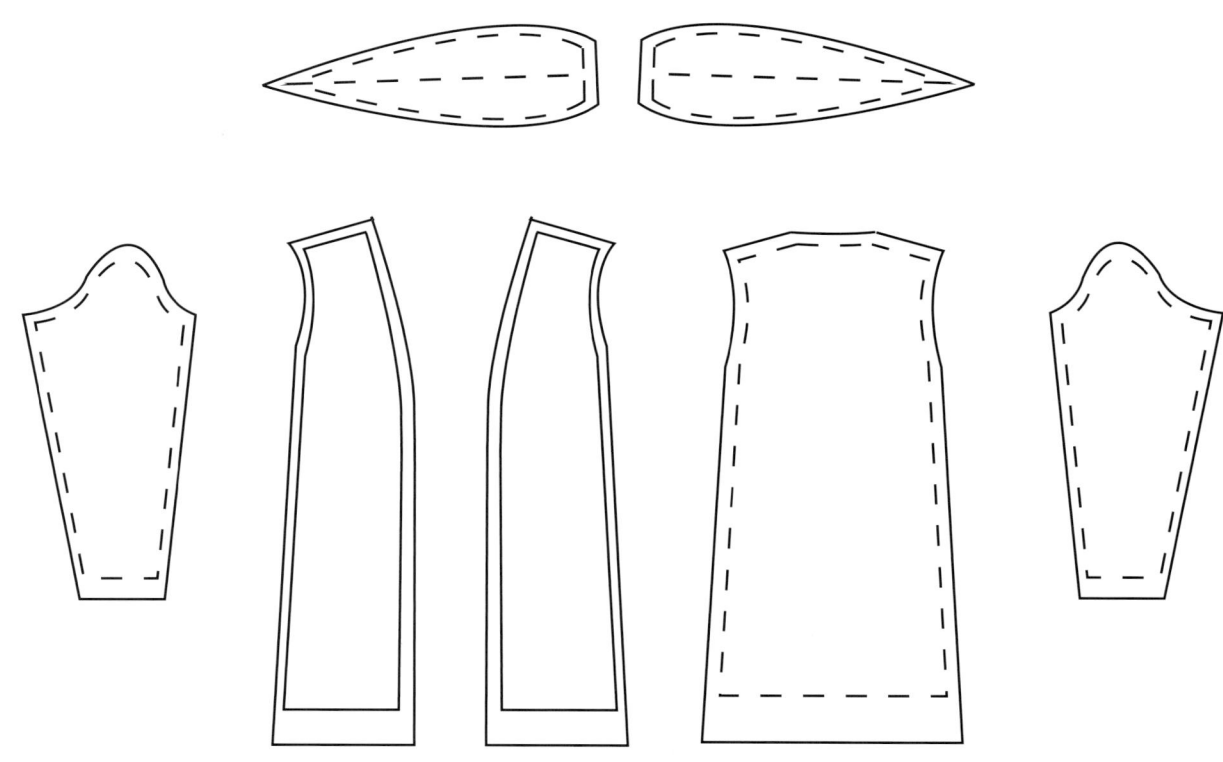

图三　乌孜别克族男式斜领右衽托尼结构分解图

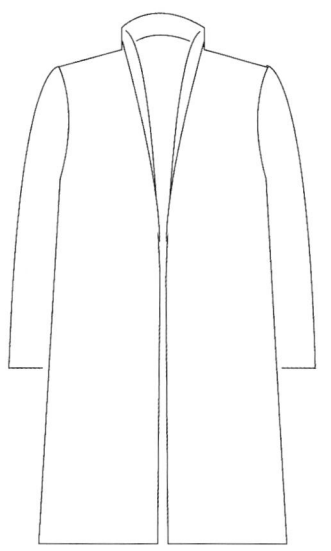
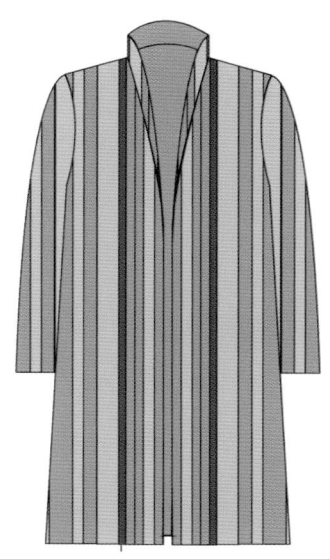
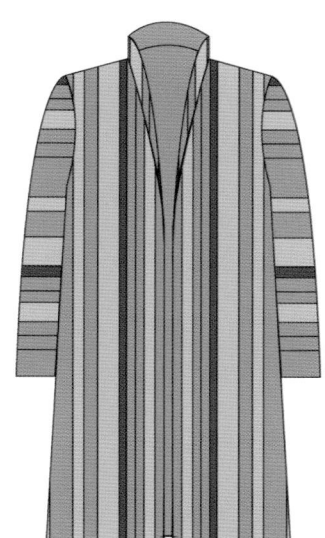

已婚男青年服装
袖子与衣片图案方向相同
体现已婚男士的成熟稳重

未婚男青年服装
袖子与衣片图案有变化
体现年轻人的青春活力

图四　乌孜别克族男式斜领右衽托尼款式解析图

男士服装以低明度低纯度的色彩表现通常采用同色系纯度不同的条纹进行组合

图五　乌孜别克族男式斜领右衽托尼色彩解析图

图六　乌孜别克族男式斜领右衽托尼穿着效果图

乌孜别克族男装毛衣

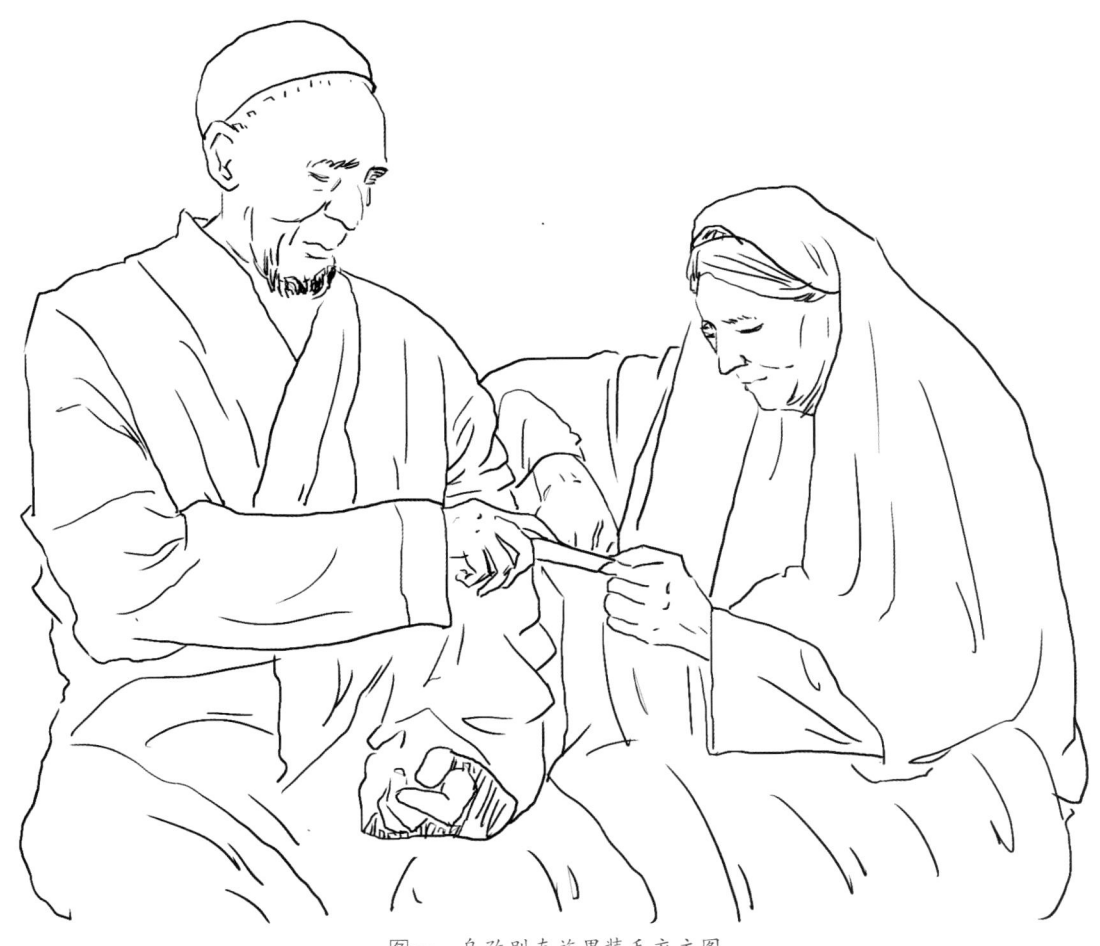

图一　乌孜别克族男装毛衣主图

　　毛衣，即为使用毛纤维缝制的衣服，这种服装具有较好的保暖御寒功能，且基本材料都来源于日常生活当中，因此，深受乌孜别克族人的喜爱。新疆维吾尔自治区干旱少雨，寒潮大风、低温霜冻时常发生，加之气温升降较大，在服装的功能性设计上有特殊的要求，需适合在这种环境中生活的基本需要，毛衣是乌孜别克族服装设计成功的案例之一。

　　使用动物毛来制作服装在新疆有着悠久的历史，根据考古发掘证明，早在约公元前2000年，在新疆罗布淖尔地区就已把羊毛用于纺织。明代《天工开物》中就记载有绒的两种收集方法，"绒和拔绒"。即绒是梳下的绒毛，即为日常的山羊绒；拔绒是用手指甲顺毛方向衣皮层拨下的羊绒为拔绒。由此可见，其产量非常有限，其贵重可见程度，历来有"软黄金"之称。驼毛是从骆驼身上采集下来的绒毛，由于其纤维细长，手感柔软，具有良好的保暖性，且不易缩水、不易结块、经久耐用、不易褪色，所以也为服装的上好用料。驼绒一般取自骆驼的腹部的绒毛，所以产量也非常有限，其珍贵程度仅次于山羊绒。由于驼绒具有回弹性，因此不易变形、不易打结。穿着时感觉非常舒适，良好的透气性能很好的调节身体温度，多用于长款外套。

乌孜别克族男子一般都穿着带有花纹线条的长衫，其中麦勒托尼是乌孜别克族传统男式衣物之一，"托尼"为乌孜别克语音

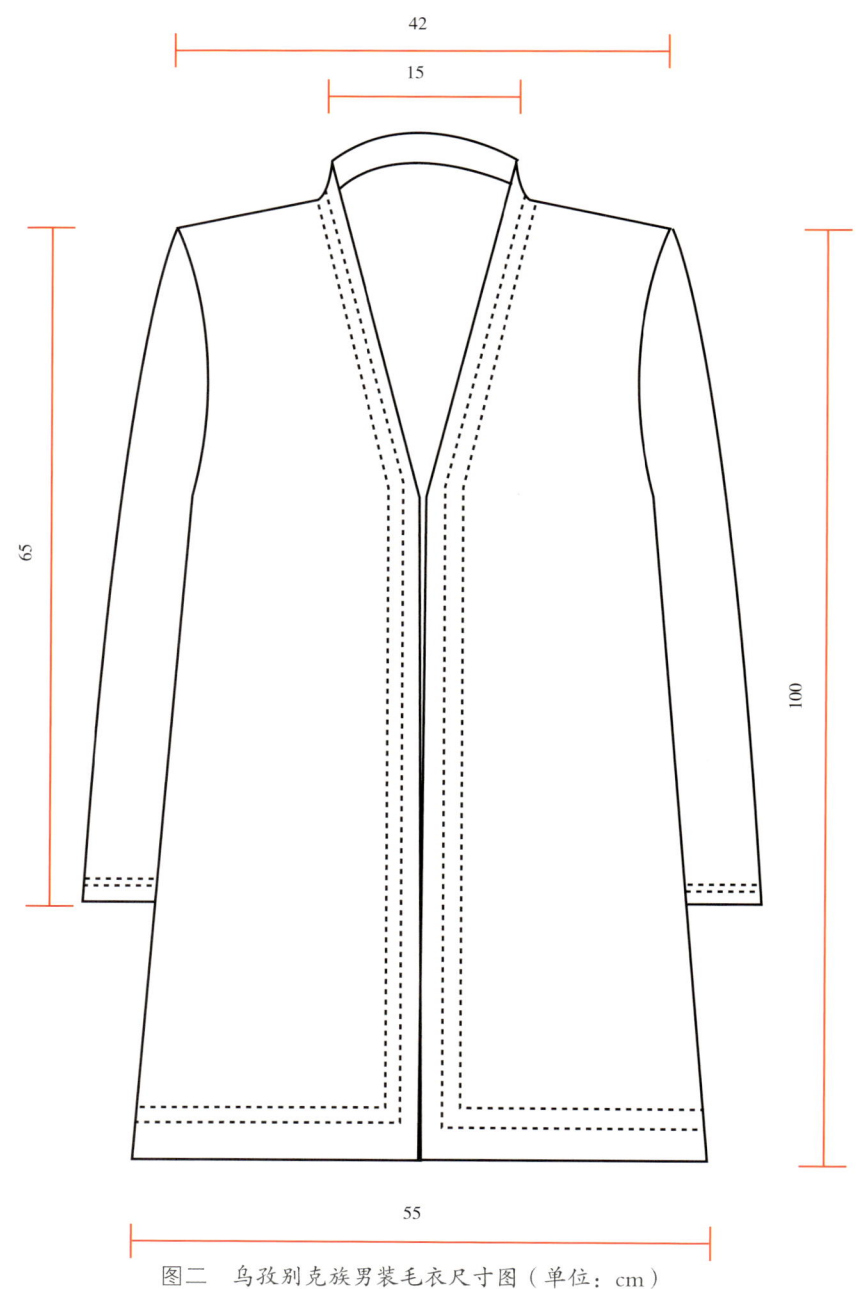

图二　乌孜别克族男装毛衣尺寸图（单位：cm）

译，意为"长衫外套"，这种衣装是用驼绒、山羊绒纺线后编制。用驼绒、山羊绒纺纱线，使用弓弦和皮条来使其纤维呈分离松散状，经过加工理顺搓条即可纺纱，从这本土的毛织物可以看出毛线技术在汉代就已有很大进步。驼绒、羊绒纺纱直到明代仍有用铅质纺制的，只适用于小批手工生产的较精细的产品。《天工开物》中记载有："反打褐绒线，冶铅为锤。坠于诸端，两手宛转搓成。"这种技术方法自唐代开始也传入中原地区。乌孜别克族男装毛衣一般长至膝下小腿处，没有斜领，全衣也没有纽扣，腰际处围一条方形绣花腰带，腰带多为黑色或红色。腰带对于乌孜别克族男性来说十分重要，色彩的搭配也十分讲究。腰带的绣花装饰内容多为苹果花、大丽花以及变化有序的蔓藤和碧色肥大的绿叶，使腰带显得既庄重又活泼。驼色的麦勒托尼主要使用驼绒制作，有的也与山羊绒混纺制作，价格昂贵。制作一件驼色的麦勒托尼十分费功耗时，成本也很高，精密的纺线和精心的编织过程十分缜密，有厚实、保暖、轻巧又十分显气派的特色，是乌孜别克族的传统服饰，体现了乌孜别克族独特的审美。

乌孜别克族散居于新疆维吾尔自治区各地，因长期与其他民族杂居，使不同地域生活的乌孜别克族生活上也具有不同的特点。对于共处于同一自然环境中与相邻的其他民族一样在生产、生活中面临许多相似的问题需要解决，进而也使不同民族在生产生活中面临了许多类似的问题，因而形成了民族间相互交往的必要基础，在生产、生活方式的许多方面也渐趋向一致。骆驼是当地古代的重要的交通运输工具，具有耐干旱、持续力长等特点。羊是游牧民族衣、食的主要来源，这些都与当地特殊的自然环境与生产活动方式相关。乌孜别克族男装毛衣设计正是紧紧围绕当地的生产、生活方式及所处环境，通过设计体现人与自然的关系。毛衣材料的选择、编织制作直到今天仍不过时，其天然、绿色的自然属性正是其设计生命持久的原因所在。

图片来源
图一　朱秋婷　制图
图二至图五　陈曦梓　制图

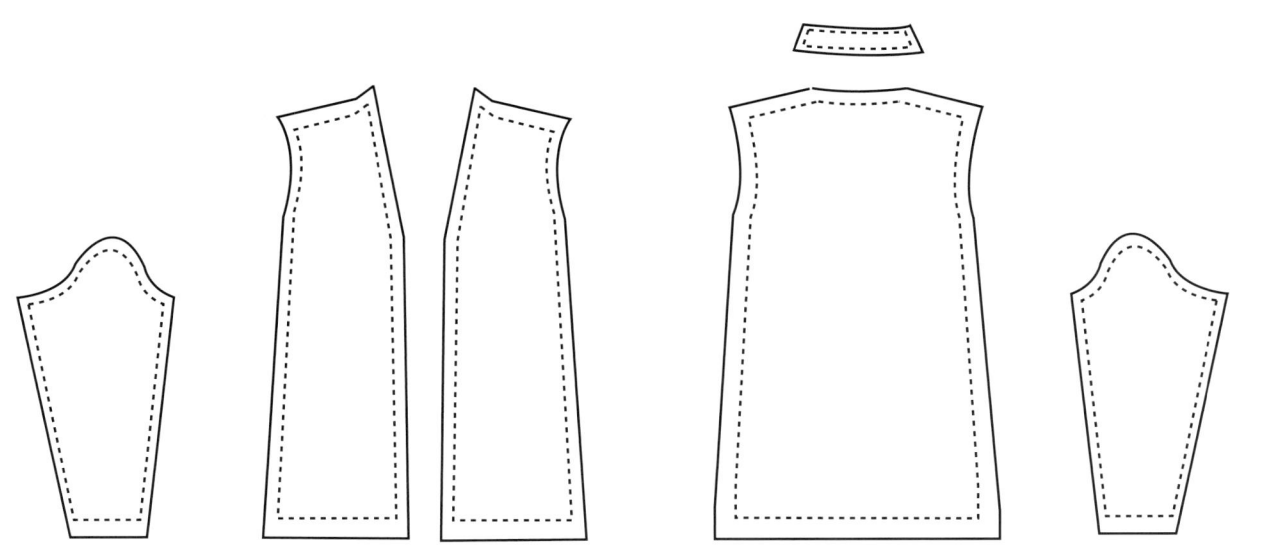

图三　乌孜别克族男装毛衣结构分解图

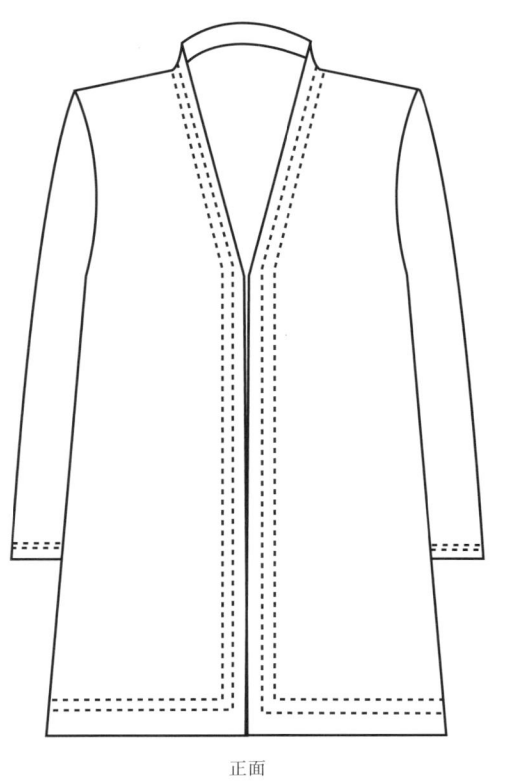
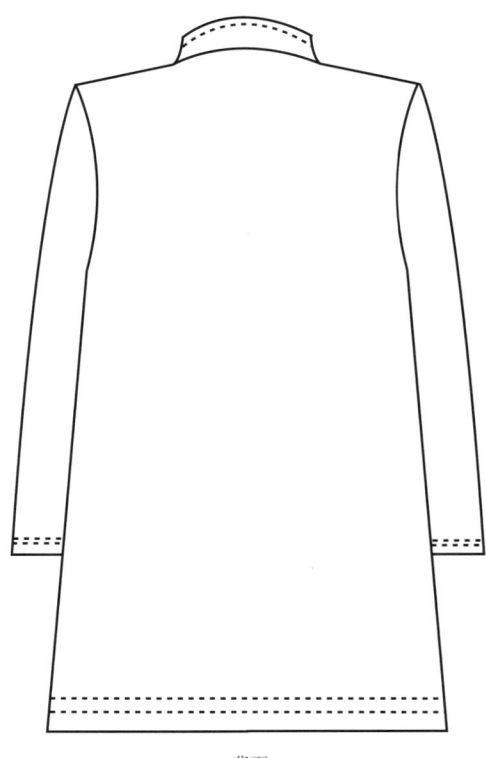

正面　　　　　　　　　　　　　　　背面

图四　乌孜别克族男装毛衣正背面图

黑色　　　　　　　　　　　　　　　蓝色

图五　乌孜别克族男装毛衣色彩示意图

乌孜别克族辫发

图一 乌孜别克族辫发主图

新疆少数民族妇女几乎都喜于编发成辫。据考古资料表明，西域地区在距今3800年左右进入了辫发时代，汉代辫发成为西域居民的主要发式，无论男女都梳辫发。在新疆伊犁昭苏发现的水洪即海石人雕像中，其于背部至腰下的辫发多达十余根。在《旧唐书》《西域传》中记载有"妇女亦巾被垂衫裙，辫发垂后"。《新唐书》的《龟兹传》"高昌传"中均有"辫发垂之于背"的记载。由此可推断新疆少数民族妇女辫发由来已久，现已成为一种生活的习俗。这种编发的形式，现已根植于民族的意识当中，而不仅只是一种美的象征。通过辫发还体现出健康快乐的生活，充满了生命的活力。

乌孜别克族妇女，不论老幼，都梳着辫子，未婚女子和小孩梳许多辫子，妇女梳两根长辫子。由于杂居在各少数民族中，特别是维吾尔族中的乌孜别克族其辫发不仅以多为美，还讲究以长为美，有些姑娘的辫发长可及脚踝处，平时梳理这种小辫需要有旁人的帮助，因此也易于加强人与人之间的互助与沟通，增进人之间的情感，编辫一般需要一二个小时的时间才能完成，可见编辫是一项颇具耐心的手工艺，独特而又漂亮的辫式为他们增添了许多姿色。

在乌孜别克族人中，头发的长短是区分性别的主要标志。乌孜别克族的发式一般女长男短。对于乌孜别克族妇女来说，长发是典型的女性美标志，她们将留长发作为一种传统，创造出了一系列符合乌孜别克族世俗观念的修发方式，妇女的发型和辫子的数目要按照规定的数目要求来修理。一般未婚少女的辫数为7、15、17、21或者41根，只取单数，固单数被乌孜别克族人认为是吉祥的数字。已婚女子只留双辫，表明她已婚。其言语行为符合已婚妇女的社会伦理道德规范要求，意为不可再花枝招展吸引异性。乌孜别克族妇女将头发视作祥物，象征着福气和财富，认为头发越长象征福气越多，即使修剪的落发也不轻易丢弃，而是将其完好保存。由于崇尚留长发固妇女一般不轻易剪发，如果不得不剪就要挑选彩虹出现时拿斧头砍断，据称，这样长出来的头发又长又密。

乌孜别克族姑娘的辫子具有黑、粗、亮的特点，有的辫子长到齐腰，发尖也几乎没有分岔的现象。辫发是展现一个民族形象风貌的重要视觉化标志，其设计中体现出的特定环境中的伦理观念及意识，符合民族特有的设计审美理想及要求，由于乌孜别克族杂居于其他的民族当中，表现出的这种社会伦理意识及审美情趣自然趋于民族间的融合与互补，并赋予共识性的美好祝福，喻示着健康向上的生命活力，为成功的极具民族特点的辫发设计案例之一。

图片来源
图一、图三、图四　陈述、王静　制图
图二　王静　制图

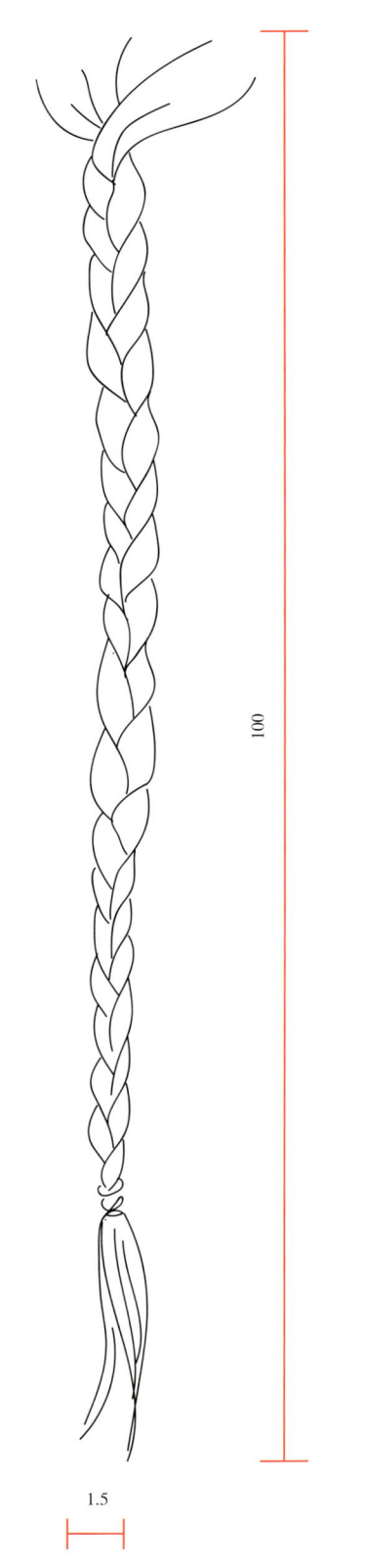

图二　乌孜别克族辫发尺寸图（单位：cm）

图三　乌孜别克族辫发操作示意图

图四　乌孜别克族辫发辫发操作局部示意图

乌孜别克族女装斗篷

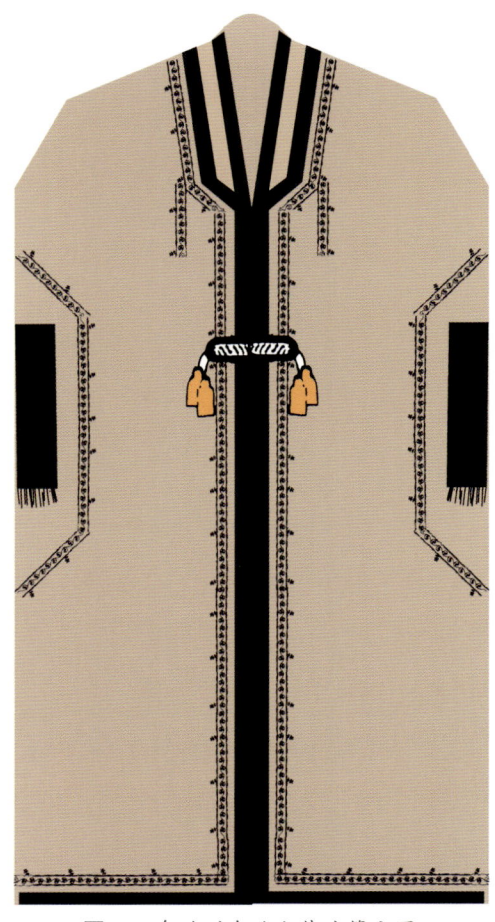

图一　乌孜别克族女装斗篷主图

斗篷，即披在身上无袖的一种外衣，其形如斗，称之为斗篷，斗篷有悠久的历史，主要功能是用于御风雪，所以大多在冬季使用。现在，斗篷的制作渐趋于精巧，用色鲜艳，并绣制各种花纹图案，斗篷里衬以毛皮。新疆维吾尔自治区干旱少雨，年温差大，夏季炎热，冬季寒冷，故有"早穿皮袄午穿纱，围着火炉吃西瓜"的谚语。斗篷具有良好的挡风御寒作用，携带穿用便利，能起到外衣的作用。由于斗篷具有很好的遮蔽效果，也符合宗教要求与生活习俗，所以在日常生活中，乌孜别克族妇女经常穿斗篷，即起到御寒保暖的作用，同时又兼具设计的艺术美观性。

随着新材料新技术的不断涌现，斗篷的形式款样也呈现丰富与多样。"伊萍佳"就是一种，主要分为男装和女装。用途与斗篷相似，款式接近大衣、风衣，但是衣袖长过一般衣服的衣袖，似京戏装中的水袖，并无使用价值，纯粹为了美观。女士的"伊萍佳"袖长而窄，而且女装多做过插腰处理，突出女性曲线美。衣服的衣襟、袖口多用吉耶克（花边）镶织，整个衣服只在胸口处钉有一颗纽扣，并在纽扣上绕有金色流苏。衣服上身多绣花，花色根据衣料颜色而定。色彩搭配上，自然和谐，浓淡相宜。"伊萍佳"主要用于在天气不佳时出门披在身上，御寒挡风。

另外，还有一种女子专用的斗篷，被称作是"帕兰结"。乌孜别克族女性多用来出门时披用，两只袖子只是装饰作用，两袖缝在一起，绾在背后，像一个结在背后的大蝴蝶。这种衣服质地不要求太奢华，关键在于衣服外表的清丽，没有衣领，也无纽扣。穿这种衣服时，头部直接从领口穿出，披在身上。衣服幅面上绣有许多美丽的图案，有蝴蝶、花卉、蜜蜂、叶子之类，有的衣服还饰以流苏。斗篷依据季节的不同来选择制作的布料，冬季多使用棉、毛之类的布料；夏季使用厚实的丝绸等，即能遮挡风沙日晒，又不失其凉爽。

女装斗篷是极具乌孜别克族特色的服装设计成功案例之一。斗篷的样式不但符合生活的习俗观念要求，同时适用于妇女外出活动的需要，兼具保暖、遮挡风沙之功效。乌孜别克族设计中具有的开放性思维，在结构

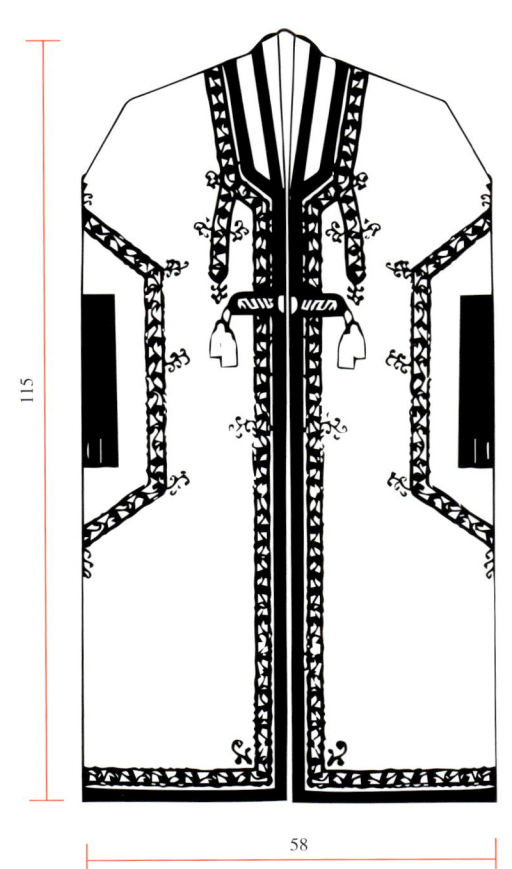

图二　乌孜别克族女装斗篷尺寸图（单位：cm）

上除了有基本的穿衣功能外，同时注重其形式相成的美感表达。乌孜别克族的服饰设计并不刻意过多修饰，雅中显贵，简而不繁，是基于特殊的社会生活环境中与其他民族交流中兼容并蓄的设计结果。

图片来源

图一　陈曦梓　制图
图二　王静　陈曦梓　制图
图三、图六　王静　制图
图四、图五　陈曦梓　王静　制图

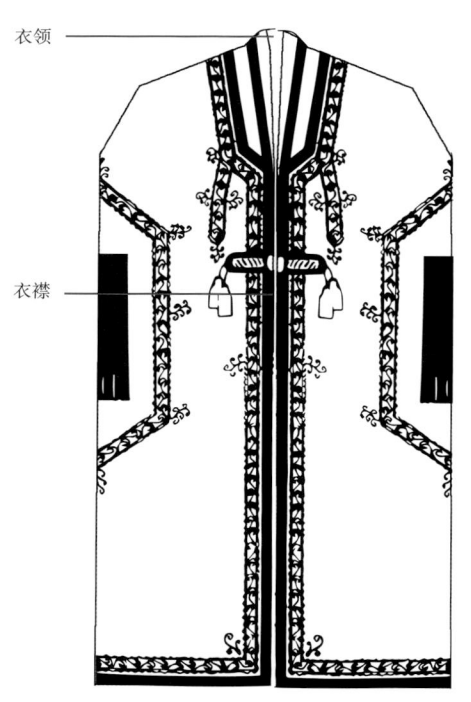
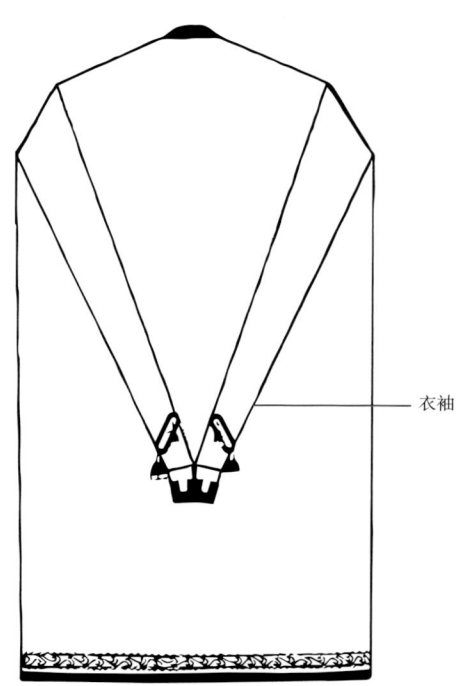

图三　乌孜别克族女装斗篷结构名称图

图四 乌孜别克族女装斗篷结构分解图

图五 乌孜别克族女装斗篷纹样及色彩解析图

75%

20%

2%

3%

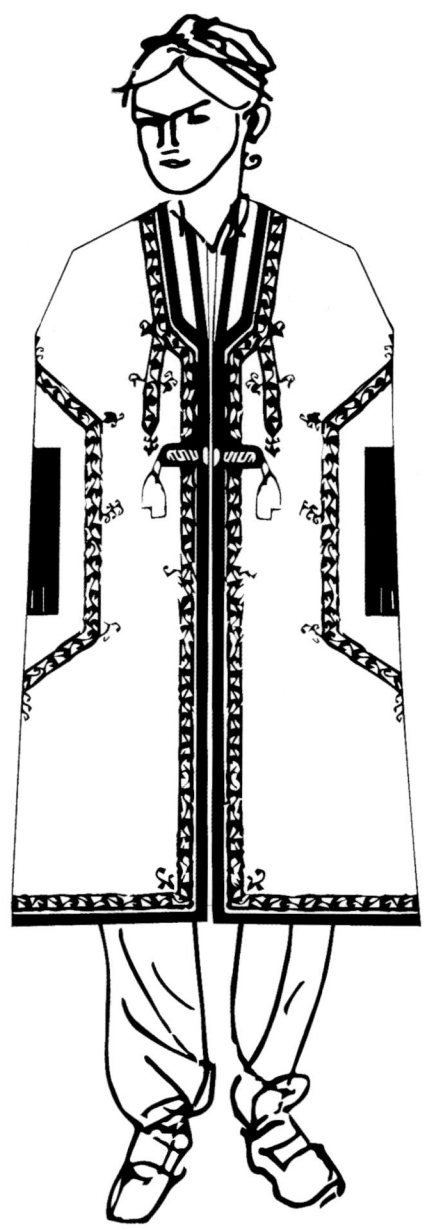

图六　乌孜别克族女装斗篷穿着效果图

乌孜别克族绣花坎肩

图一 乌孜别克族绣花坎肩主图

坎肩为乌孜别克族常用的衣服之一，其特点是无领无袖，开襟大多为无扣，款式简洁大方，前襟及袖口常用针线缝制，易磨损的沿边进行加固，通过手工缝制的针法使其具有装饰美观性。除此之外，背心的前片常绣有大朵带枝花，青年坎肩在用色上非常的鲜艳、大胆、对比强，如黄底蓝花等；而老年人的坎肩则明显趋于平和、安静，多用黑色。坎肩的布料常选用丝绒或厚棉布制作，并装饰有珠子和流苏，坎肩底色有黑丝、青色、墨蓝色、褐红色，上面绣有各种图案。

绣花坎肩有冬夏之分，冬天的坎肩多用黑色、枣红色等深色金丝绒制成，夏天的坎肩则用较厚的丝绸制成。衣襟、肩口和领口饰以吉耶克花边，胸襟绣石榴花或苹果花图案。从坎肩的一针一线，刺绣的一花一木和坎肩的款式上，可以明显看出乌孜别克族的民俗风情。乌孜别克族的刺绣工艺，堪称一绝。由于所处的环境差异，在与所处区域环境中的其他少数民族的长期生活中，也逐渐形成了各自不同的特点。在南疆的乌孜别克族长期与维吾尔族共同生活，其坎肩的样式及装饰与维吾尔族的坎肩接近。而生活在北疆的乌孜别克族长期与哈萨克族生活，其坎肩的样式及装饰与哈萨克族非常接近。材料的选择加工等与所处的自然及社会环境密不可分。因此乌孜别克族坎肩在装饰设计上呈现多样与丰富。其带有明显的地域性特点，彰显出乌孜别克族与其他民族在长期的生存与发展中的设计文化观念及精神价值取向，表现出一种灵活的实用性及美观性并重考虑的思维方式。

图片来源
图一　陈述　制图
图二、图三　陈曦梓　制图
图四　陈曦梓　王静　制图
图五至图七　王静　制图

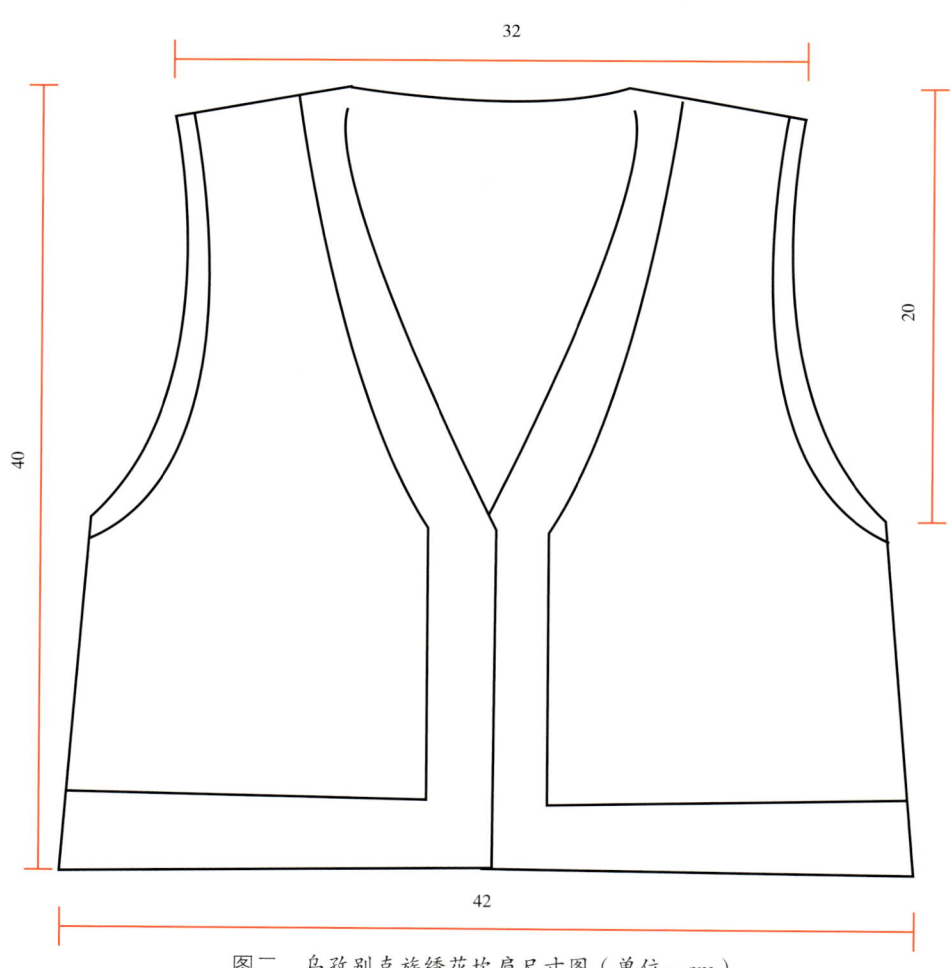

图二　乌孜别克族绣花坎肩尺寸图（单位：cm）

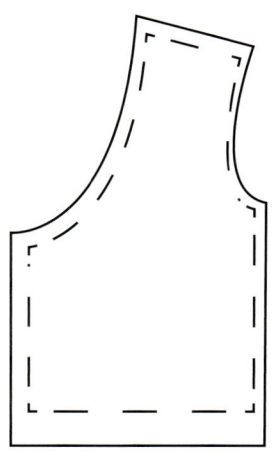

图三 乌孜别克族绣花坎肩结构分解图

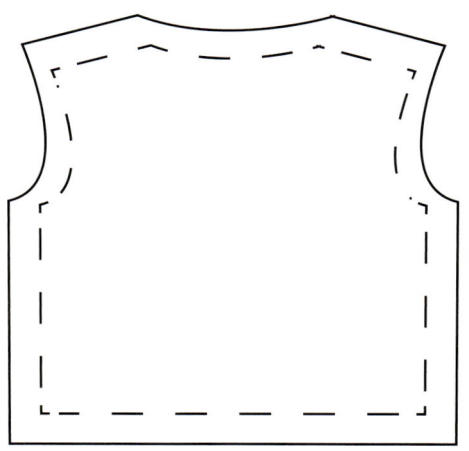

紫色50%

粉色50%

白色20%

黑色80%

图四 乌孜别克族绣花坎肩纹样色彩解析图

第二章 乌孜别克族传统服饰

 平绣  珠片绣

图五　乌孜别克族绣花坎肩工艺分析图

无袖坎肩

有袖坎肩

宽松坎肩

束腰坎肩

图六　乌孜别克族绣花坎肩多款花纹示意图

图七 乌孜别克族绣花坎肩穿着效果图

第二章 乌孜别克族传统服饰

第三章 乌孜别克族传统餐饮

乌孜别克族纳仁

图一　乌孜别克族纳仁主图

纳仁是乌孜别克族传统的食物之一，是牧区的一种佳肴，做法是将面粉擀成很薄的面片，和肉片一起煮，味道鲜美，具有鲜明的牧区特色，这种佳肴也叫手抓羊肉面。

乌孜别克族人遵从伊斯兰教在饮食方面的禁忌，吃羊、牛、马肉及乳制品。纳仁是用羊肉、马肉、马肠、面粉、洋葱、酸奶及各种调料为原料，制成的一种美味的、营养成分很高的食物。做法是先将煮熟的肉切碎，盛在盘中，再加上洋葱，撒上胡椒和酸奶，搅拌混合，用原汁肉汤煮面条或者面片，熟后捞起盛入准备好的盘底，将事先煮好切碎拌好的肉块放在上面，然后用手抓着吃。吃完手抓肉及手抓羊肉面后，主人请客人喝一碗原汁肉汤，以增加身体的热量并表现主人对客人的热情及尊重。在乌孜别克族人观念中这属于比较珍贵的食物，一般多在节日或招待客人时才做。

乌孜别克族民间也流传有关于纳仁的传说：有一年，一个汗王率领一队士兵外出作战，被敌军包围在一个山谷中。敌兵势众，这支部队整整被围困了40天，还是突围不出去。眼看部队所带的肉干和奶干越来越少了，汗王心急如焚，无计可施。最后不得不宰战马和缩减士兵的口粮，因此部队的战斗力大大削弱，士气低落而且人心惶惶，别说突围，就连眼下的生存都很困难了。解决士兵吃饭问题，一时成了部队生死存亡的关键。汗王和谋臣们费尽了心机，还是没有想出一条妙计。在万般无奈的情况下，汗王只好将自己的面粉拿出来给士兵们吃。但汗王一人的面粉怎能充几千士兵之饥呢？若把面粉做成饼，平均一个士兵还分不到一口呢！

厨师们经过商议之后，决定将面粉擀成很薄的面片，和肉片一起煮在几大锅水中，送给士兵们去吃。一大锅水中，面片肉片虽然寥寥无几，但士兵们因从未吃过面食，加之腹内饥饿，面对这碗面片汤，一个个都吃得津津有味。

吃饱了肉片汤面的士兵，非常感谢汗王对他们的关怀，一个个精神焕发，斗志倍增，士气高昂。汗王看到这种情况，十分高兴，并不失时机地做好了战前动员。军队在濒临灭亡的时候，靠一顿肉片汤面，士兵们鼓起了勇气，恢复了生机，重新举旗，一鼓作气，冲破了敌军的重重包围，挫败了敌人的锐气，转败为胜。

纳仁主材为面，味美爽口，有暖胃活血之功效，餐后易提精神，适合在寒冷地区食用，在乌孜别克民间传说中就明显反映出这一点。乌孜别克族纳仁食材主要围绕就地的材料进行选择，并严格遵守宗教礼仪习俗，选用食材讲究搭配合理，依据食物种类设计安排加工制作程序。保证其良好的口感及高寒地区所需的营养，应视为成功的食品设计案例。

图片来源
图一　陈述　摄影
图二　陈述、赵欣一　制图
图三至图五　陈述、高星　制图
图六　仲晓芹　制图

割羊肉　　　　　挤牛奶　　　收割小麦

图二　乌孜别克族纳仁食材采集示意图

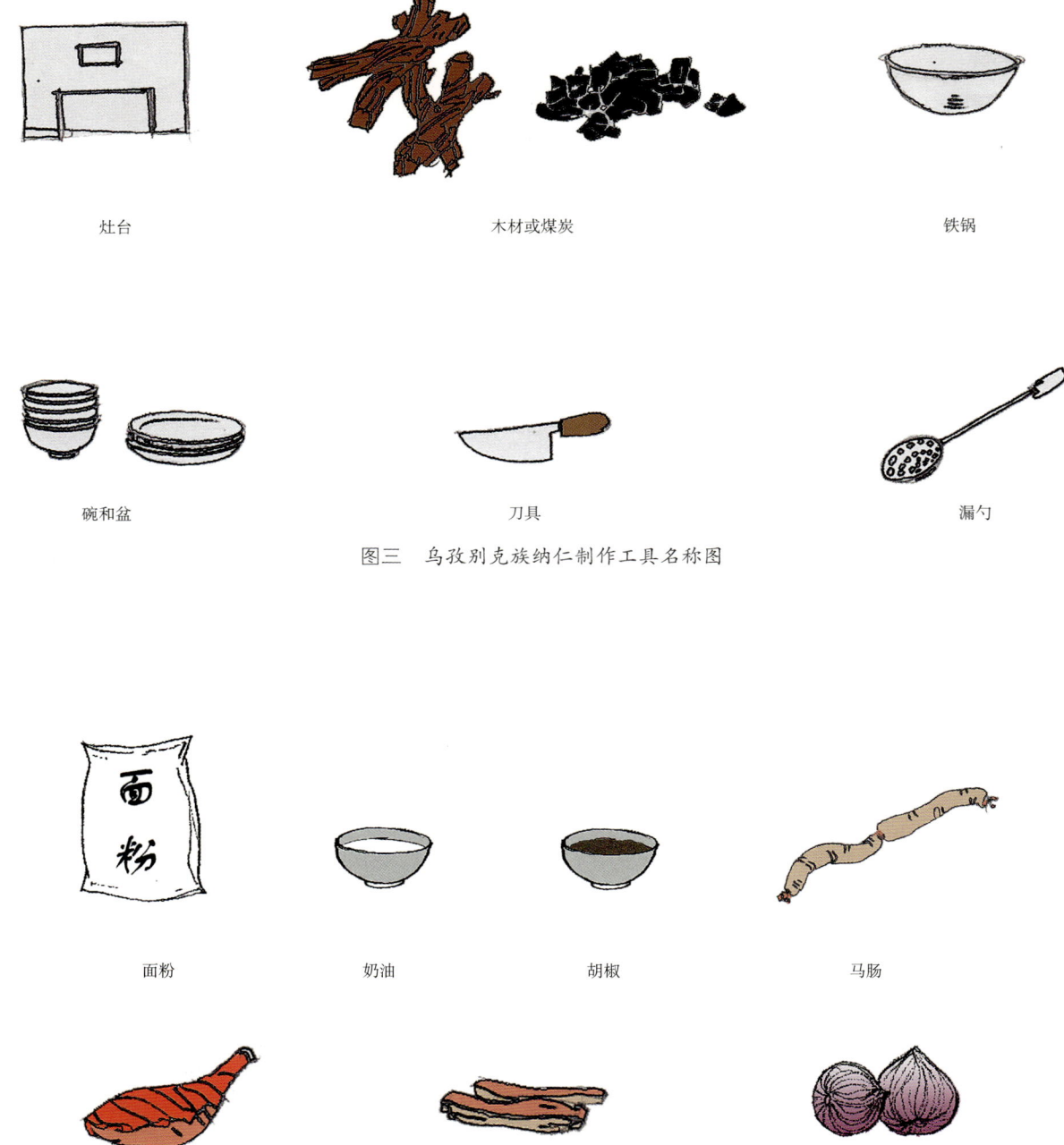

图三　乌孜别克族纳仁制作工具名称图

图四　乌孜别克族纳仁制作食材名称图

将肉煮熟

将熟肉切碎盛入盘中

加上洋葱，撒上胡椒粉，用酸奶搅拌混合

用原汁肉汤煮面或煮面片

煮熟后捞起放入准备好的盘底，
将事先煮好切碎并拌好的肉块放在上面

食用时，可配上原汁肉汤

图五　乌孜别克族纳仁制作流程图

图六　乌孜别克族纳仁食用情境图

乌孜别克族米肠子

图一　乌孜别克族米肠子主图

在自然环境、社会生产和信仰的影响下，乌孜别克族形成了本民族的生活习俗。乌孜别克族食物以米、面、牛羊肉为主。因此以牛羊肉衍生出的各种风味小吃较多，其中，米肠子是其食物设计搭配中极具代表性的美味之一。

米肠子，主材主要用大米及羊肠子来进行加工制作，作为乌孜别克族传统的食物，米肠子在选料、制作的每个环节中都十分强调步骤及方法，以彰显厨艺的精妙，加之软硬适度的口感及羊肠与米烹调的特有美味受到乌孜别克族民众普遍的欢迎，故属于较为有影响的名贵菜肴之一。米肠子的制作首先是在宰羊之后，将羊内脏小心完整地取出，把羊肠理出翻洗干净后备用。将羊肝、羊心和少量肠油切成小粒，再将调好的鹰嘴豆、西红柿加适量精盐、胡椒粉、孜然粉与洗净的大米搅拌均匀作馅并灌入肠内，灌好后用绳扎紧肠管封口。把米肠子与洗净的羊肚子一起放入锅内加水煮。大约半小时，待肠子中的大米半熟时，用细铁钎在肠中扎一些小洞，便于将肠中的气水排出，以防肠壁胀破。约一小时后即熟，取出切成片块，食时蘸以醋和辣椒，混合食用，米肠子不腻不膻。

乌孜别克族日常的饮食结构以米面为主，但其中肉食和奶制品的比例较大，在日常食物设计制作中力求保留食物原汁原味。米肠子就是将动物内脏与米合理组合经过烹制程序所得到的符合本民族饮食习惯的，极具乌孜别克族风味的食物佳品。利用动物内脏进行加工，使原本弃置的内脏经过巧妙的制作程序使之变为富含营养，美味可口的食物，体现出乌孜别克族食物设计制作中注重营养与科学性，是乌孜别克族在特殊的自然环境中的主体适应，也符合通过设计达到开拓食源，注意营养、节约、珍惜有限的食物的传统美德，并满足高寒地区人体对食物热量需求。其食物设计制作的程序易学且科学合理，操作简易可行，利用已有的食物加工工具设备，便可进行操作。食材主料基本源于所处社会化的经济生产，因而具有很好的普及性，米肠子设计制作中所体现的民族饮食习俗及观念，对今天的这类设计仍具有很好的启示。

图片来源

图一　陈述　摄影
图二　陈述、赵欣一　摄影　制图
图三、图四、图五　高星　制图
图六　仲晓芹、赵欣一　制图

鹰嘴豆　　　　　　　　　　西红柿

清理羊肠　　　　　　　　　收割水稻

图二　乌孜别克族米肠子食材采集示意图

图三　乌孜别克族米肠子制作食材名称图

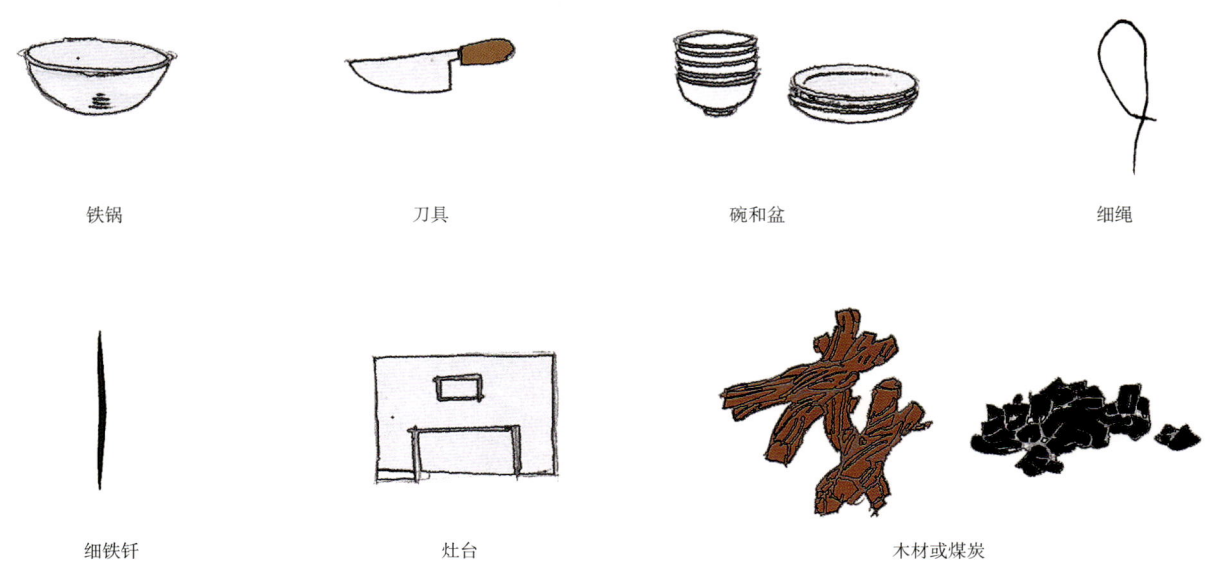

图四　乌孜别克族米肠子制作工具名称图

将羊肝、羊心、少量肠油切成小粒　　调入鹰嘴豆、西红柿，加入精盐、胡椒粉、孜然粉与大米搅拌　　将调好的馅料灌入肠内

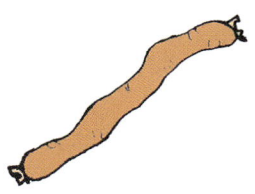  

用绳扎紧肠管封口　　把米肠子放入锅内加水煮，也可以加入羊肚子一起煮，约半小时后待肠子中的大米半熟时，用细铁钎在肠中扎一些小洞　　继续入锅煮，约一小时后即熟

图五　乌孜别克族米肠子制作流程图

图六　乌孜别克族米肠子食用情境图

乌孜别克族馕

图一　乌孜别克族馕主图

馕为波斯语，是乌孜别克族的一种烤制的面饼，起源于波斯的发酵面饼，是中亚和西亚人的主食之一。馕一般特指在烤炕中烤制出来的才叫馕，反之都不能称之为馕。由于馕本身具有易于制作、便于携带、久存不坏等特点，所以馕自然成为游牧民族转场迁徙途中的最佳选择。

乌孜别克族的饮食结构主要以肉食面粉为主，乌孜别克族一日三餐和维吾尔族一样，以吃馕和喝奶茶为主。

乌孜别克族的馕分为好几种，如格尔达、希尔玛尼、帕提尔等，其制作方式为：使用鹰嘴豆粉或面粉发酵，加上植物油、牛奶、酥油、葱花、胡椒、盐、糖由烤炉烤制而成，不加肉馅的馕为素馕，制作多以面粉为主要原料，多为发酵的面，但不放碱而放少许盐。馕大都呈圆形，最大的馕叫"艾曼克"馕，中间薄，边沿略厚，中央戳有许多花纹，直径足有40～50厘米。这种馕大的要1～2公斤面粉，被称为馕中之王。最小的馕有一般的茶杯口那么大，叫"托喀西"馕，厚1厘米多，是做工最精细的一种小馕，还有一种直径约10厘米，厚5～6厘米，中间有一个洞的"格吉德"馕，这是所有馕中最厚的一种。馕的花样很多，所用的原料很丰富，也可将各种不同食材同时填放制成不同口味的馕，甜咸均可，其形状也可制成方形、圆形等。

在发酵的面粉内加牛奶、清油（植物油）、羊油或酥油烤成的馕称为油馕，添加肉馅的馕称之为肉馕，在馕中加羊肉丁、孜然粉、胡椒粉、洋葱末等拌成馅烤成的馕称为肉馕。除油馕和肉馕外，还有窝窝馕、片馕等数种。

馕作为乌孜别克族饮食结构中最重要的食物，从设计的角度看，馕不仅满足人的日常生活需要，更注重其形式上的变化，以满足不同年龄段人群的视觉心理需求，制作程序上依据所选食材的不同进行具有科学性的合理组合搭配，尽力保持其良好的口感及丰富营养。

馕的设计加工制作在具体的实践过程中体现了乌孜别克族丰富的想象力及创造力，并善于借鉴吸收其他民族的东西在不断的实践改造过程中推出符合时代饮食要求的新品。普通的馕在乌孜别克族人手里犹如一个魔方，通过不断的创意性设计展示其民族的才智与个性。

图片来源

图一　陈明　摄影
图二、图三　陈述　高星　制图
图四　高星　制图
图五　陈述　仲晓芹　高星　制图
图六　赵欣一　摄影

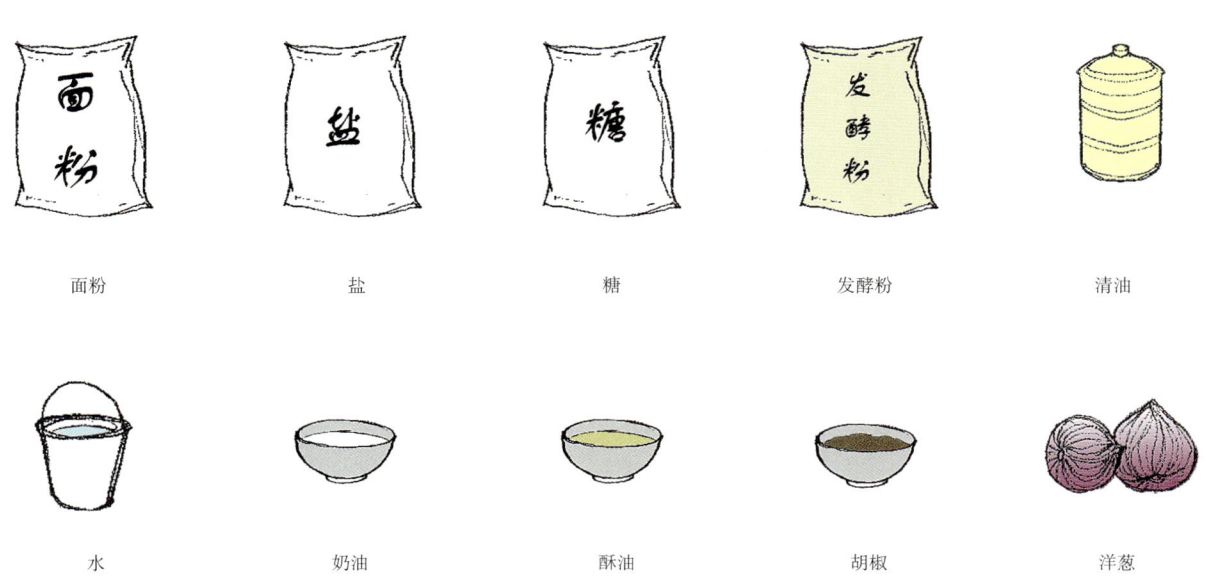

图二　乌孜别克族馕食材名称图

用鹰嘴豆粉或者面粉发酵

加入植物油、奶油、酥油、洋葱、胡椒、盐、糖等

制作肉馕可填入羊肉丁、孜然粉、胡椒粉、洋葱末拌成的馅

擀面

用章子在馕上刻出花纹

置于特制工具上

放入烤炉

图三　乌孜别克族馕制作流程图

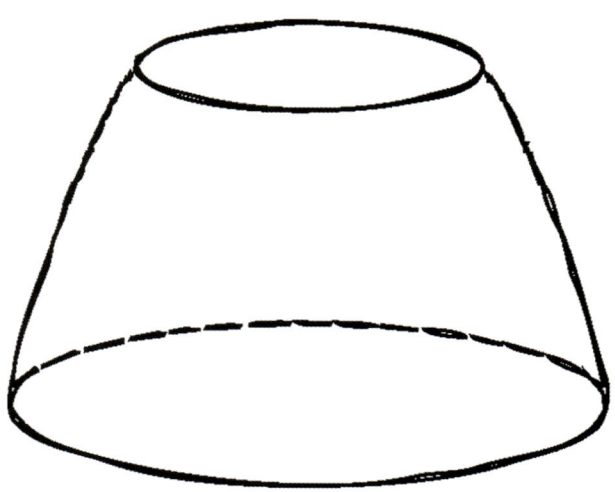

图四　乌孜别克族馕烤炉结构示意图

用手掰分

用小刀切分

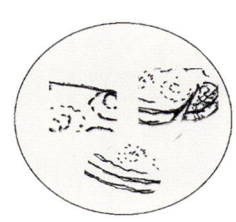
装盘

1. 沾茶水食用
2. 直接食用

图五　乌孜别克族馕不同食用方法示意图

图六　乌孜别克族馕贩售情境图

第三章　乌孜别克族传统餐饮

乌孜别克族麻西克齐尔

图一　乌孜别克族麻西克齐尔主图

绿豆粘饭，乌孜别克语称之为"麻西克齐尔"。乌孜别克族人饮食上所获食材种类繁多，根据季节变换注意冷热搭配，主辅结合的科学性饮食结构，这对身体健康起到积极作用。夏季在吃热性食物时，合理搭配一些凉性的食材，即补充了身体热能的需要，又具有消暑的作用。

麻西克齐尔是乌孜别克族饮食中一种典型的夏季食用的粘饭。其中"麻西"指绿豆，"克齐尔"是粘饭。食材中有羊肉、洋葱等搭配绿豆以平衡冷热。这种饭的稠度在干饭与稀饭之间，软硬度也较为适中，易于消化，老少皆宜。麻西克齐尔不仅营养丰富，而且味道鲜美，在炎热的夏季深受乌孜别克族群众喜爱。

制作麻西克齐尔的主要原料有羊肉、羊尾油、植物油、洋葱、绿豆、大米、盐、水等。做法是将羊肉、洋葱等食材洗净切好备用，首先将植物油倒入锅里，并放少许切成块的羊尾油，当油热后放入洋葱炒，将洋葱炒焦后，把洋葱和羊尾油渣捞出弃之，然后把切成片的羊肉和新鲜洋葱放入锅中炒，熟后盛出备用；其次，把洗净的绿豆和大米放入锅中，倒入适量的水，用文火慢慢煮，等熟后再把之前炒好的羊肉和洋葱倒入锅中一起熬制，经搅拌掌握软硬适中即可食用。

绿豆是谷物中最为常见的一种，豆中富含多种维生素，味甘、性寒，经常食用具安神、清热解毒之功效。其中富含的蛋白质为鸡肉的7倍，是夏季消暑可选用的最佳食材之一。羊肉性温，营养价值高，对于习惯食用羊肉的乌孜别克族人来说，夏季使用羊肉适量搭配性寒的绿豆起调节的作用。洋葱被视为"蔬菜皇后"，其味能刺激食欲，帮助消化，具有一定的开胃作用。

麻西克齐尔的食材设计在搭配上很好地满足了身体正常的能量需要，同时解决了夏季易产生的燥热，并保存了鲜美口味，适用于不同年龄的人食用，因此也具有很好的普及性，鲜美及软硬度适中的口感，深受乌孜别克族人的认可与欢迎，成为夏季乌孜别克族人常食用的饭食之一。

图片来源
图一　陈述　摄影
图二　陈述　制图　赵欣一　摄影
图三至图五　高星　制图
图六　仲晓芹、赵欣一　制图

割羊肉

绿豆

收割水稻

图二　乌孜别克族麻西克齐尔食材采集示意图

图三　乌孜别克族麻西克齐尔制作食材名称图

图四　乌孜别克族麻西克齐尔制作工具名称图

将羊肉、羊尾油等洗净切好备用

将植物油、羊尾油依次倒入锅内,当油热后放入洋葱,将洋葱炒焦后,把洋葱和羊尾油渣捞出弃之

把羊肉和新鲜洋葱放入锅中炒,熟后盛出备用

把洗净的绿豆和大米放入锅中,倒入适量的水,用文火慢慢煮

把炒好的羊肉和洋葱倒入锅中一起熬制,经搅拌掌握软硬适中即可食用

图五 乌孜别克族麻西克齐尔制作流程图

图六 乌孜别克族麻西克齐尔食用情境图

乌孜别克族安坚婆罗

图一　乌孜别克族安坚婆罗主图

乌孜别克族的抓饭安坚婆罗，由波斯语词汇借入。"安坚"即安集延，"婆罗"，即抓饭的意思，因为用餐的方式特殊,是净手后用手抓食，故名。

安坚婆罗是乌孜别克族家庭最常见也是最主要的一种食物，被称之为"饮食之王"。制作的用料除大米外，有清油、羊肉、胡萝卜、洋葱、盐、西红柿、木瓜、葡萄干、杏干等。简单的做法是先将羊肉剁成小块用清油煎炸，然后放入洋葱和胡萝卜在锅内炒，放盐加水，约20分钟后将泡好的大米放入锅内，不要搅动，焖约30分钟。这样做出来的抓饭油而不腻，富有营养。根据用料的不同，乌孜别克族的抓饭种类很多，如羊肉婆罗、鸡肉婆罗、马肉婆罗、马肠婆罗、葡萄干婆罗、杏干婆罗、鸡蛋婆罗等，不同的婆罗除用酒、肉、大米、胡萝卜、咸盐、皮牙子（洋葱）、水之外，还会用不同的原料，这样味道也会不一样。

乌孜别克族抓饭的特点是没有大块肉，而是把羊肉切成小块，不带骨头，放在抓饭里，肉和饭一起吃非常香。抓饭是乌孜别克族的重要食物，一些重要活动如节庆、婚礼都要做抓饭待客。

在乌孜别克族的安坚婆罗中，有一种叫"卡瓦泰克"的食品，这种食品是将剁碎的羊肉、洋葱和胡椒粉，撒盐拌成馅，放在新鲜洗净的葡萄叶子里包好，再用线绑起来，很像汉族人包粽子的方法。包好后的卡瓦泰克要在水里浸泡一会儿，等抓饭快熟时，揭开锅盖，将卡瓦泰克从水中捞起，均匀地放在抓饭上面，再盖上锅盖继续焖，约20分钟就做好了。

在抓饭中放卡瓦泰克，不仅在吃抓饭时可以吃到羊肉块和羊肉馅两种不同味道的肉质，而且使抓饭具有水果的鲜味。葡萄叶可食，吃时连葡萄叶一起吃掉，别有一番风味。

乌孜别克族抓饭安坚婆罗在原有的抓饭基础上，充分利用可获得的不同食物原料，进行不同的组合搭配。创意性设计使得抓饭安坚婆罗具有多种不同的风味及面貌。从这一案例中可以看到，在已有的设计基础上采用新的不同以往的思维方式进行再设计，以符合时代人们的物质文化及情感心理需要，不仅使原有的物品设计观念、思想、使用寿命得以延长，同时也更好的使设计服务于现代生活，给我们提供了一个很好的食物设计案例。

图片来源
图一　陈述　摄影
图二　赵欣一　摄影　陈述、赵欣一　制图
图三至图五　陈述、高星　制图
图六　陈述　赵欣一　制图

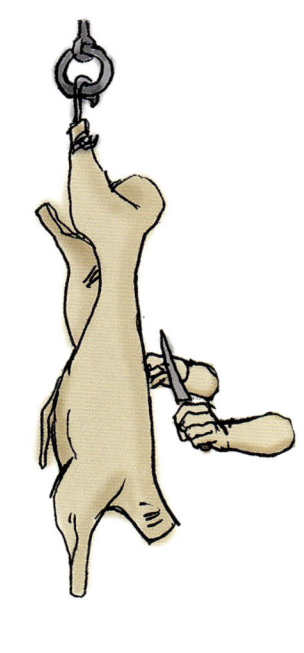

割羊肉

胡萝卜

收割水稻

图二　乌孜别克族安坚婆罗食材采集示意图

图三 乌孜别克族安坚婆罗制作食材名称图

图四 乌孜别克族安坚婆罗制作工具名称图

将羊肉、胡萝卜、洋葱等食材切块

用清油煎炸羊肉，然后放入洋葱、胡萝卜在锅内翻炒

加水

放盐

将泡约20分钟后的大米放入锅内，不要搅动

焖约30分钟后便可出锅

图五　乌孜别克族安坚婆罗制作示意图

图六　乌孜别克族安坚婆罗食用情境图

第四章 乌孜别克族传统生活用具

乌孜别克族派提努斯

图一 乌孜别克族派提努斯主图

　　乌孜别克族的手工艺有着悠久的历史及传统，辽阔地理的分布以及多样化的人文及自然环境，是孕育民族丰富物质及精神文化基础。据学者的考究，金帐汗国都城萨莱城的金属手工业就十分发达，在其遗址中出土有大量的手工业制品，几乎涵盖生活所需的各个方面。并且在乌孜别克族的观念中非常珍视在传统手工艺上享有的荣誉，正是具有这样的观念才使得乌孜别克族手工艺得以传承，并积极借鉴、吸收兄弟民族的生产技艺，以适应社会发展的要求。乌孜别克族人在历史上的经济类型也因生活环境的变迁而发生着改变，由于居住地带正处于东西方陆路丝绸之路要隘，使得乌孜别克族人较早就已萌发了商业意识，一定程度促使了手工业的快速发展，也为乌孜别克族较早的从事绿洲农业经济奠定了基础。由于新疆特殊的地理环境条件：昼夜温差大，光照时间长，很适合水果的种植与生产，在乌孜别克族的传统习俗观念中认为一切水果皆出自天堂，所以非常珍惜，严禁浪费。常将水果盛装于装饰有花纹的托盘派提努斯中来招待宾客，也视为一种待客礼仪。

　　派提努斯是一种具有民族装饰设计特点的托盘，日常生活中常用于盛放各种食物及水果。乌孜别克族是一个非常讲究礼仪的民族，特别在饮食上有很多不同于其他民族的习惯，日常生活中经常要用托盘盛满各类食物干果等招待来客。派提努斯在乌孜别克族婚礼中也常常使用，在订婚仪式上，男方母亲在亲朋好友的陪同下前往女方家时，其中十几个人的手里就端着一个用餐布包着的礼物和食品的托盘来到女方家，托盘在这里就具有了特别的文化含义。派提努斯通常以铜或银加工而成，也有木制和陶制的。花盘外观呈椭圆形，也常常在边缘轮廓作有起伏的节奏感极强的装饰，凸起的外沿以防止食物掉落，在花盘两侧多为镂空的提手，使盘体互为一个整体。这种设计具有省工省料的特点，也便于托盘叠放收纳，体现了一定的实用性。在装饰上，花盘边上有齿状几何花纹，在花盘中刻有花卉和果实的图案，构图饱满，做工精致细密，为中心纹样的浮雕纹饰；花果树叶，线条自然流畅，纹饰突出，体现乌孜别克族人对现实的赞美及美好生活的向往。在视觉造型效果上，整体采用线条式的平面布局，与半立体状的托盘器形和谐统一，装饰纹饰设计上疏密适中，具有鲜明的民族装饰文化特点。托盘两边手持柄，采用镂空的设计方式，其形状也与盘面封闭装饰图形相呼应，融为一体。功能上适合不同大小的手形自如端行，不用时又可以用于装饰并立于墙面让人们观赏，对环境也起到装饰的作用。

花盘派提努斯为乌孜别克族日常生活用具设计，其工艺、材料装饰及功能使用都充分地反映了乌孜别克族传统生活中的文化观念及饮食习俗，也是将功能与审美有机统一在设计造物活动中，满足日常生活实用性功能需求的同时，又一定程度满足于民族审美心理需要，并与久存于民族世俗生活中的待客礼仪观念相对应。

图片来源
图一　陈述　摄影
图二　陈述　制图
图三、图四、图八、图十　陈述、高星　制图
图五至图七、图九　陈述　陈西木　制图

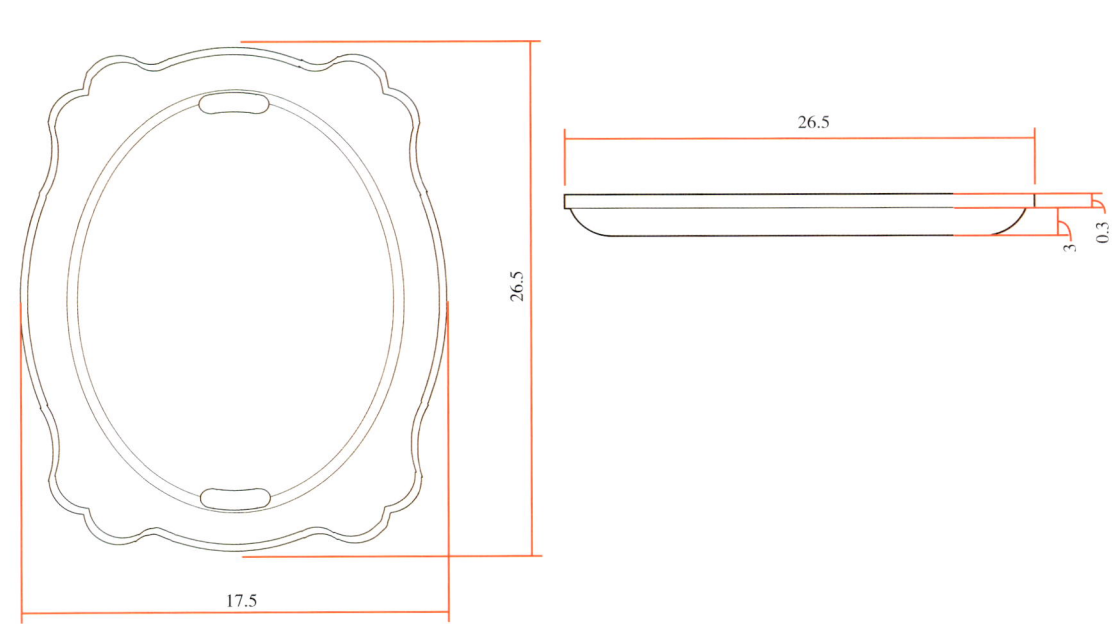

图二　乌孜别克族派提努斯尺寸图（单位：cm）

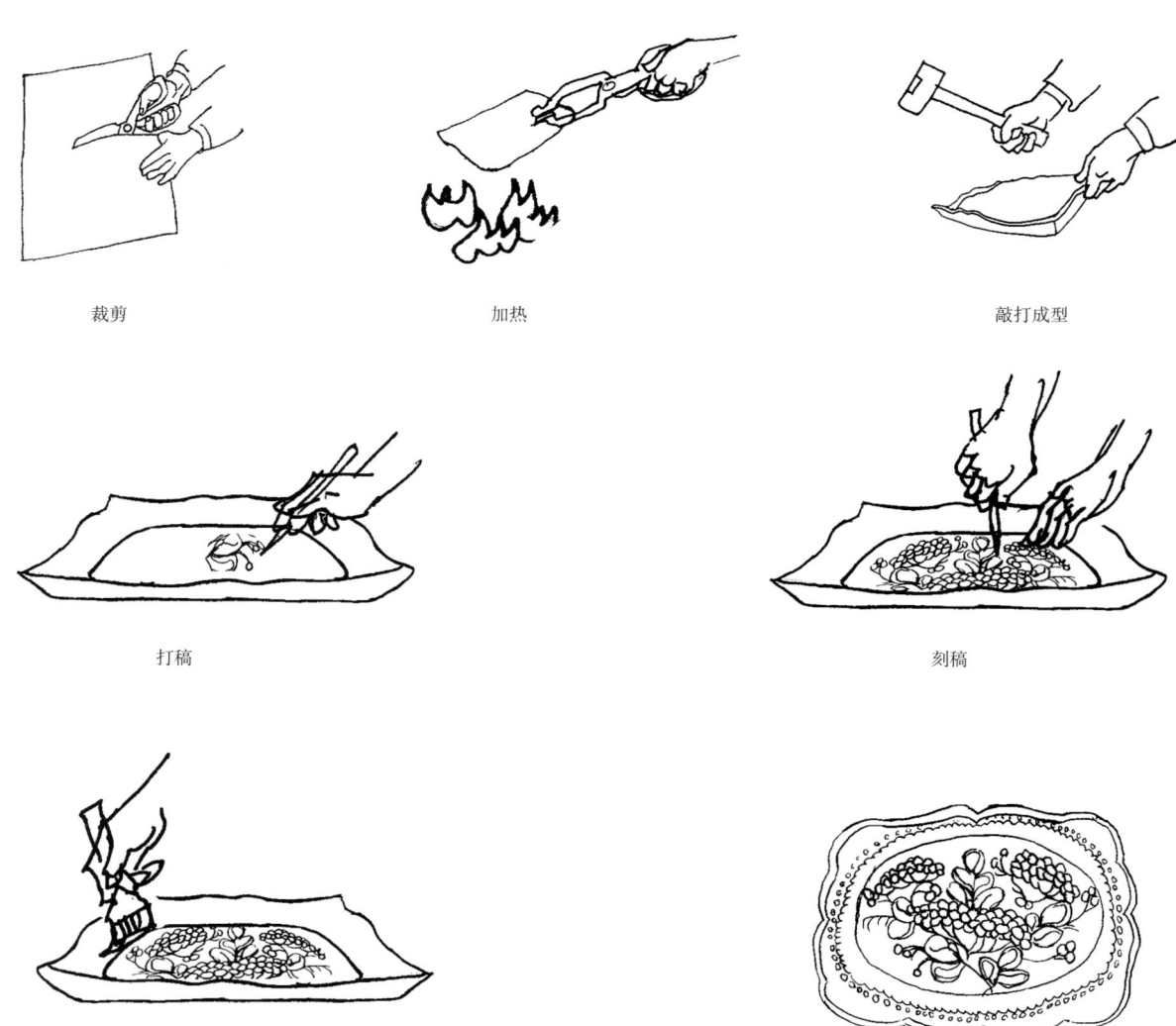

图三 乌孜别克族派提努斯工艺流程图

派提努斯为乌孜别克族日常生活用品器具，常用来盛水果食物招待来访的客人，其制作精巧美观，被视为待客的礼节。派提努斯装饰形象内容都源于日常生活中熟知的对象，如瓜果、草木、花卉等，表现出乌孜别克族对世俗生活的快乐追寻与赞美

派提努斯外侧装饰主要为葡萄、植物叶片及藤蔓组合的纹样，集合的纹样边缘须适合盘面给定的形状当中，四周呈对称状。装饰用线自如、流畅，表现出勃勃生机的景象，寓意生活的富足与美好

草莓　梨子　西瓜　苹果　葡萄

图四　乌孜别克族派提努斯装饰表现内容解析图

第四章　乌孜别克族传统生活用具

表明乌孜别克族工匠已基本掌握立体造型表现技巧，并表现出光影变化规律，整体上趋于追求平面化的装饰视觉效果

派提努斯盘中的瓜果采用直观再现的表现手法，将生活中熟知的瓜果形象依据盘面空间进行理想化的重组，通过水果外在形象之美以表达对自然供给的感恩与崇敬

图五　乌孜别克族派提努斯装饰造型解析图

派提努斯采用漆艺工艺进行表面的涂饰，便于日常生活中卫生清理，装饰绘画由手工制作完成，色彩艳丽，对比强烈，具有较扎实的色彩写实功底，注重表现光影下的色彩明度变化及视觉立体感塑造，形象刻画生动，使平面与立体的造型表现有机协调统一，凸显热情、直爽、外向的性格

红色（约占50%）　黑色（约占20%）　金箔色（约占18%）　绿色（约占10%）　乳白色（约占2%）

图六　乌孜别克族派提努斯色彩解析图

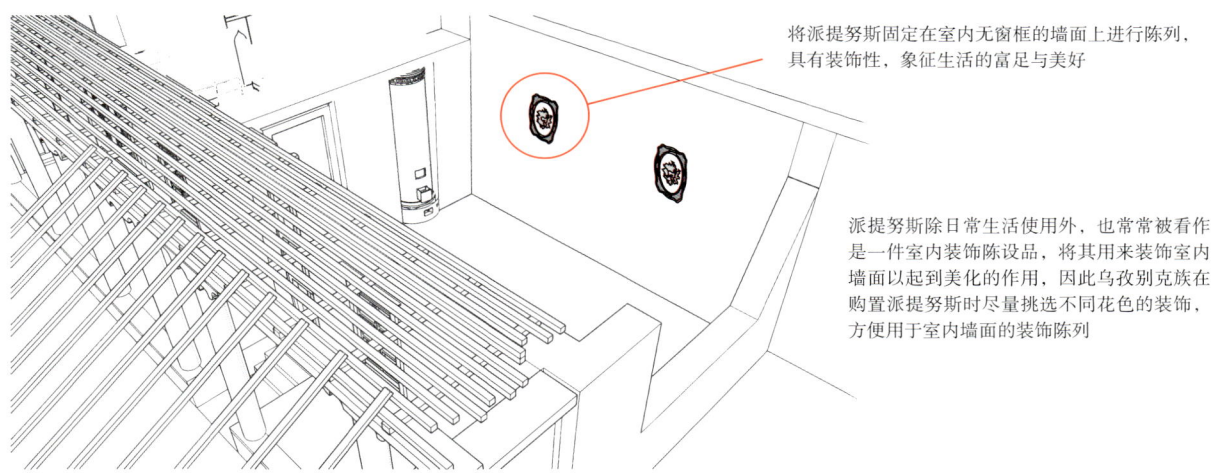

将派提努斯固定在室内无窗框的墙面上进行陈列，具有装饰性，象征生活的富足与美好

派提努斯除日常生活使用外，也常常被看作是一件室内装饰陈设品，将其用来装饰室内墙面以起到美化的作用，因此乌孜别克族在购置派提努斯时尽量挑选不同花色的装饰，方便用于室内墙面的装饰陈列

图七　乌孜别克族室内墙面的派提努斯装饰陈列解析图

第四章　乌孜别克族传统生活用具

图八　乌孜别克族派提努斯使用情境图

图九　乌孜别克族派提努斯操作示意图

乌孜别克族毕须克

图一　乌孜别克族毕须克主图

婴儿摇床，乌孜别克语称"毕须克"，是乌孜别克族人在育养婴幼儿时最常用的用具。制作摇床要考虑婴幼儿便于放在床上喂养，适宜婴幼儿时期的生理特点，防止受凉，不影响婴幼儿健康、卫生、休息等，同时也利于减轻母亲的负担。乌孜别克族婴幼儿摇床除了满足上述实际功能外还在为婴幼儿举行的仪式中扮演重要的角色。乌孜别克族是一个十分注重礼仪的民族，在长期的历史进程中形成了许多礼仪风俗，把出月子后对婴幼儿进行洗礼的喜悦与产妇安全渡过难关的欣慰合并成一种仪式来庆贺，以摇床命名，即为"摇床礼"，是乌孜别克族延续至今的人生礼仪中规模较大的礼仪之一。

按照乌孜别克族传统习俗，婴幼儿出生40天左右要举行隆重的洗澡礼与摇篮礼，男孩为38或39天，女孩在41或42天举行。洗澡礼与摇篮礼均由妇女们参加，在同一天举行洗澡礼，当天婴幼儿父母需要把事先准备好的骆驼蓬草、盐、清真寺里的土、马路上的土、茶叶、肉和一个纯金镯子或金戒指系列首饰放置在水盆中，搅匀后请几位儿童每人用小勺从盆中往一个空碗里舀3勺水，用此舀出的水混入另一盆给婴儿沐浴的水盆中，并请亲朋好友作陪，使用一个木勺舀水并淋到婴幼儿头上，并不断说一些类似"幸福""健康"等吉祥词汇以示祝福。洗澡礼之后则举行摇篮礼，先将婴幼儿放入摇篮中，置于客厅中央，铺上被褥，挂上饰品。父母站在摇篮处从上向众人撒糖果，然后将婴幼儿放入摇篮中，用被子裹上，系上两条绷带并轻轻唱起摇篮曲，待曲终，主人与客人之间互赠礼品，主人则端上亲手做的抓饭招待到场的客人。餐后大家同做祈祷，祝新生婴儿健康成长。乌孜别克族制作摇床时一般忌用榆木，认为使用榆木制作摇床，会使婴幼儿睡不平静，最好使用果树木材，但因果木为经济树木，乌孜别克族多使用桑木，但摇床的一侧必须使用果木制作，认为会带来好运，多子多孙、人丁兴旺、家族延续。摇床在制作中一般忌用铁钉，主要使用卯眼和榫头连接，摇床摆放时忌讳将尾部朝西方向，是由于对朝西方向的崇仰之意。平时闲置时也忌讳夜露室外或不用绸、布罩盖摇床，也忌讳有意无意地摇晃空床。

摇床两头的外轮廓采用弓形曲木造型固定，不仅减少了棱角、碰撞，也在一定程度上增加了视觉上的美感。摇床柱头与地面接触的圆形木腿上相接一块外呈弧状的板，便于木床左右摇动，也正因为在使用中所具有的这一功能特性，所以被形象地称之为"摇床"。床板上挖有碗口大小的洞，用于婴幼儿排大小便于床下的罐中。摇床结构以圆形的木珠状进行构架，表面光滑、顺手，以防婴幼儿在触摸时发生磕碰。摇床的木柱状结构上添有鲜艳的色彩，利于婴幼儿视觉辨识。摇床上横置的木柱用于提倒移位，婴幼儿熟睡后又可搭盖一块布罩在横置的木杆上，即可避光、避风，又可防蚊虫叮咬，摇床上设有两条宽幅绑带用于固定婴幼儿以防止摔掉在床下。

乌孜别克族摇床除满足其使用性功能的需要外，其材料的选择及装饰上更渗透着乌孜别克族传统的习俗观念与情感愿望。在人生的礼仪中也赋予其象征性的意义，造物设计的结果不仅在于降低妇女平常哺育婴儿过

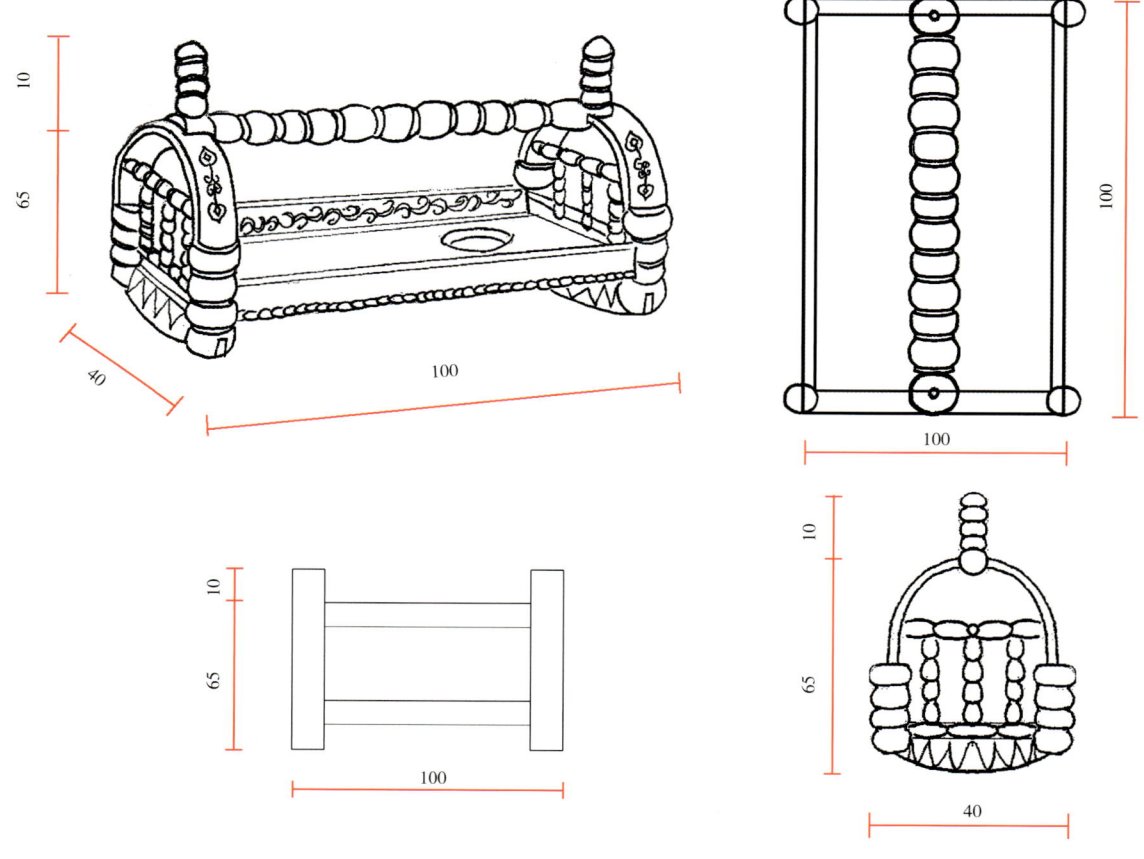

图二　乌孜别克族毕须克尺寸图（单位：cm）

程中的劳动强度，而且非常符合婴幼儿这一特定使用群体的设计需要，具有较强的实用价值，同时也体现民族精神层面的东西，并很好地融入设计的观念当中，成为生活有机的重要组成部分。其具有特色的设计很有生命力，对今天的设计创意来讲仍具有一定的参考价值。

图片来源

图一　仲晓芹　赵欣一　制图

图二　陈述　仲晓芹　高星　制图

图三、图四　陈述、高星　制图

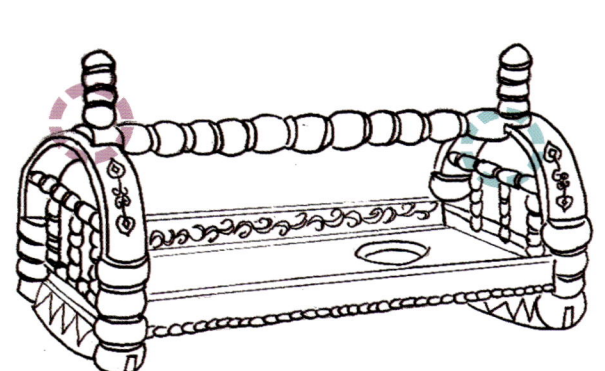

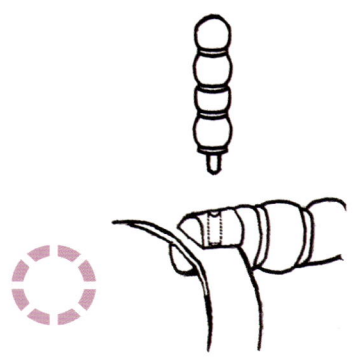

摇床在制作中一般忌用铁钉，主要使用卯眼和榫头连接

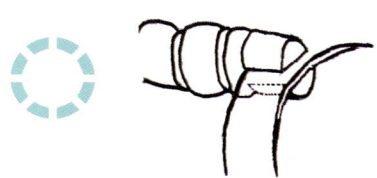

摇床两头的外轮廓采用弓形曲木造型固定

图三　乌孜别克族毕须克工艺分析图

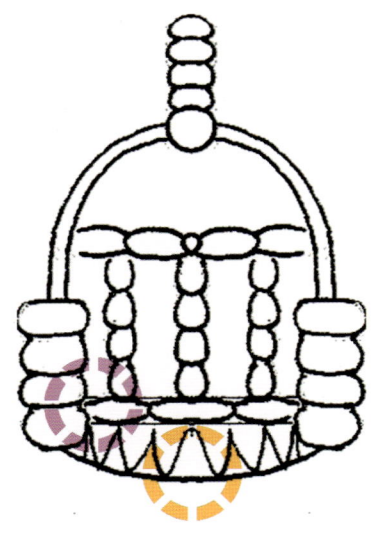

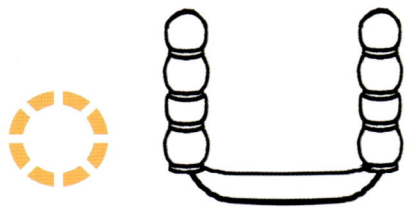

摇床与地面接触的圆形木腿上相接一块外呈弧状的板，触碰摇臂摇床可左右轻轻晃动

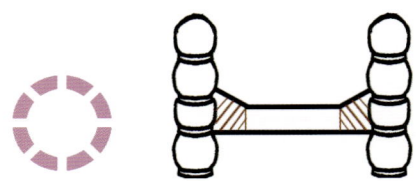

床板两侧以木榫形式嵌入一块高出床板的木块，内侧切成斜坡状，以免晃动摇床时婴儿掉落

图三（续）　乌孜别克族毕须克工艺分析图

图四　乌孜别克族毕须克使用情境图

乌孜别克族萨玛瓦尔

图一 乌孜别克族萨玛瓦尔主图

天山以北地势较为平缓，多为天然的大片草场，畜牧业较为发达，饮茶是该区域少数民族的重要生活习惯，其中奶茶是少数民族惯常的饮品之一，奶茶需用热茶进行对冲，才能保持奶的香味。对于爱喝茶的少数民族来说，茶炉萨玛瓦尔是一件得心应手的茶饮工具。

萨玛瓦尔选用红铜、黄铜、白铜材料加工制作，先使用铜皮锻打成形后，再进行焊接及抛光，整个过程由手工制作完成，造型别致，依据茶炉的功能需要进行结构的组合与布局，外形美观，使用携带较便利，深受少数民族的欢迎。

根据实际需要，茶炉萨玛瓦尔量大小不一，一般的茶炉萨玛瓦尔容水量为5～10公斤两种，高度为50～70厘米，直径为30～40厘米，其原理类似于汉族用的火锅，锅体中间为火道，四周为储水部分，易于受热。外形多为圆形，也有一些方形，上设置炉盖，下有翻砂底座和龙头，两侧设有抓耳。水烧开后摆在餐台上，随倒随喝，由于特殊的原理，水始终保持一定的温度，萨玛瓦尔主要使用已燃烧的石炭，置于炉中，既清洁又方便，也符合乌孜别克人爱干净的生活习惯，是人们休闲、交谈过程中的重要饮茶工具。

制作萨玛瓦尔首选材料一般为铜材料，

一是因为铜制材料相对于别的材料不易起锈斑，相对于其他材料导热快；二是铜在乌孜别克族意识中属较贵重的材料，其色彩也被视为美的象征，乌孜别克族对其有着传统文化观念上的情感。铜本身具有很强的金属质感，加上外部的装饰效果，摆在餐台上，既是一件方便实用的保温茶炉，又是一件工艺品，在老一辈的人眼里其更被视为一件贵重的生活器物，也被视为财富的象征。传统茶炉萨玛瓦尔的制作主要是以家庭作坊式的父子传承实现的，其造型样式是兼维吾尔族、哈萨克族等装饰特点于一体的手工制品。

茶炉萨玛瓦尔在其制形上满足使用功能的需求同时，也符合区域民族对具有弧形线条状器物的偏爱，抛光打磨的金属质感与其他生活用具材质易形成较强烈的对比，其精致的工艺及巧妙的设计将饮茶习性与器具功能很好地结合起来，既迎合了该民族喜好喝热茶的习性，又便于主妇操作，为典型的兼具多元性文化特点的设计案例之一。

图片来源
图一　仲晓芹　制图　陈述　摄影
图二、图四　陈述、高星　制图
图三　陈述、仲晓芹、高星　制图
图五　仲晓芹　制图
图六　陈述、王静　制图
图七、图九　陈述　制图
图八　陈述、仲晓芹　制图

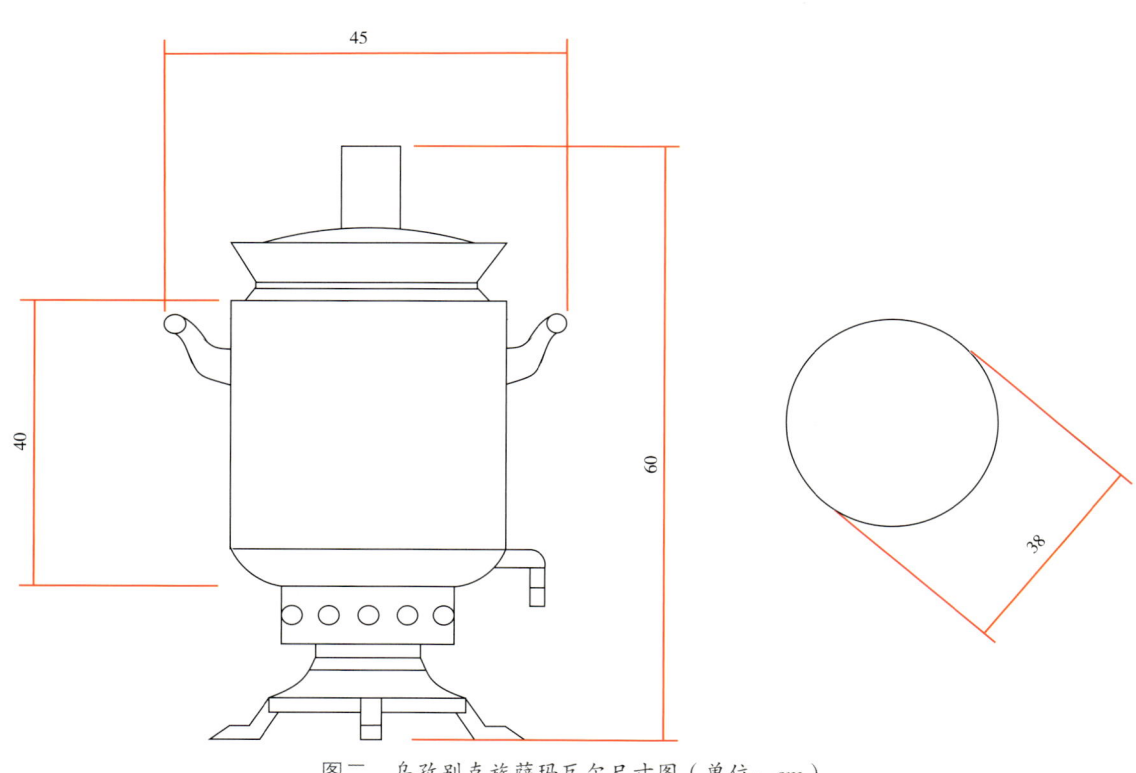

图二　乌孜别克族萨玛瓦尔尺寸图（单位：cm）

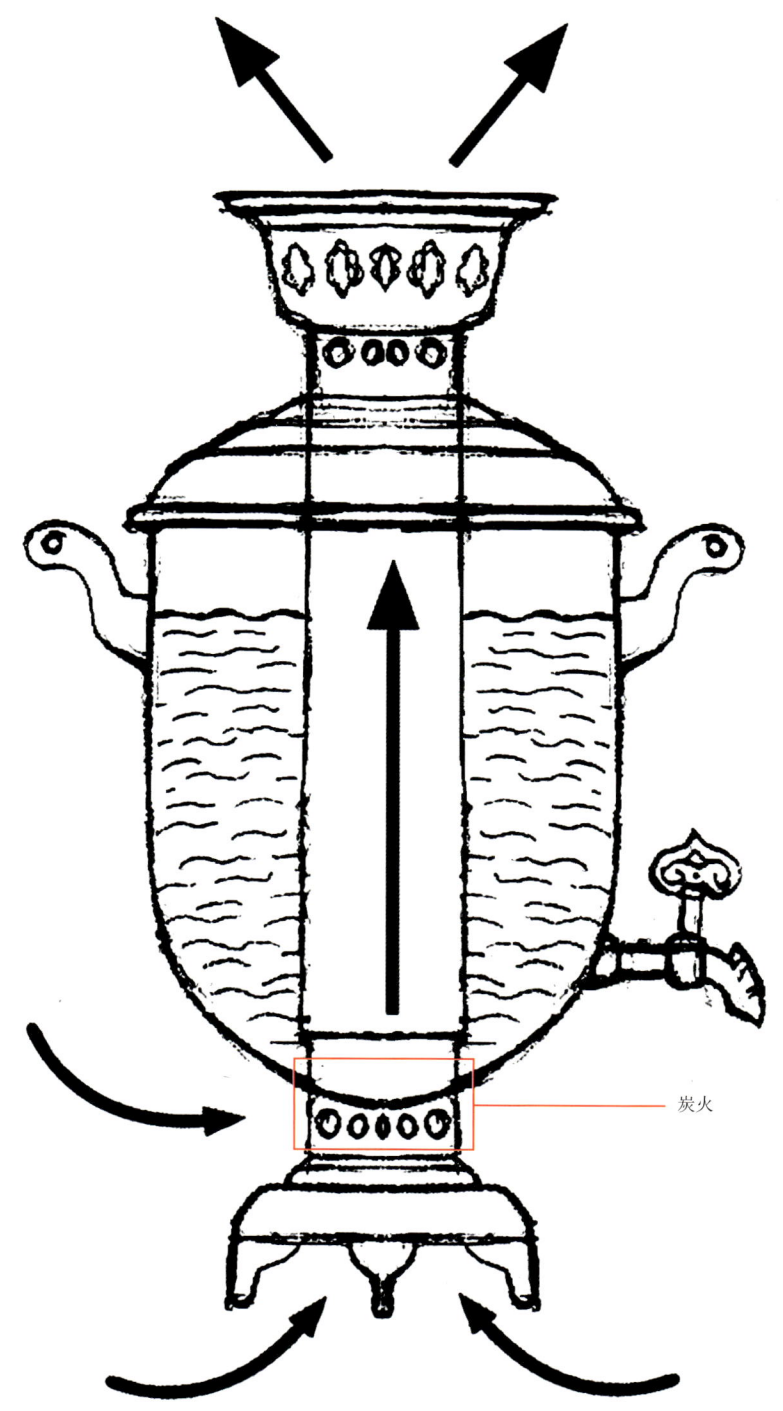

图三　乌孜别克族萨玛瓦尔气流示意图

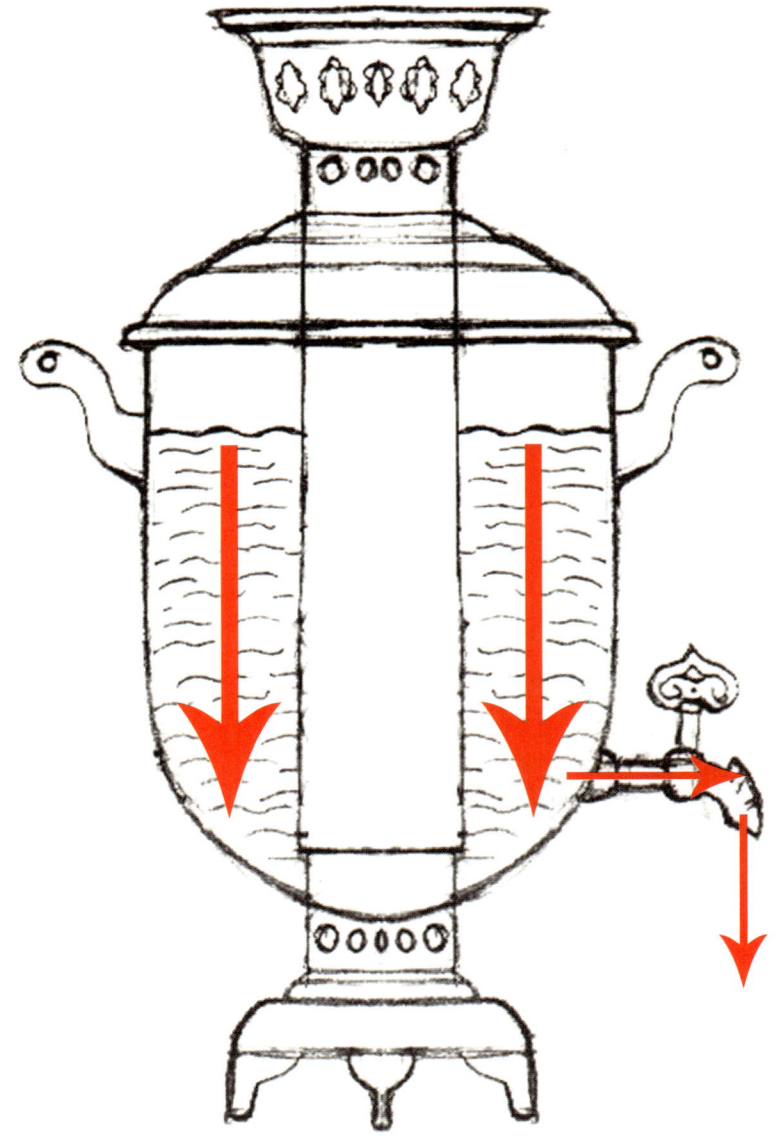

图四　乌孜别克族萨玛瓦尔水压示意图

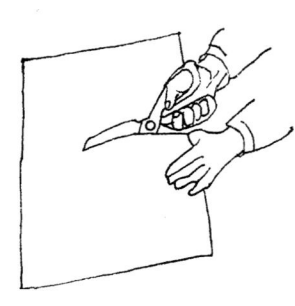
裁剪铜片

将铜片围成圆形

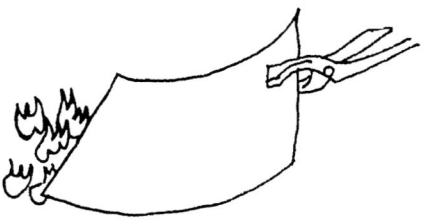
放到火上加热软化

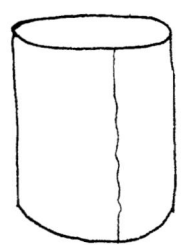
黏合定型

制作炉盖、炉底，放在火上加热后进行敲打成圆形

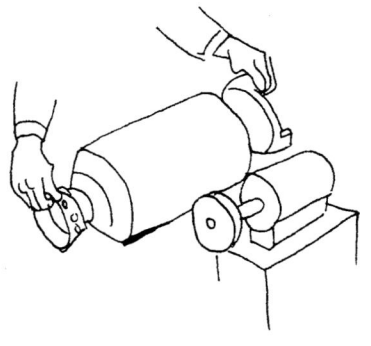
组合抛光，用电力打磨机抛光

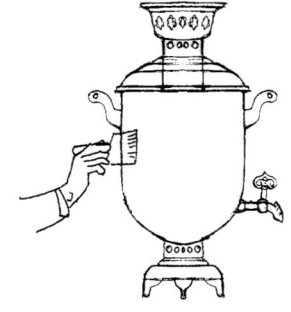
上色

图五　乌孜别克族萨玛瓦尔制作流程图

端壶　　　　　装水　　　　　上炭　　　　　接水

图六　乌孜别克族萨玛瓦尔操作示意图

图七　乌孜别克族萨玛瓦尔使用情境图

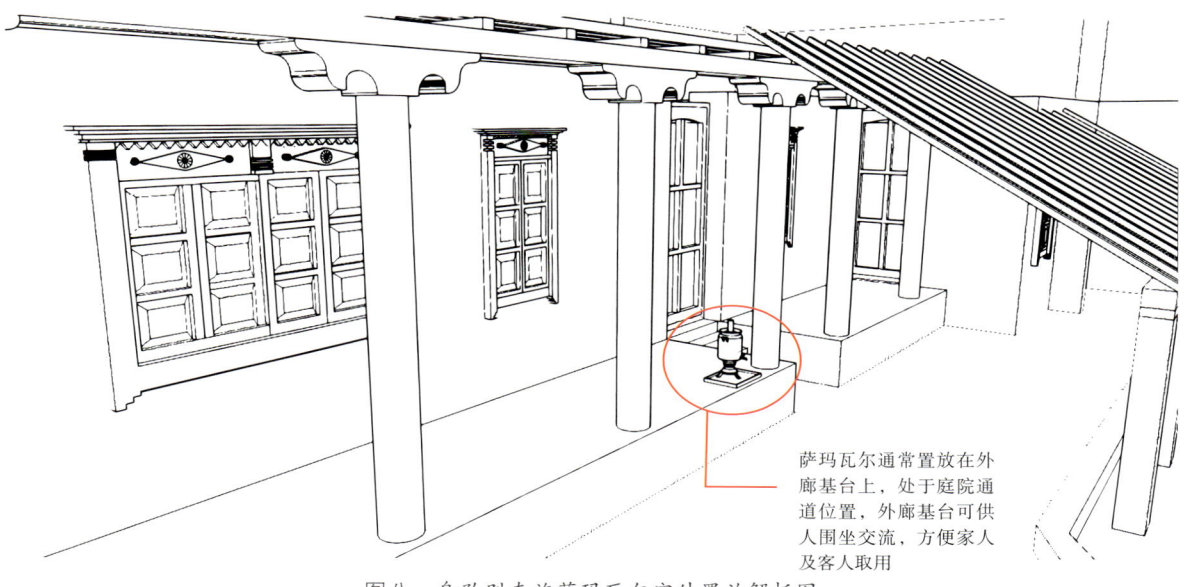

萨玛瓦尔通常放在外廊基台上，处于庭院通道位置，外廊基台可供人围坐交流，方便家人及客人取用

图八 乌孜别克族萨玛瓦尔室外置放解析图

乌孜别克族火塘

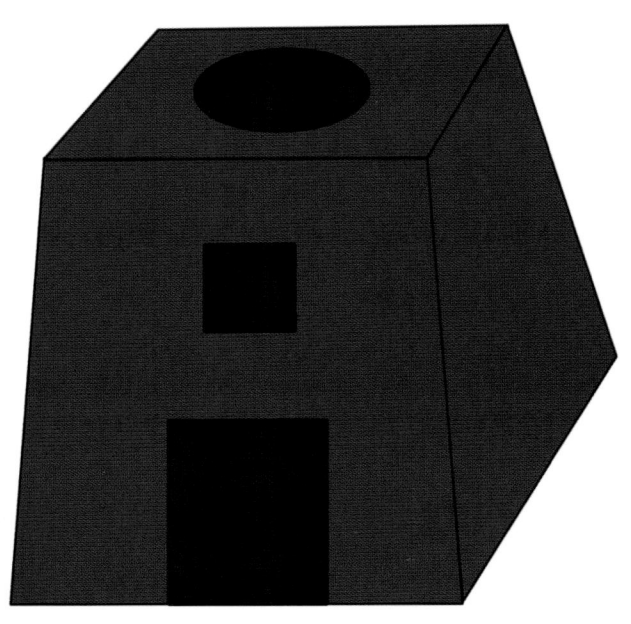

图一　乌孜别克族火塘主图

新疆冬季时间相对较长，气温寒冷。冬季在室内需要生火取暖，取暖的方式主要为火墙取暖或烧炕取暖，现也多使用铁炉取暖。

冬季取暖是生活在新疆地区各民族非常重视的问题，以院落居住方式为主的乌孜别克族人在处理冬季取暖问题时，借鉴其他民族已有的经验，依据院落多室的实际布局及功能需要来设置炉子的位置，使其达到最佳的供热效能，以保证室内温度。火墙一般由两间共同使用，过去常利用这种墙体砌筑壁炉供冬天取暖用，现在使用这种壁炉方式的家庭已不多见。

乌孜别克族冬天取暖的火塘与其他民族不同，褥子可以放置在火塘上，把脚伸到褥子里取暖，也有的家庭在室内挖一小坑，坑内放置火炉，火炉烟筒直通室外，坑上横置木板，再铺上毯子以供坐卧，这是最为便捷的、易于施工的火塘。

夏季，一日三餐烹饪用的炉灶主要设置在厨廊上，并在院落的一角设置专为烤馕用的馕坑。所选位置便于出入，空气流通，散热快，易清理并能满足具体操作流程所需的空间，使居室不受影响。灶炉内主要使用干牛粪、柴草作燃料，现多使用煤炭及天然气。

火塘设计因环境的差异而出现很多不同变化样式，反映出乌孜别克族人在适应各种不同环境时表现出的灵活设计观念，在吸收中能与自身所处环境下生存的基本需要及诉求进行融合，通过创造性设计，营造出利于生存的居住环境及场所。

火塘设计构造是与处在这一特殊自然环境下的民居建筑建构相互匹配、协调的，也使其成为民居建筑整体功能性结构中的一部分。火塘设计在满足日常生活的需求同时，也符合乌孜别克族人的生活习惯及日常生活中交往礼仪等方面的要求，对当下设计师具有一定的参考价值。

图片来源
图一　仲晓芹　制图
图二　陈述、仲晓芹、高星　制图
图三至图六　陈述、高星　制图
图七　陈述　制图

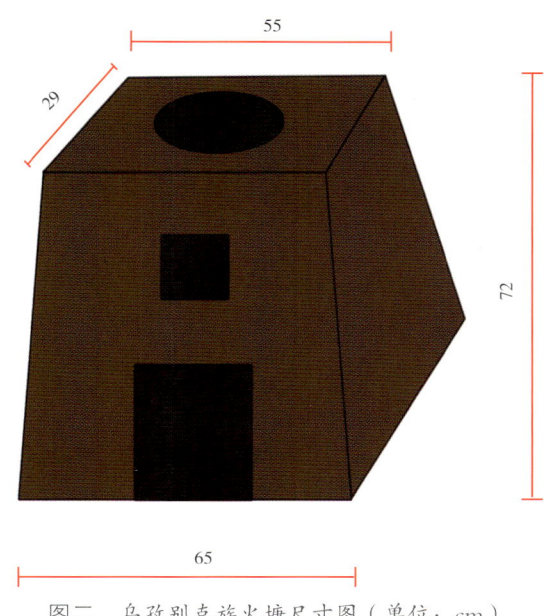

图二　乌孜别克族火塘尺寸图（单位：cm）

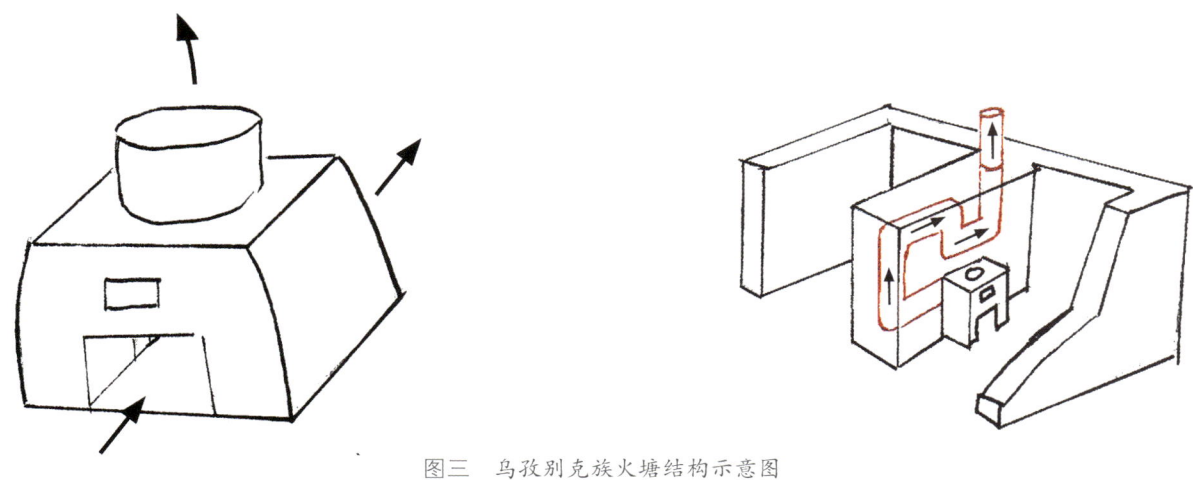

图三　乌孜别克族火塘结构示意图

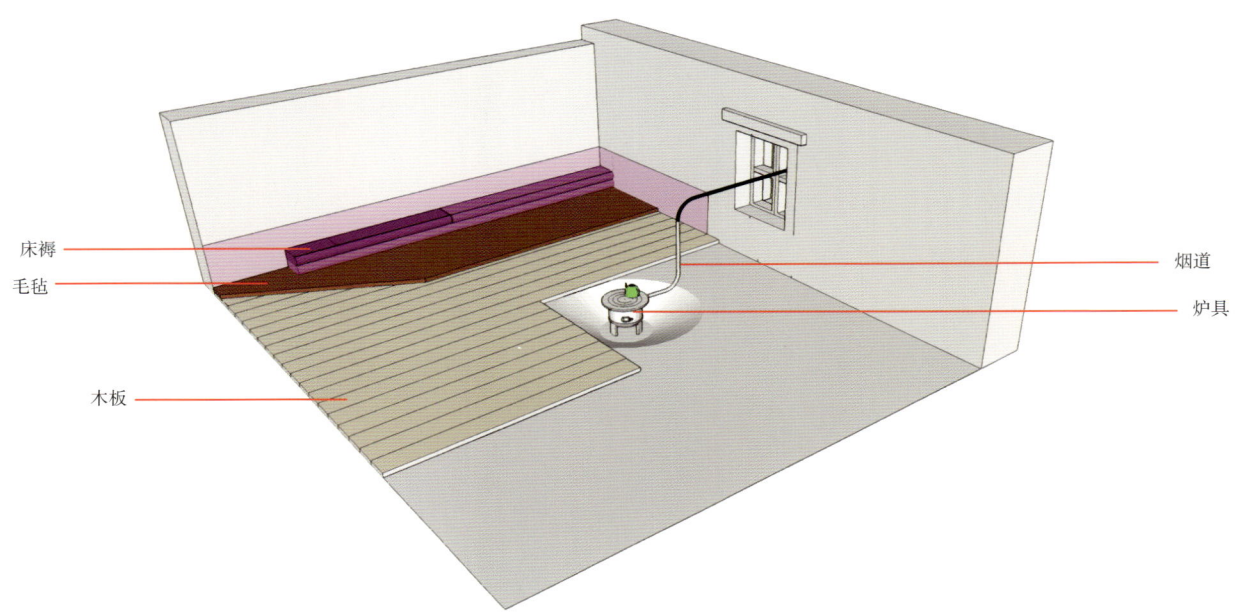

床褥
毛毡
木板
烟道
炉具

图四 乌孜别克族火塘结构名称图

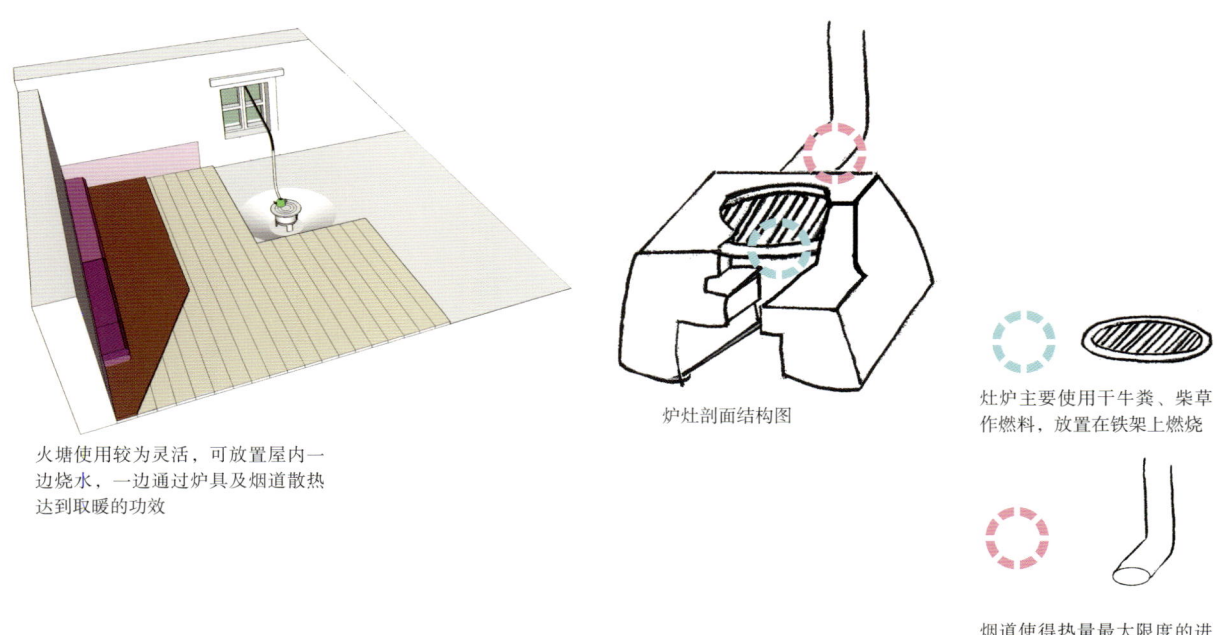

火塘使用较为灵活，可放置屋内一边烧水，一边通过炉具及烟道散热达到取暖的功效

炉灶剖面结构图

灶炉主要使用干牛粪、柴草作燃料，放置在铁架上燃烧

烟道使得热量最大限度的进行流通，充分利用热能

图五 乌孜别克族火塘结构解析图

图六　乌孜别克族火塘操作示意图

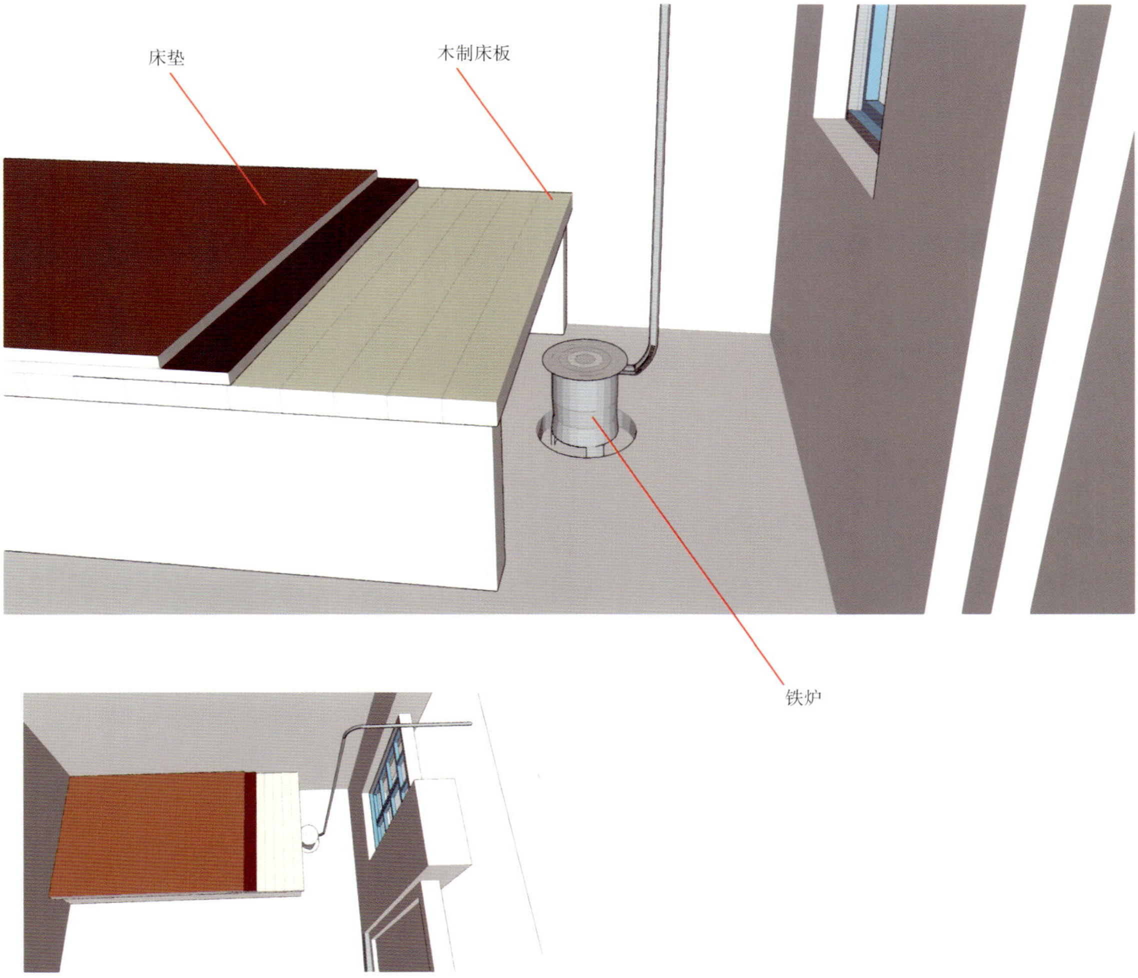

图七　乌孜别克族火塘位置情境图

乌孜别克族阿普图瓦和齐拉普恰

图一 乌孜别克族阿普图瓦和齐拉普恰主图

乌孜别克族传统观念特别注重饮水水源的清洁和卫生，阿普图瓦（洗手壶）和齐拉普恰（又称德谢尔，即接水盆）是人们洗手用的器具，这种设计与传统观念相吻合。

阿普图瓦是乌孜别克族人的洗手用具，是供客人洗手用的水壶。壶身为一个圆形，两侧各有5个小孔，从壶身的一侧可以看到另一侧，水从顶部的孔注入后，不会从壶身漏出。倒水时则跟其他普通水壶没什么区别。窄口、长颈、鼓腹、圆底，腹颈间有一提手，壶口置于壶身上部，壶身腹部配有凸雕，多为巴达木、石榴等花卉图案，凸雕具美观和坚固的双重作用。壶嘴似葫芦状，全为手工制作，其手工之精美，让人感叹。一般由铁或红铜制成，制作铜壶一般要分两截分别做好，再进行对焊。两半截壶身最后合在一起要上下吻合，不能有丝毫分别来做的偏差，以保持线条的流畅。制作壶嘴的难度是较大的，因为壶嘴弯曲，上圆下扁，要先用厚些的铜板依照铜板画线剪裁，放到火里烧红，再均匀地砸成薄片，放置到一个壶嘴状的专用钢板上，用小铁锤敲成其形状，后放到炉火上焊合。

另外一种为土陶制成的，阿普图瓦其神妙之处在于壶的两侧各有5个孔眼，看起来孔是相通的，实际上里面是封闭的，如果在壶内填上水，水也不会从孔眼流出来，倾斜后水只能从壶嘴里流出。其有9个工艺程序，先将胶泥浆泡，经踩、揉、和，使胶泥有黏性和强度，再上辘轳转坯成型，用手在壶两侧各戳出5个洞，然后晾干彩绘上釉、烧制出成品。

齐拉普恰（又称德谢尔）　一般为铜制或者陶制的接水盆，也就是供客人洗手用接水的盆。铜制盆的下部为10厘米高的圆柱体，上部为扁平的敞口盆。在其上下部分连接处有一倒扣的碗形盖子，盖子上面布满小孔，洗完手的水，不是直接流入盆内，而是要通过小孔的盖子进入盆内，这样人们既看不到已用的脏水，又避免脏水溅出盆外弄脏衣裙。盆盖是带活页的，水满时可以揭盖倾倒，但被污染后的水不能随便乱倒，要在指定的地点倒掉。其设计形式是与当地干旱的自然环境相适应的。

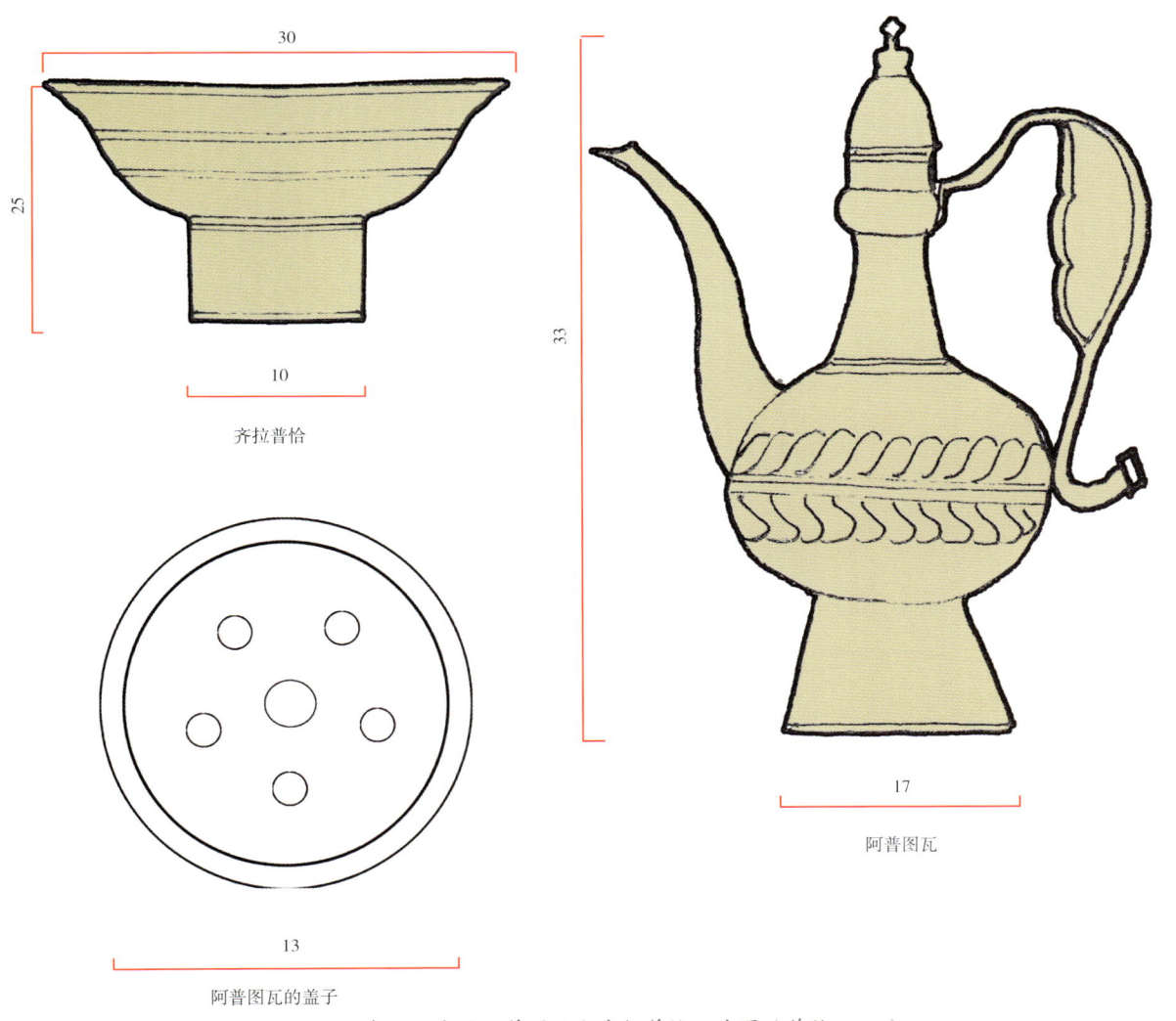

图二　乌孜别克族阿普图瓦和齐拉普恰尺寸图（单位：cm）

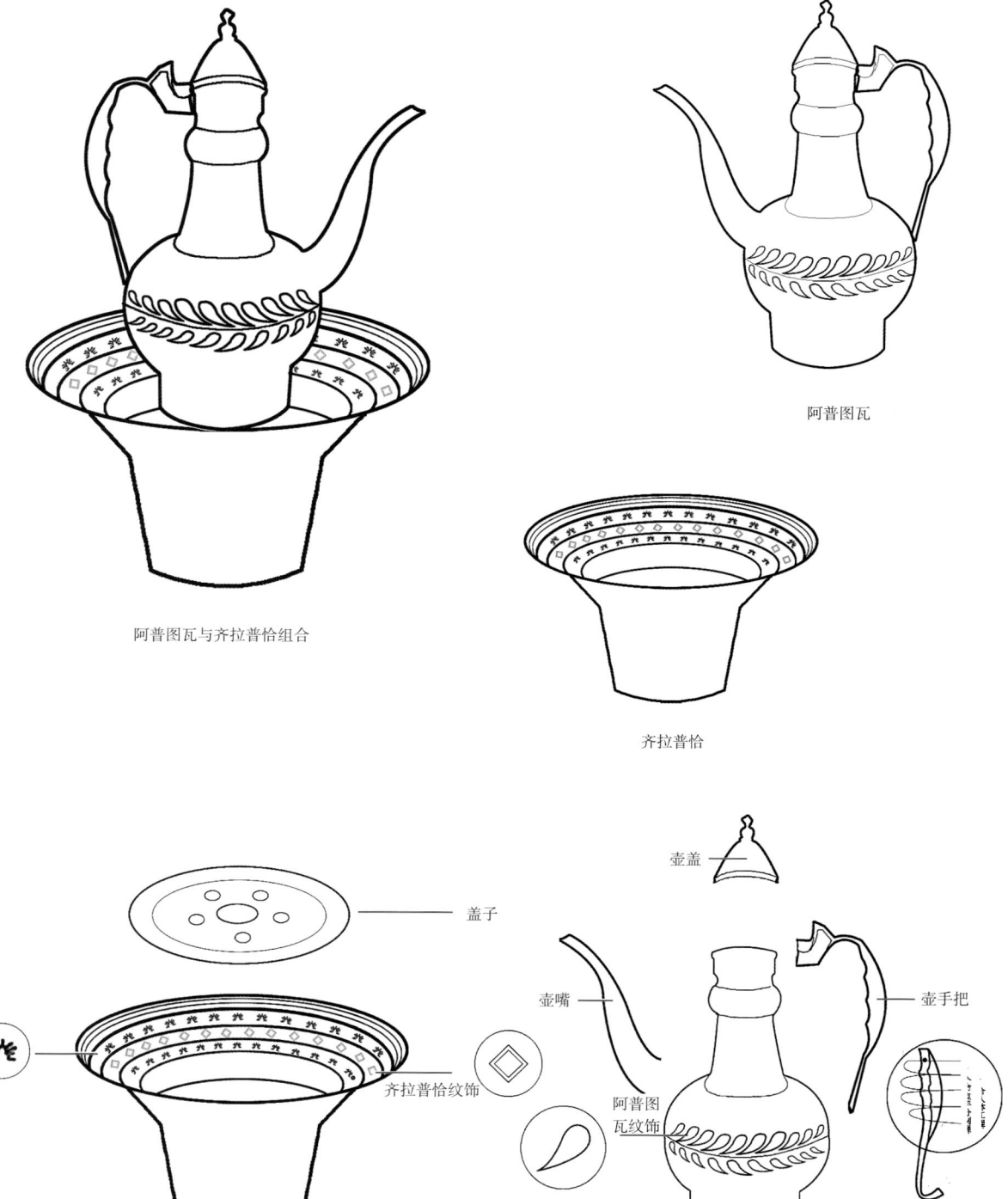

阿普图瓦与齐拉普恰组合

阿普图瓦

齐拉普恰

图三　乌孜别克族阿普图瓦和齐拉普恰结构名称图

阿普图瓦体现出人们对水的重视程度，平时置于门前院落客人易看到的地方，客人进门前要先使用"阿普图瓦"洗手，既是讲卫生，又不失为一种礼节习俗，"齐拉普恰"则为洗手用过水后的盛水器，为系列组合设计，其造型曲线流畅，造型别致，轻巧壶嘴如鸟头，工艺精湛，具有民族特点，实用美观。

图片来源

图一、图六　仲晓芹　制图
图二、图三　高星　制图
图四　仲晓芹、高星　制图
图五　陈述、高星　制图

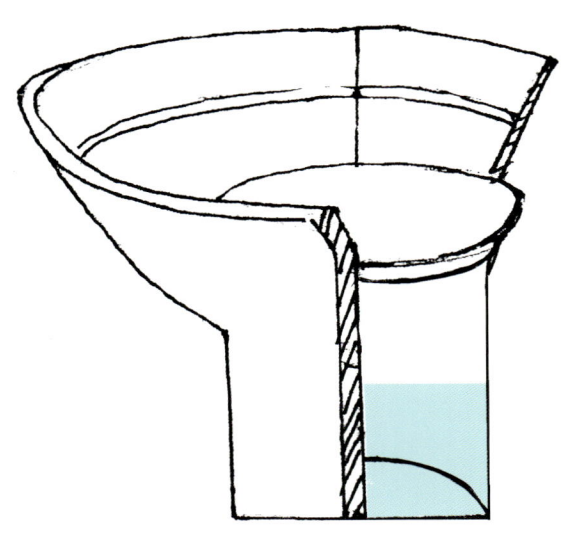

图四　乌孜别克族齐拉普恰结构示意图

阿普图瓦使用图

阿普图瓦与齐拉普恰组合使用图

图五　乌孜别克族阿普图瓦和齐拉普恰使用示意图

乌孜别克族木勺

图一 乌孜别克族木勺主图

木勺是一种木制的餐具。乌孜别克族传统饮食中有许多食物是用手抓食，在进食前有一个净手的程序，也成为民族日常生活的习惯。而木勺多用于不易用手抓食的食物，如汤饭、酸奶等，而且也是未成年小孩助餐的工具。除作为餐具用途之外，有时也作为仪式活动中的道具来用。如新生儿满40天后要举行的洗澡礼，在举行仪式的前一天，婴儿的父母要通告所有的亲朋好友，并将准备好的骆驼蓬草、盐、清真寺里的土、茶叶、肉和一个纯金戒指、项链等放入盛水的盆中。搅动后用木勺从盆中往准备好的空碗中舀勺水，用于倒入给婴儿沐浴的盆中，沐浴时并邀请40个小孩作陪，用木勺舀水淋到婴儿的头部，以表吉祥祝福。

木勺的制作多选用当地出产的核桃木、杏木等木材。将准备好的木材晾干后，匠人用砍砍子削出木勺的大样，再使用各种小刀进行削挖等进行修饰。使用前在开水锅里消毒，木勺因与饮食密切有关，作为一种收藏纪念物品，木勺的制作更重视其表面的装饰表现，并遵循伊斯兰教教规的严格规定，装饰内容主要以水果、花卉、植物蔓藤等形象为主，施以不易脱落的漆色利于长期保存。木勺主要由勺头、勺柄组成。勺柄呈圆柱状，勺柄尾部呈一个花蕾状的装饰，全部为手工制作。

木勺在设计制作上依据不同的功能性目的施以不同的造型及装饰。木勺的造型结构与具体使用功能密切关联。其装饰设计表现形式在一定程度上体现了民族独特的审美情趣及精神愿望，是乌孜别克族在长期的生产生活实践过程中借鉴、吸收与创造的设计成果。

图片来源
图一　陈述　摄影
图二至图四　王静　制图
图五、图六　陈诗雅、王静　制图

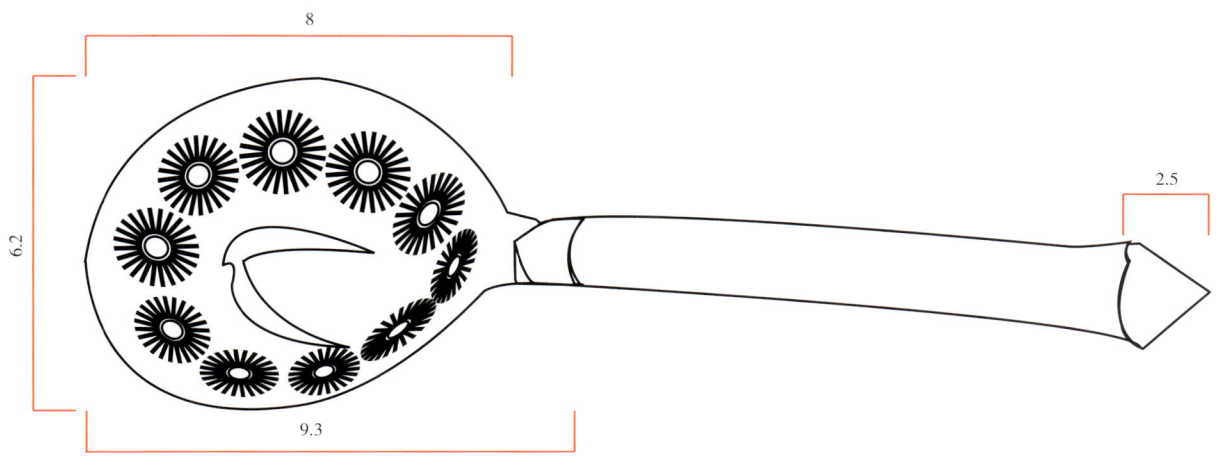

图二 乌孜别克族木勺尺寸图（单位：cm）

图三 乌孜别克族木勺结构解析图

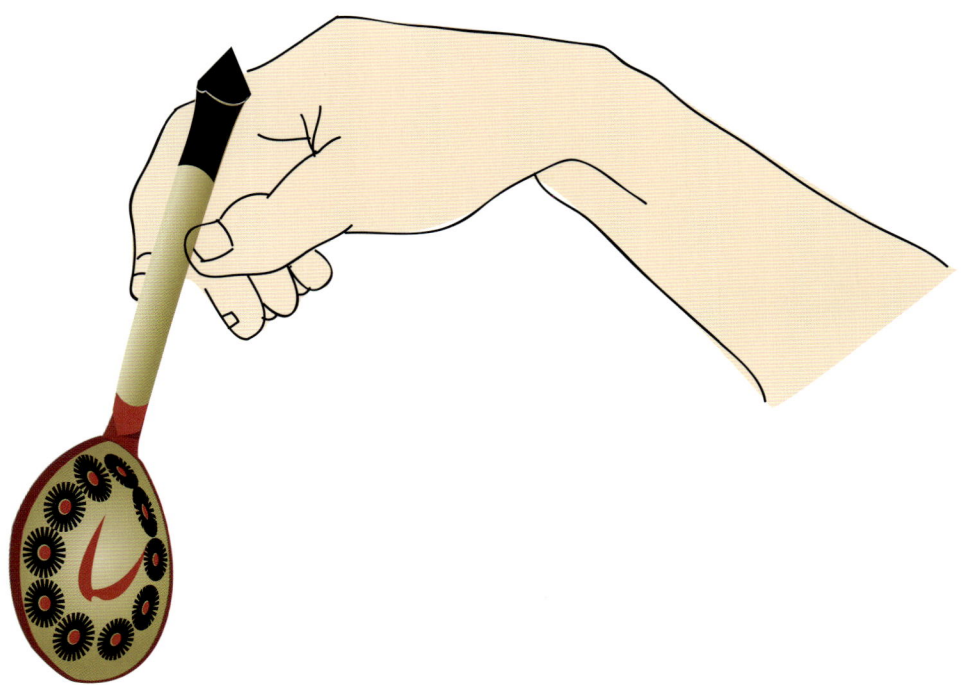

图四 乌孜别克族木勺操作示意图

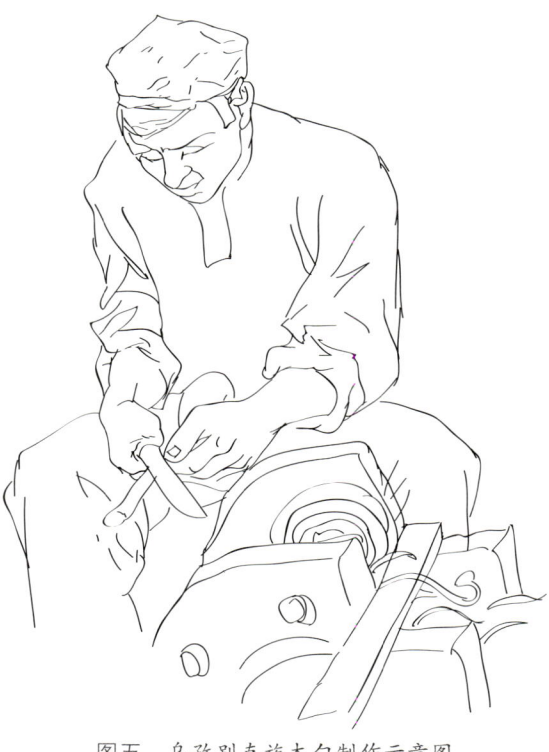

图五 乌孜别克族木勺制作示意图

图六　乌孜别克族木勺使用情境图

乌孜别克族木箱

图一　乌孜别克族木箱主图

木箱是必备的生活用具，主要用于收纳储存日常生活中暂时不使用的用品及用具。作为以游牧为主的乌孜别克族来说，木箱也是游牧生活中搬迁途中的工具，即可将零杂的生活必需品放置于内，使用牲畜驮运到达目的地。在新疆北部木垒，置于室内，不仅美观的同时又具有功能性。乌孜别克族和哈萨克族生活在一起。

木垒属典型大陆性气候，冬季寒冷漫长，夏季短促凉爽。木垒地形复杂，草场资源丰富，森林覆盖率较高，可耕用地面积大，良好的自然条件适合农牧业的生产发展。

游牧是以自给性生产为主的经济，木箱是适用于这种经济生活模式下的设计产物。牧区几乎每户乌孜别克牧民家都有木箱，是生活中常用的用具，为适应主要以牛、马、驼作为交通的运输便所，木箱尽可能设计的小巧便携，利用木箱的结构特点使木箱四边的框架长出一些，用于在运输过程中使用绳索固定，不轻易滑落损坏。在陈设时与地面保留一些空间用于隔潮防霉。木箱左右两侧常装饰有各种花纹图案，因此在毡房中陈设时与上方搁置的被褥表面纹饰及幢毡纹样相互辉映。形成富丽协调的装饰格调。由于木制结实，又具一定的韧性，箱盖设有金属搭扣，有的在箱两侧设有金属抓手，其表面易于装饰等特点深受牧民的喜爱。纹样中常装饰有羊角纹、几何纹、植物纹等图案。

木箱是游牧民族必备的生活用具，也是用于储放生活用品的室内陈设重要家具。为便于在游牧迁徙途中携带，在体量的大小及箱体的结构设计上需要为适宜于草原游牧迁徙生活的实际要求实施，同时在围合的箱体表面装饰有美观的纹样图案，不仅使其箱体表面的装饰设计很好的融入室内的整体环境氛围中，同时又展现民族特有的审美情趣，可根据使用场合的要求进行多种变化的组合。其组合的便利性设计理念为当下设计师的这类设计提供一例值得重视与参考的设计案例。

图片来源
图一至图六　陈诗雅　制图

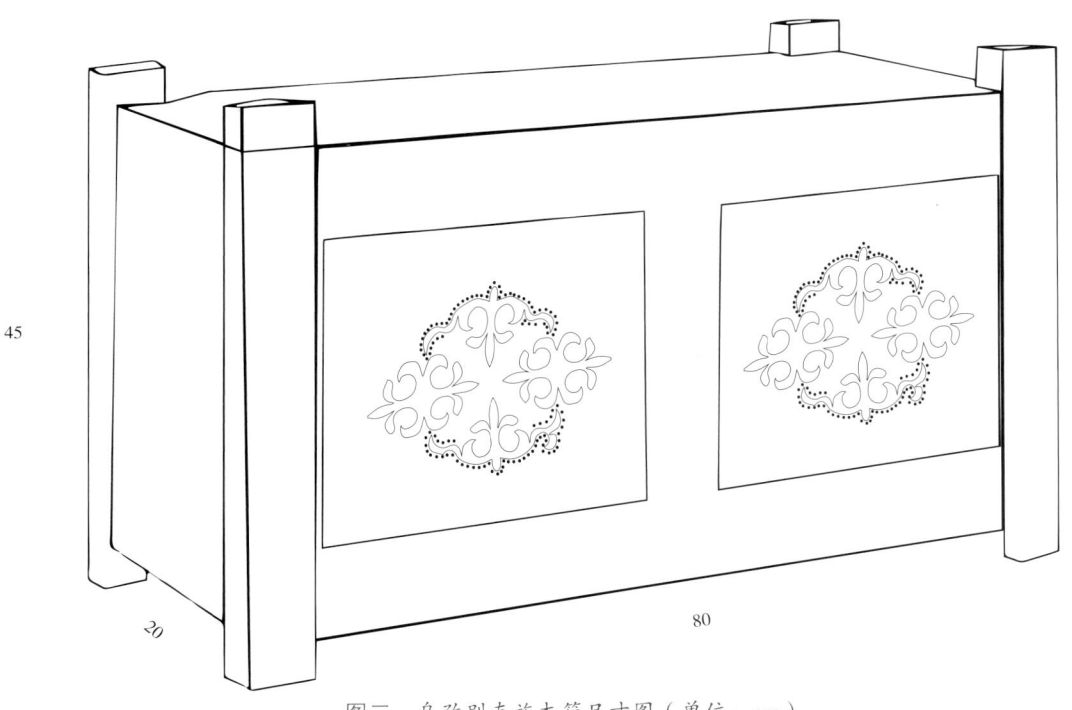

图二　乌孜别克族木箱尺寸图（单位：cm）

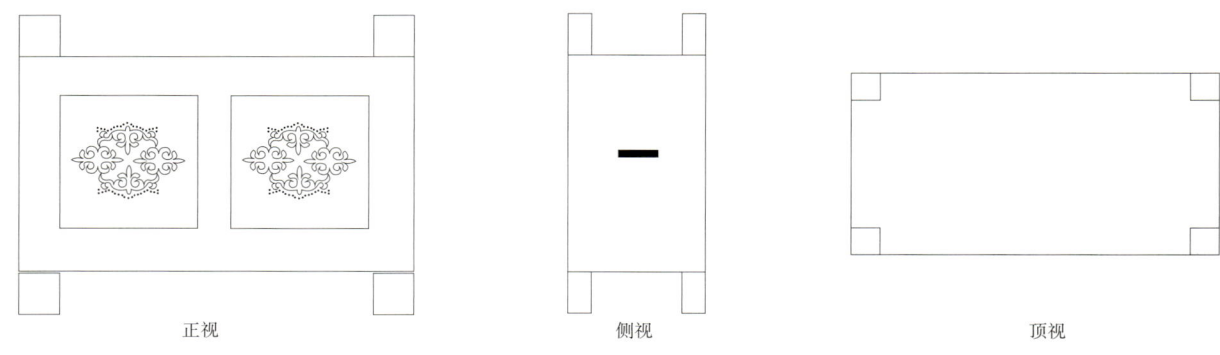

图三　乌孜别克族木箱三视图

正视　　　侧视　　　顶视

图四　乌孜别克族木箱结构名称图

图五　乌孜别克族木箱图案示意图

驮运

搬运

收纳

图六　乌孜别克族木箱使用情境图

第四章　乌孜别克族传统生活用具

乌孜别克族床帷

图一　乌孜别克族床帷主图

平房或两层房是乌孜别克族人的传统住房，住房多为长方形土木结构，房屋墙体主要由砖石或土块两种材料建成。使用土块砌筑的房屋墙体里外一般使用土加水并混合裁截成短节的麦秆和成的泥上墙抹平，待干后再使用石灰刷白即可。卧室通常设有土炕，炕上放置木板，铺上毯子或毛织的地毯以供平常坐卧，来客人时也可上炕盘腿而坐。因土炕砌筑时三面与墙体连接，与墙体连接的部分通常都悬挂床围，不仅能隔潮，坐卧时防止碰擦墙面造成墙皮脱落，床帷的装饰刺绣图案纹样又能起到室内装饰的作用及效果。

床帷是乌孜别克族土木结构住房卧室通常使用的生活用品，制作多选绒面布料，长度依据土炕的长度齐边，一般高度为80厘米左右，长度可达10米以上。上沿缝制有用于悬挂的布条扣，间隔距离大约为70厘米，下沿饰有白色线穗。床围内绣有装饰图案，主要以植物花卉为主，花朵、枝叶等都倾向于简化，线条也趋于随意自然。造型概括，花朵及枝杆的方向具有旋转动态，呈圆形状的花朵并有意避讳对细节的刻画与强调，体现纯朴与真挚的情感。色彩主要选用红、黄、兰、紫的搭配，色彩艳丽，对比强烈，白色线条的明度差异比较减缓了色彩的冷暖对比并使整体趋于协调统一。

床帷设计在功能上很好地解决了该区域室内空间使用过程中身体可能对墙面造成的碰撞与摩擦，同时也具有较好的防风隔潮作用。床帷是基于乌孜别克族的特定居住空间环境设计的产物，其材料选择、装饰表现手法、工艺等都体现出民族传统的工艺特点，在美化室内环境的同时，也借助于床帷上植物花卉装饰设计体现民族内在的精神及独特的审美情趣。

图片来源
图一、图七　陈述　摄影
图二至图四、图六　陈诗雅、赵欣一　制图
图五　赵欣一、陈诗雅　制图

图二　乌孜别克族床帷尺寸图（单位：cm）

以花卉为主题的纹样生动、活动

纹样中花卉不乏变化，使人感到生活中的一丝乐趣

利用连续重复的手法使植物纹样显得更有律动

图三　乌孜别克族床帷纹样解析图

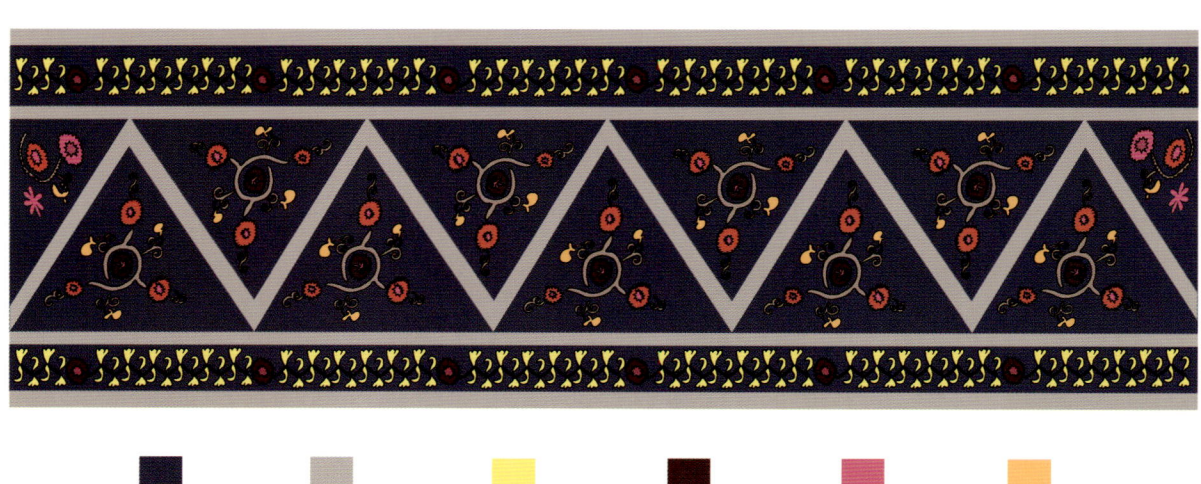

| 蓝色占50% | 灰色占15% | 柠檬黄色占10% | 深红色占10% | 玫红色占10% | 土黄色占5% |

图四 乌孜别克族床帷设色解析图

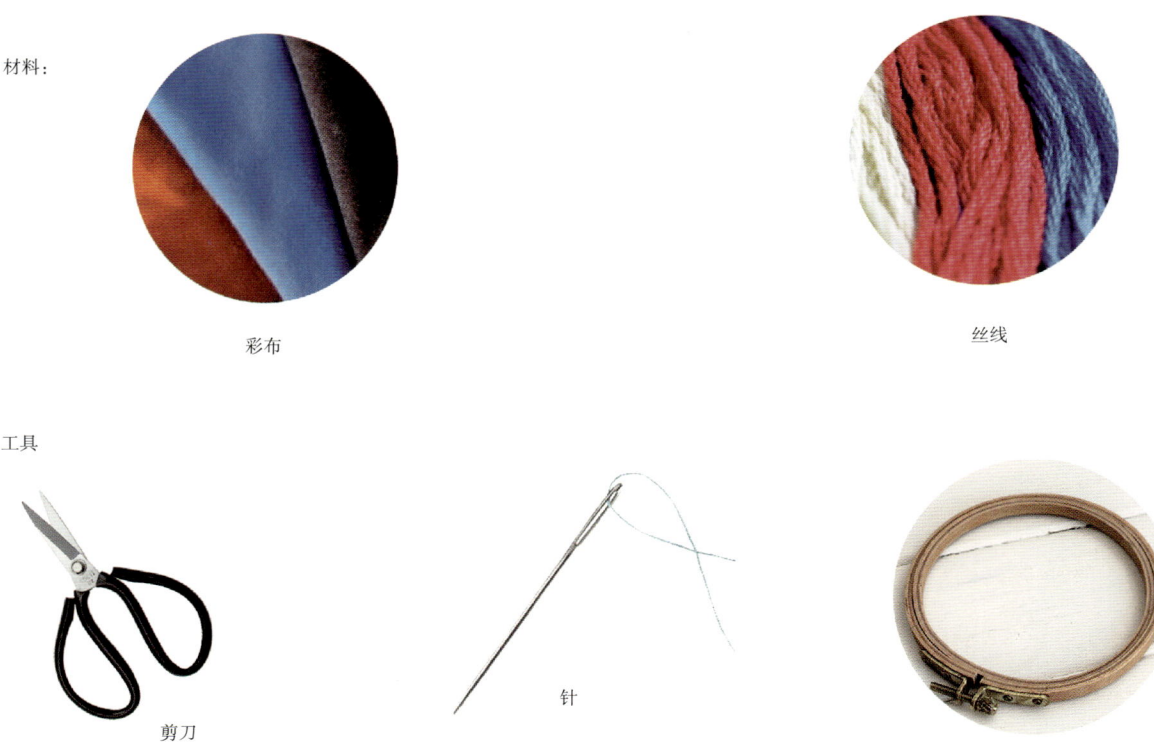

材料：彩布　丝线

工具：剪刀　针　绣绷

图五 乌孜别克族床帷制作工具材料名称图

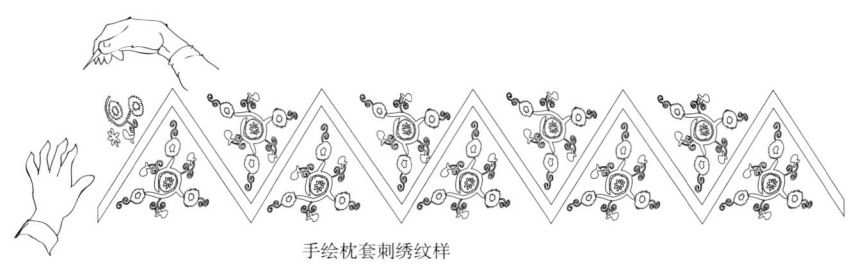

手绘枕套刺绣纹样

设计草图绘制完成

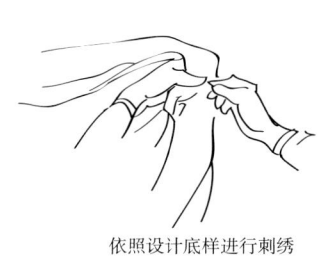

依照设计底样进行刺绣

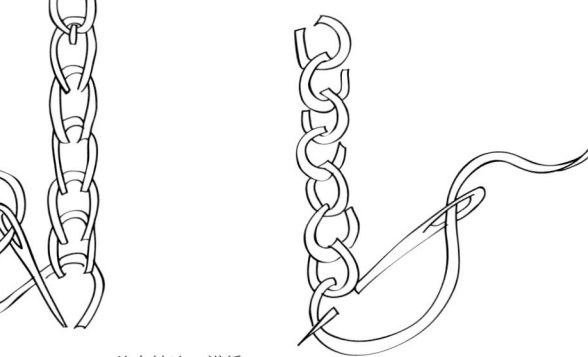

基本针法：辫绣

图六 乌孜别克族床帷工艺分析图

第四章 乌孜别克族传统生活用具

图七　乌孜别克族床帷使用情境图

乌孜别克族艾捷克

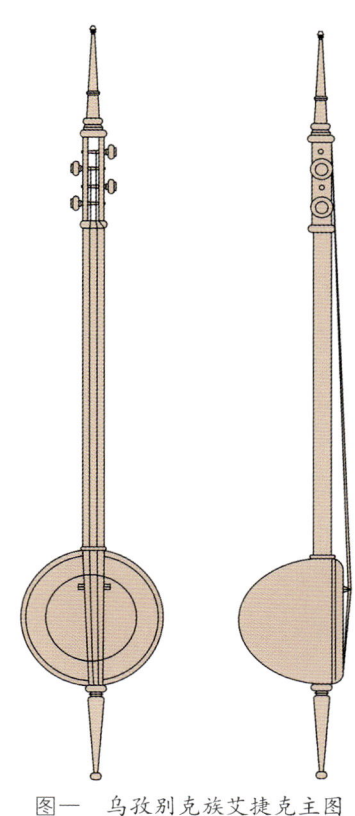

图一　乌孜别克族艾捷克主图

艾捷克，又称"哈尔扎克"，起源于古代的波斯，又名多朗艾捷克，是维吾尔族、乌孜别克族等民族的弓弦乐器，现盛行于南疆一带，主要用于演奏民间音乐和木卡姆曲调。

艾捷克外形独特别致，琴筒呈球形，琴的内侧用蟒皮蒙裹，使共鸣体形成两个半球形，在它的周围有发音孔，音域约三个八度，有1～3根主奏弦，在琴杆下两端设有5～10根共鸣弦，音色具有板面振动与皮面振动相结合的效果。演奏时，将底柱立于左腿之上或夹于两腿之间，左手持琴按弦，右手持弓拉奏，因演奏的手法吸收了提琴、二胡的指法和弓法，所以可奏出多种美妙好听的滑音、泛音、和弦和装饰音。艾捷克主要为传统手工制作，首先要做底部的球体形音箱，常用多达32块的核桃木板条进行拼接。虽然核桃木比较坚硬使手工制作具有一定的难度，但是这种木材易保证纯正的发音效果。接下来在正面松薄板蒙上由人工饲养处理的蟒蛇皮，制作琴头、琴杆、琴头为圆形柱状，琴杆为前平后圆、上窄下宽，绕上琴弦，正面镶红木按弦指板。最后制作音箱，使用大提琴弦演奏。

在少数民族民间艺人不断地创新和发展中，艾捷克形成了多种不同型式，以主奏弦来分类，主要有一弦、二弦和三弦的艾捷克。从地区来分，有多朗艾捷克和哈密艾捷克。除传统的艾捷克以外，还有改革的新型艾捷克和低音艾捷克。虽然品种繁多、形制有别，但都是乌孜别克族和维吾尔族民间乐队中最常用的乐器。

多朗艾捷克是多朗地区民间乐队中的主要拉弦乐器，全长100厘米左右，琴杆为圆柱形，用椰木制作，共鸣箱呈半球形，多用枣木等硬质木料制成，正面以羊皮等包裹，为了增大弹奏音量，演奏时将琴底尾立在左腿上或将共鸣箱放置于两腿中间，左手持琴按弦，右手执马尾弓拉奏主弦，因它的声音独特，常和卡龙、多朗热瓦甫和达卜等乐器一起合奏，也为《多朗木卡姆》及民间歌舞伴奏。

安集延艾捷克流行于乌孜别克族聚居区，主要应用于民间乐舞及演唱的伴奏当中。安集延艾捷克制作主材主要使用梨木、小叶桐及小叶杨木。琴首上端造型多样无固定的模式。琴下部设置有四弦轴。琴杆为圆柱状，贯穿琴箱整体与脚套。琴箱的造型整体呈橄榄核形，通常蒙马皮或驴皮，使用肠弦或丝弦、铜丝弦，持琴演奏与多郎艾捷克类似，声音响亮、明快。

乌孜别克族是能歌善舞的民族，乐器对他们而言，有时不仅是演奏娱乐性消遣，更重要的是通过这种形式的一种社会性交往活动，加强民族内部的相互往来沟通，也是一种社会性质的有效组织方式。

图片来源
图一至图五　陈述　制图

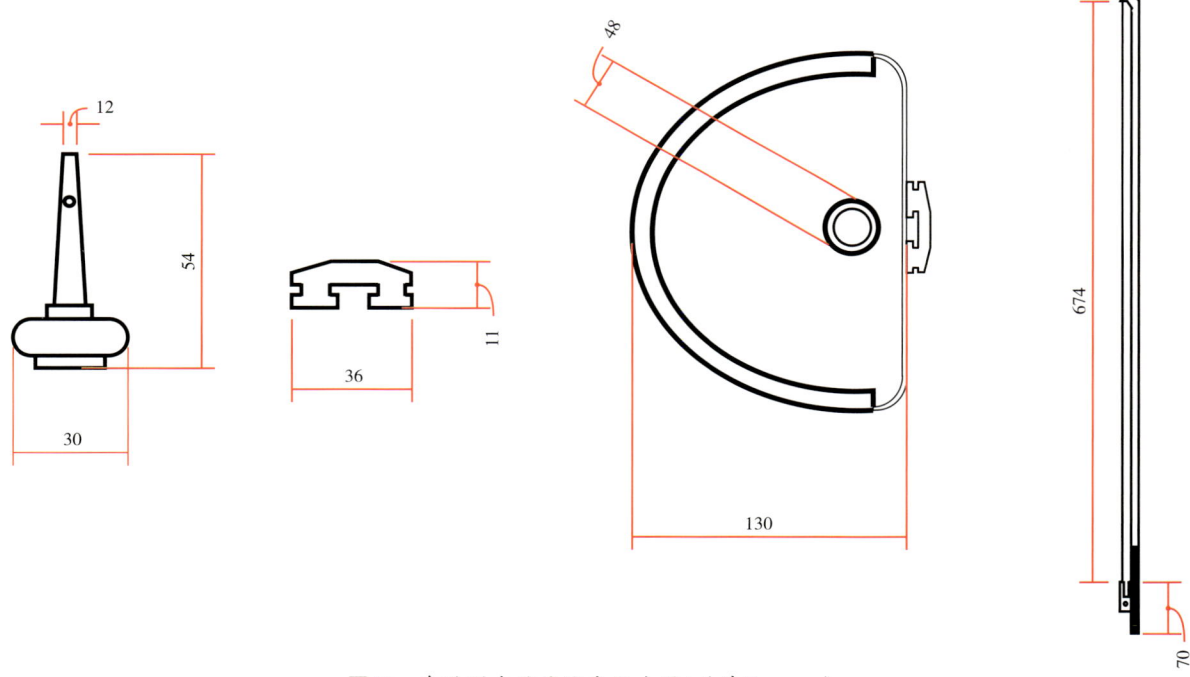

图二　乌孜别克族艾捷克尺寸图1（单位：cm）

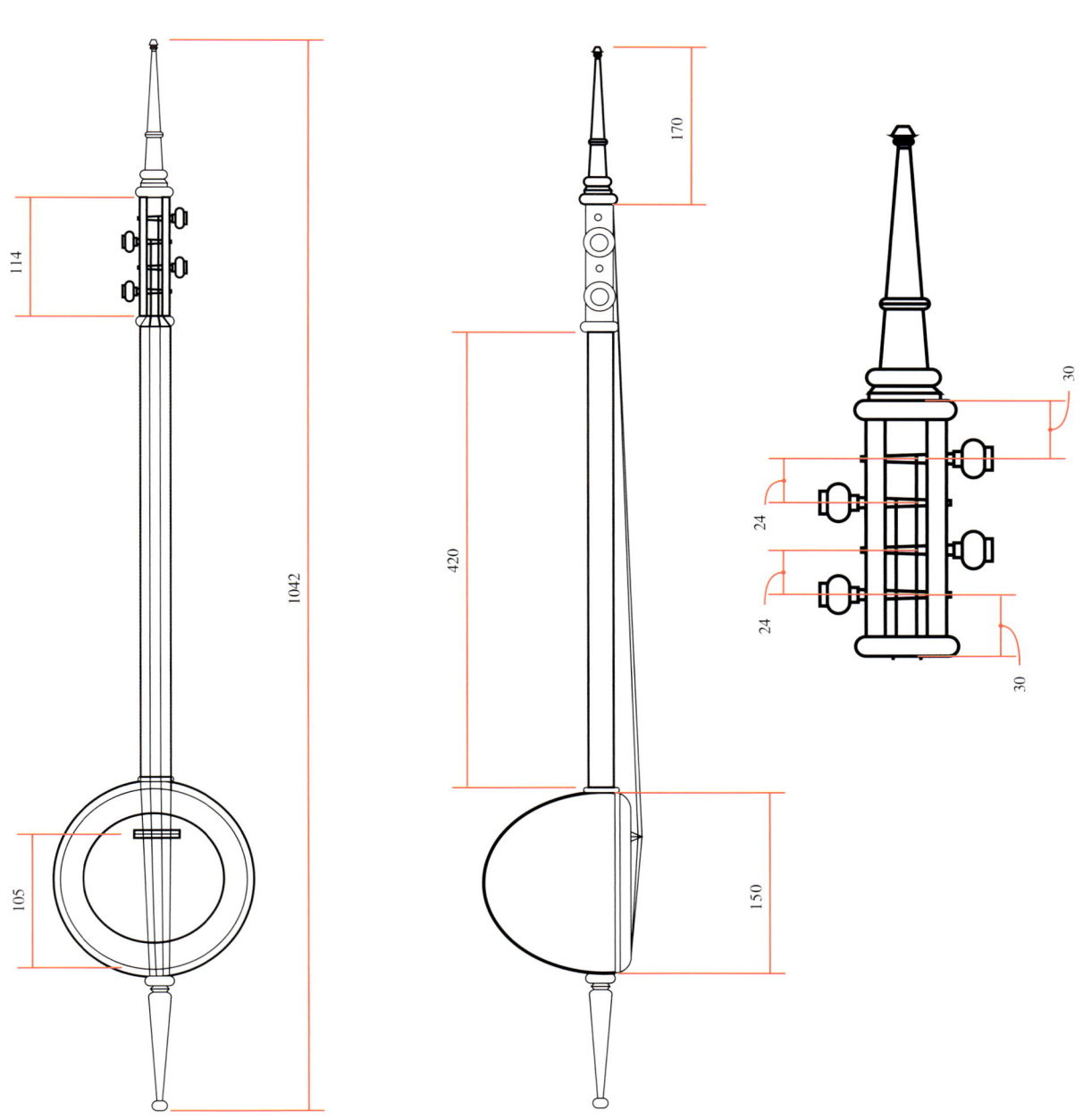

图三　乌孜别克族艾捷克尺寸图2（单位：cm）

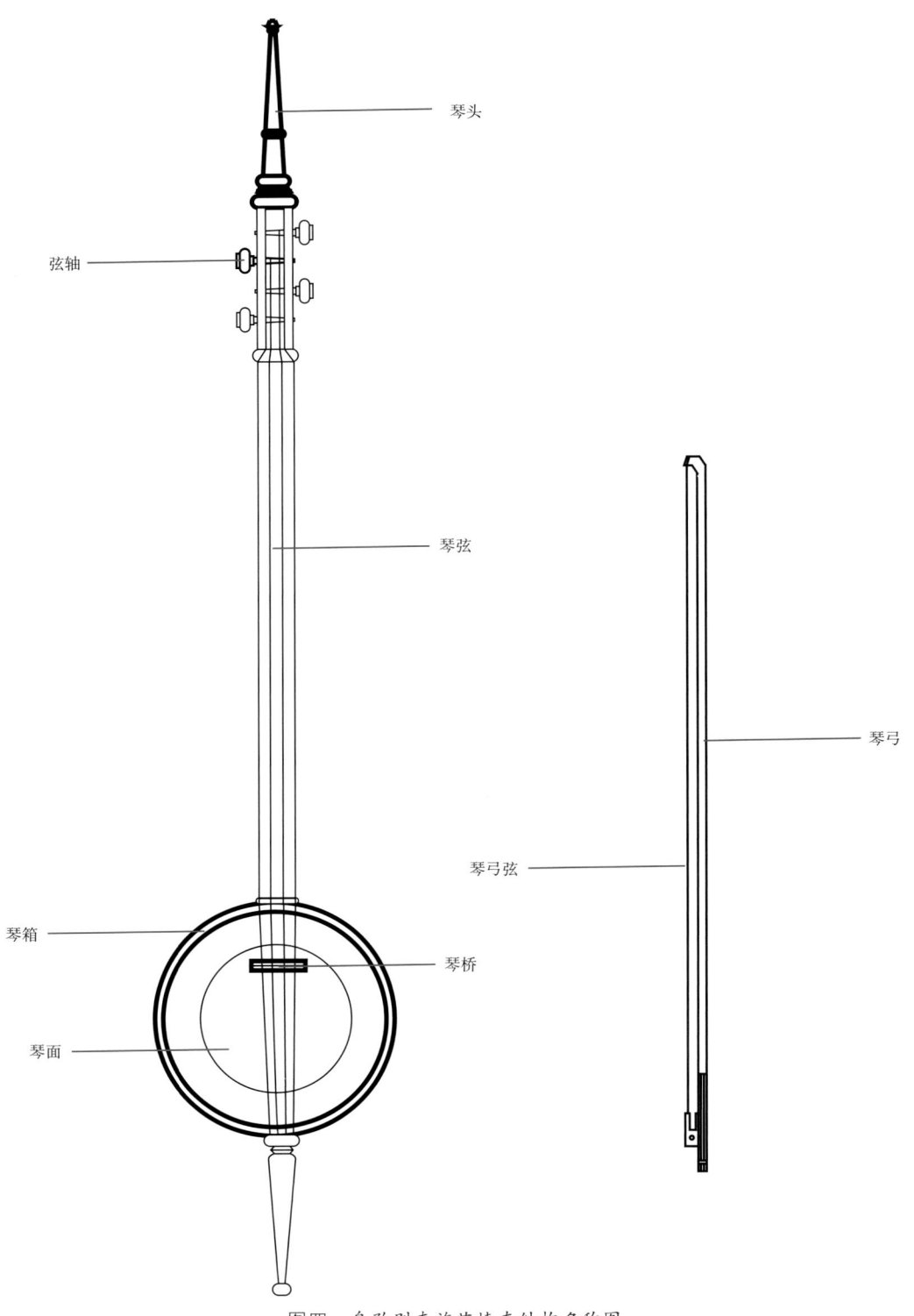

图四　乌孜别克族艾捷克结构名称图

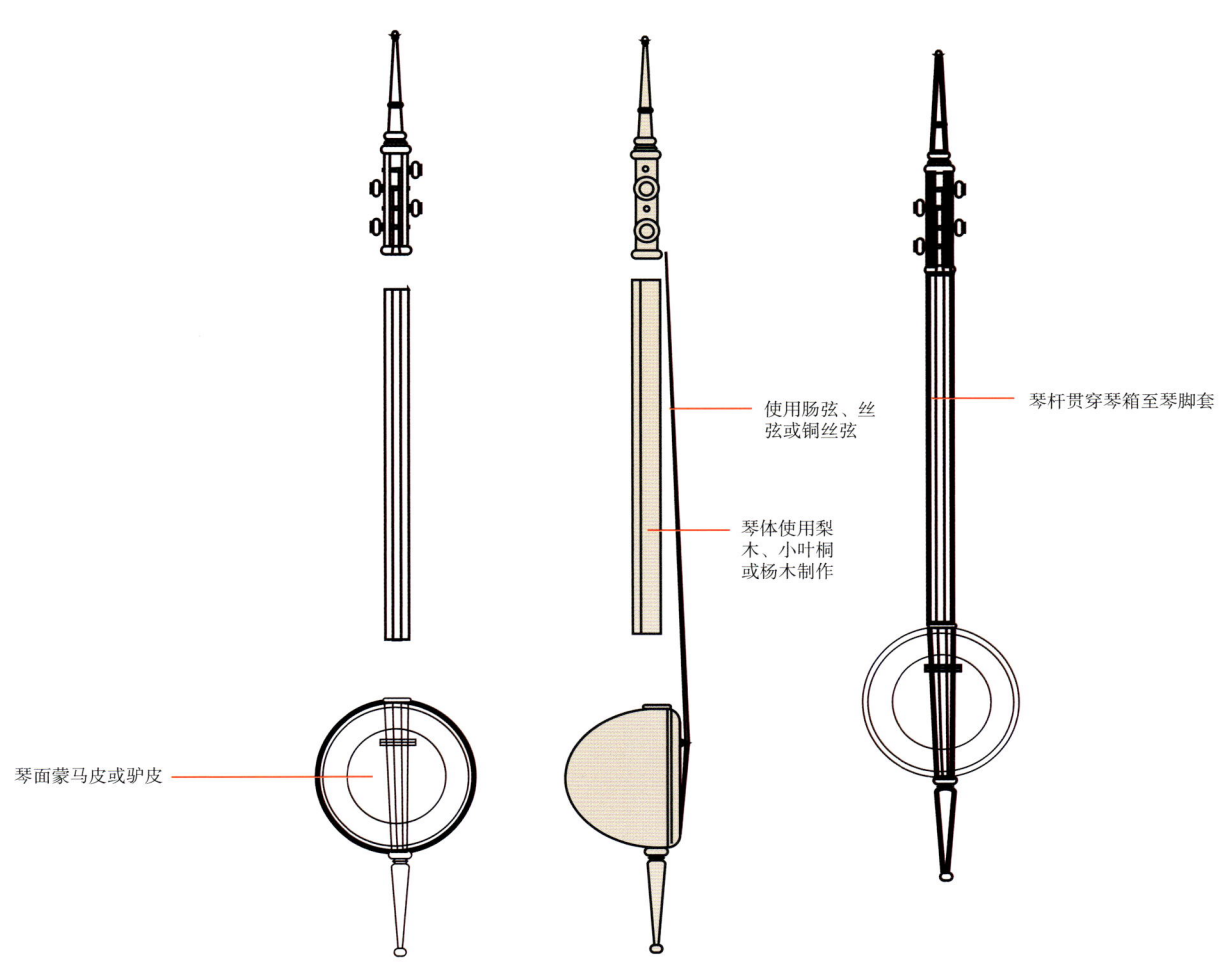

图五 乌孜别克族艾捷克材质解析图

乌孜别克族弹布尔

图一　乌孜别克族弹布尔主图

弹布尔也写作弹拨尔，是乌孜别克族弹弦乐器。弹布尔最早广泛应用于新疆南部地区，后流传在新疆北部和东部。弹布尔是民间古典音乐、民间歌曲、说唱、宗教讲唱的伴奏和独奏乐器之一，也被广泛应用于民族管弦乐中，流行于喀什、和田、库车、乌鲁木齐、伊犁和鄯善等地。

相传14世纪时期，民间已有演奏弹布尔的著名艺人。清朝时，弹布尔被列入宫廷回部乐。它最初流行于南疆，18世纪末传至北疆和东疆，深受天山南北广大乌孜别克族人民的喜爱。弹布尔外形像一个安置长柄的葫芦状水瓢。由共鸣箱、琴头、琴杆、弦轴、马子和琴弦组成。

弹布尔用桑木或松木整体制作，琴身修长，品相上好者，通体嵌以精细繁复黑白相间的角、T字形、骨纹饰。一般为素体无装饰。琴首与琴杆以骨质弦枕为界相连为一体。琴首设置弦轴有五根（左二根右三根）。琴杆设品，用丝弦捆扎而成。琴杆与琴箱整体相连，琴箱为半梨形，挖凿而成，上镶桑木面板。琴弦原用青铜丝弦，现均用钢丝弦。中国艺术研究院音乐研究所中国乐器博物馆收藏弹布尔多件。琴身长在114厘米～141厘米之间不等，箱面宽12.5厘米～14.4厘米，主要形制有以下三种。

古典弹布尔，今汉语多用音义合译为（老）弹拨尔或弹布尔。有品二十七，其中用老弦或用尼龙丝捆扎而成者十九，用骨条粘于面板上者有八。

短弹布尔，或称半琴。今汉语多用音义合译短弹布尔。短弹布尔因琴体短而易于携带，多为民间游吟艺人、苦行者采用。设品二十四，其中丝弦捆扎而成者十九，用骨条

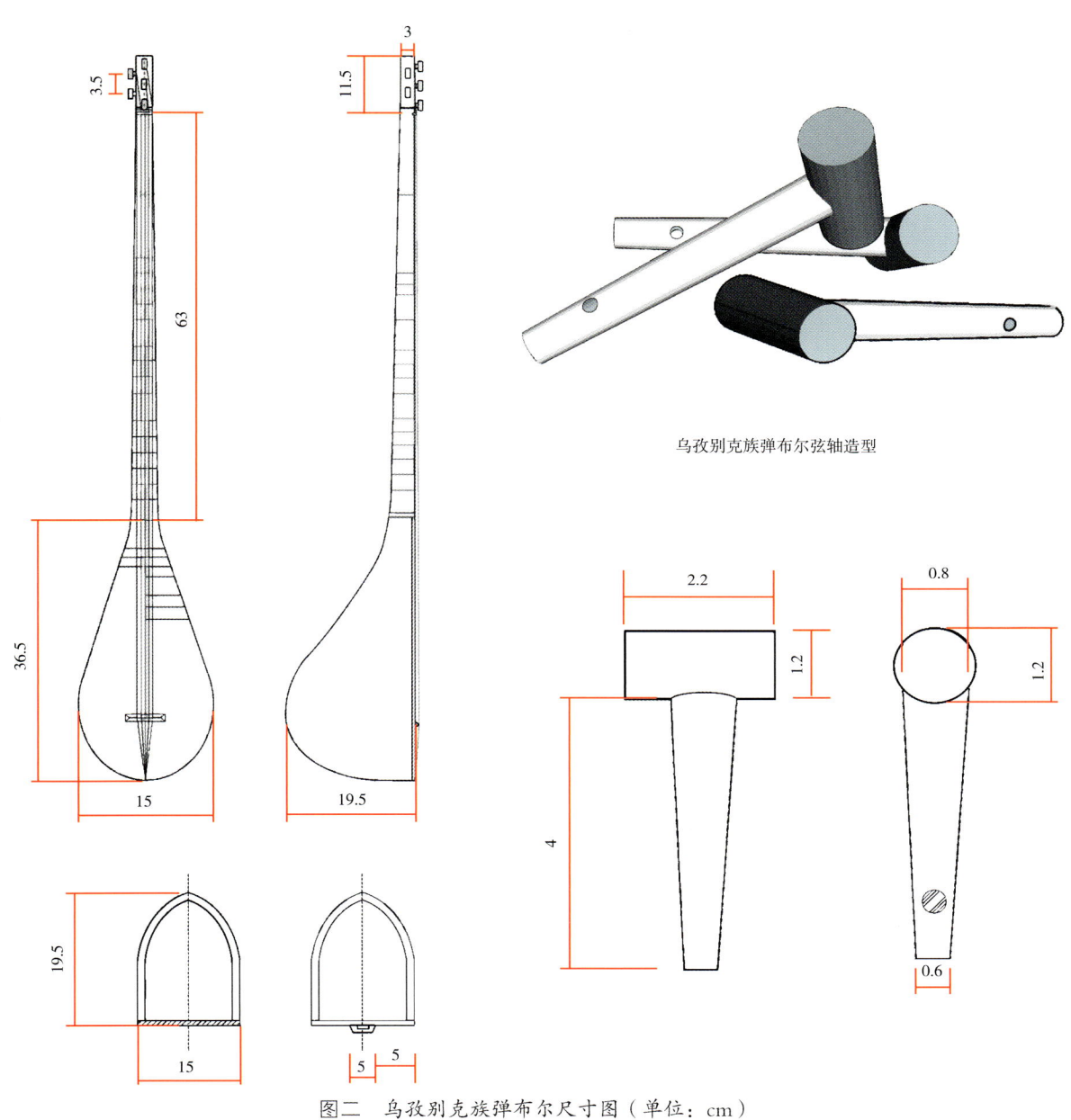

乌孜别克族弹布尔弦轴造型

图二　乌孜别克族弹布尔尺寸图（单位：cm）

粘于面板上者有五。

改良弹布尔也称新弹布尔。琴杆增设枣木或红木指板，有品三十二，其中镶嵌于指板上之铜制品二十一，粘于指面板上的骨制品十一。面板改用梧桐木，琴箱下边缘增加"托手"。音韵更为清朗。

弹布尔一般多为坐姿演奏，右腿放在左腿上，左手持琴斜立，琴头朝左上方，共鸣箱放于右腿近腹部处。右手腕部接触垫板，手掌接近琴马，击弦点在马子上方3厘米之间。

南疆弹布尔琴身全长130厘米，共鸣箱距腹腔，两壁厚约3厘米左右，腹底厚度约5厘米，面部蒙以桐木板，面板厚2～3厘米，上部开有2个水滴形小音孔，16个品位，使用牛角片弹奏流行于和田、喀什、库车一带。北疆弹布尔是由18世纪末南疆传入后并加以改良后而成的，与南疆有较大的差异。琴身、琴颈均比南疆弹布尔长，共鸣箱也要稍大，面板主要使用桑木制作，开有2个眉状音孔，定弦和弦的排列与南疆弹布尔相同。

弹布尔擅长演奏热情奔放、节奏鲜明的民间音乐，已有千年的传承历史。设计制作中，单从外形上看弹布尔的长度就有许多的不同，即使是同一个人制作的弹布尔也有大

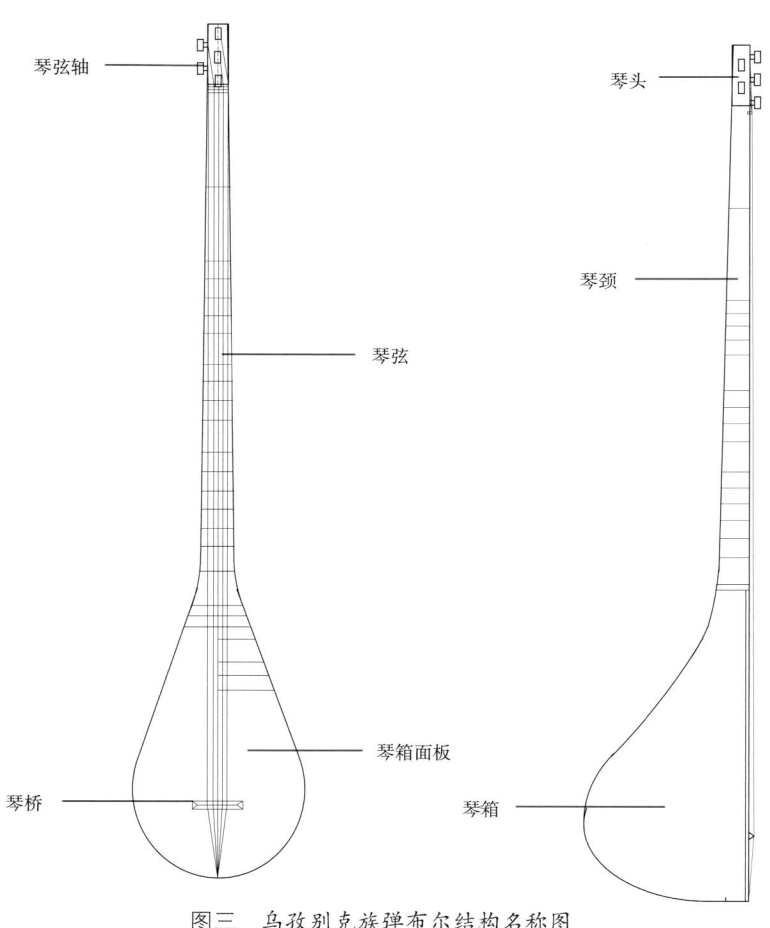

图三　乌孜别克族弹布尔结构名称图

有小，其中一个重要的原因是弹布尔都为手工制作，大多状况下制作者是依据获取的木材长度大小在不影响其正常使用功能的前提下设计弹布尔大小尺寸。作为弹布尔的设计与制作者，要求其对所设计对象的功能性、目的性及相应的结构材料特点具有灵活应变的能力，而这种灵活、随机性设计是建立在对客体对象目的、功能、要求综合性的认识、理解与把握基础上的，对今天的设计师也具有重要的启发。

图片来源
图一　陈述　摄影
图二至图五　陈述　制图

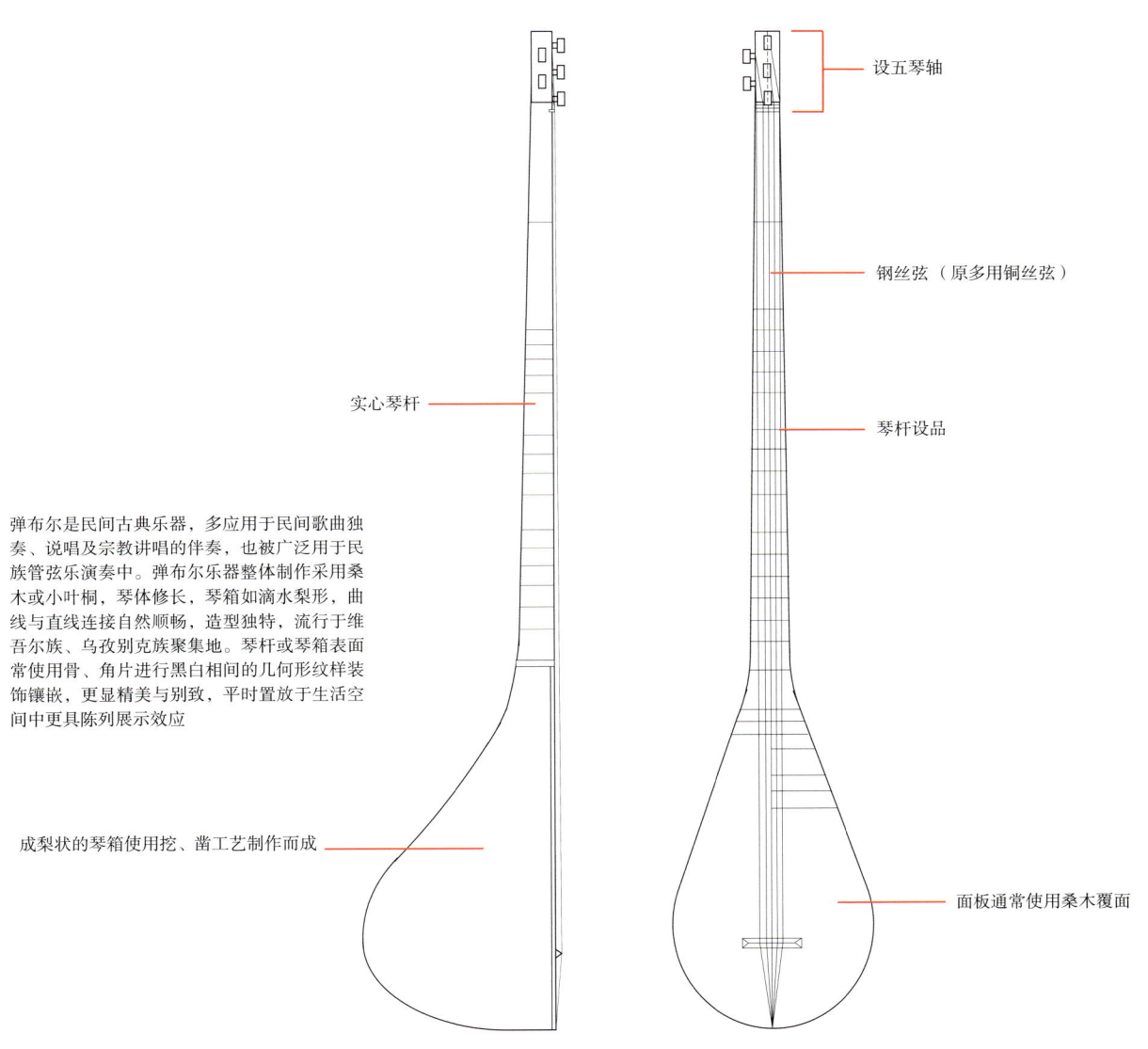

弹布尔是民间古典乐器，多应用于民间歌曲独奏、说唱及宗教讲唱的伴奏，也被广泛用于民族管弦乐演奏中。弹布尔乐器整体制作采用桑木或小叶桐，琴体修长，琴箱如滴水梨形，曲线与直线连接自然顺畅，造型独特，流行于维吾尔族、乌孜别克族聚集地。琴杆或琴箱表面常使用骨、角片进行黑白相间的几何形纹样装饰镶嵌，更显精美与别致，平时置放于生活空间中更具陈列展示效应

成梨状的琴箱使用挖、凿工艺制作而成

实心琴杆

设五琴轴

钢丝弦（原多用铜丝弦）

琴杆设品

面板通常使用桑木覆面

图四　乌孜别克族弹布尔材质解析图

图五　乌孜别克族弹布尔使用情境图

乌孜别克族萨他尔

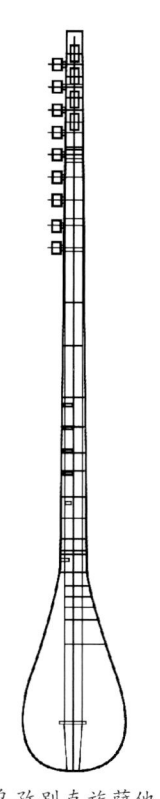

图一　乌孜别克族萨他尔主图

萨他尔又称"塞他尔",其形制虽与当代萨塔尔相近,但主奏弦为两根丝弦,属拨弹类乐器,而拉弦乐器萨塔尔和弹拨乐器弹布尔形制相近,之间极有可能存在某种演变的关系。波斯语"萨"为"三","他尔"是"弦",意思是3根弦的乐器。萨他尔的外形与弹拨尔相似,因音色明亮,常常用于独奏、合奏或作为演唱"十二木卡姆"的伴奏乐器。如今,萨他尔流传至全疆各地,成为乌孜别克族人民喜爱的拉弦乐器。

弹奏萨他尔的艺人大多席地盘腿而坐,将琴放置在左腿之上,左手持琴按弦,右手执马尾弓在弦外拉奏,由于指板较长,音位宽,左手常以食指、中指和无名指按弦,小拇指使用的较少,食指在演奏中起着举足轻重的作用,无论是级进还是跳进的旋律,演奏者都习惯用它按弦。在弹奏过程中,弓、指法的技巧既多又丰富,但最常用的弓法主要有连弓、分弓、长弓、短弓、顿弓、跳弓和碎弓,指法主要有揉音、擞音、打音和滑音等。

民间传统的萨他尔,形状、制作工艺和维吾尔族的弹弦乐器弹布尔非常相似,与长柄弹拨乐器萨塔尔的设计制作工艺流程一样，首先是选材用木大同小异，外观像一支长柄水瓢，通体用桑木制作，全长130厘米~148厘米，共鸣箱呈瓢形，在一整块桑木挖凿出腹腔后用桑木薄板蒙裹而成。面板的上部开了一个出音孔，琴杆较长，呈半圆形柱状体，上端是琴头，顶面没有任何装饰，在正面和左侧有9~17个T形弦钮，琴杆的正面是按弦指板，上面缠有18个丝弦品位，有9~17条金属弦，其中右侧第1条外弦是用铜弦做的主奏弦，其余均为钢丝共鸣弦，琴弓为木制弓杆，与小提琴的弓很相似。

改良后的萨他尔出现于20世纪70年代中期，不但可用于独奏、合奏或伴奏，它还可与高音萨他尔在乐队中合奏或伴奏，音色和谐、音响效果良好。萨塔尔用手工制作，设计制作是在遵循该乐器的基本原理基础上展开实施的，将音响技术与艺术很好地结合起来，外部造型与其弹拨类的器乐相近，通过合理的设计使该拉弦乐器萨他尔奏出独有的美妙乐声，是在具体设计实践探索活动中不断完善的结果，也是不同民族间设计文化交流、融合的结晶。

图片来源
图一至图五　仲晓芹　制图

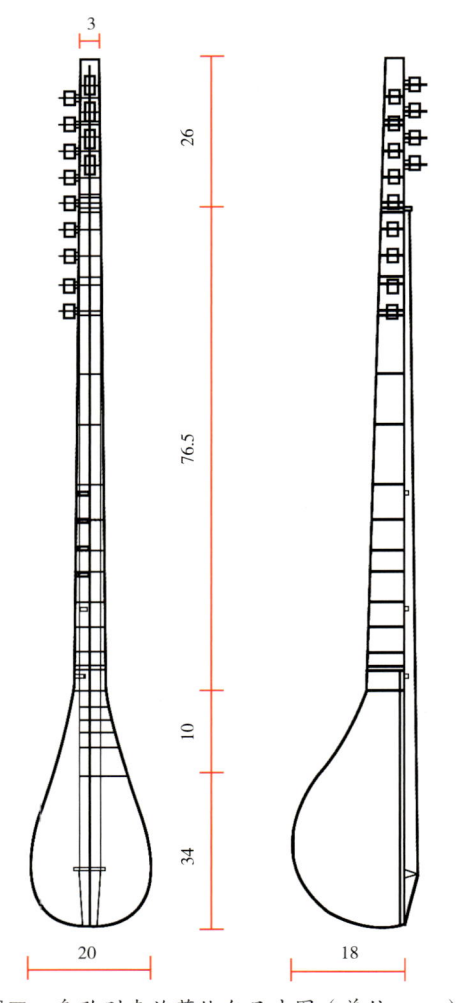

图二　乌孜别克族萨他尔尺寸图（单位：cm）

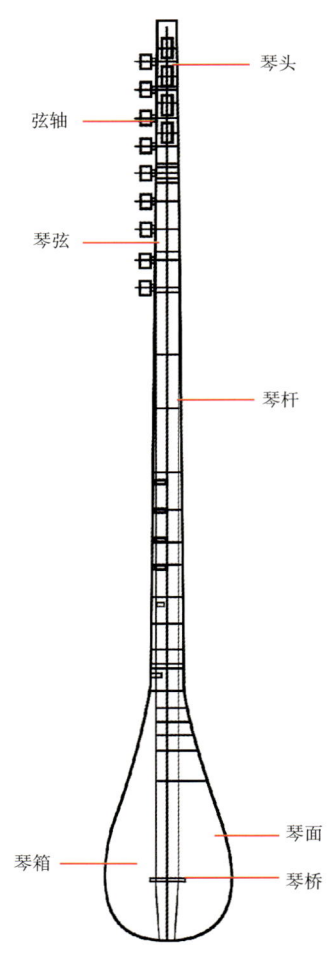

图三　乌孜别克族萨他尔结构名称图

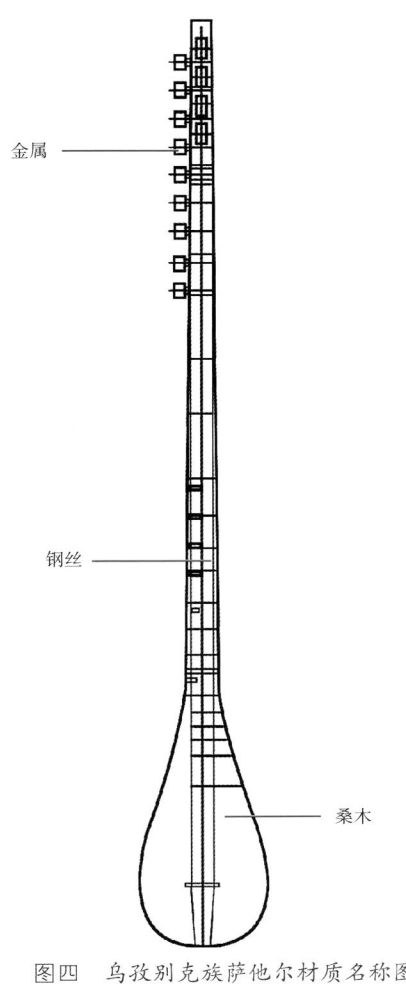

金属

钢丝

桑木

图四 乌孜别克族萨他尔材质名称图

微调弦枕细节图

萨他尔饰弦细节图

图五 乌孜别克族萨他尔细节示意图

第五章 乌孜别克族传统生产工具

乌孜别克族坎土曼

图一　乌孜别克族坎土曼主图

乌孜别克族人很早就已开始从事传统农业种植。中华人民共和国成立以来，乌孜别克族的经济文化类型呈现出以城镇经济为主，手工业、农业和牧业并存的综合性特征。经济领域的分布呈明显的地域性差异状态。居住在南疆喀什、莎车、和田、叶城及北疆伊犁等地的乌孜别克族人主要以农业、园艺业经营为主，主要种植棉花、瓜果、种桑养蚕、蔬菜等。使用古老的传统农具坎土曼翻地松土、挖沟修渠、兴修农田水利灌溉系统等来确保农业的收获。

坎土曼是指一种铁头并装置有长杆木柄的，用于挖土、翻地的劳动工具，是乌孜别克族的一种铁制农具。

坎土曼是乌孜别克族常使用的一种工具，主要由木柄和铁头两部分构成，木柄长100～120厘米，多选用杏树、梨树、桑树等木材。铁头长约30厘米，宽约25厘米。铁头呈盾形并带有弧度，使其在操作时既能"兜得住"土，也能使得上劲"砍"入土中，便于操作使用。绿洲农业生产活动中乌孜别克族农民需用它开荒挖地、松土除草、挖坑栽树、甚至是抛撒肥料等。坎土曼是一种挖、铲、砍、锄、装、卸等的多功能劳动工具，是乌孜别克族农业经济生产活动中使用最为普及的劳动工具。坎土曼不仅锋利，受力面积也大，远胜过铁锹和锄头的作用。使用坎土曼时将左手紧握住后把，右手握前把，随坎土曼地举起及落下能够顺势移动，节奏性强，效果好且省力。坎土曼可分为大、中、小三种规格，大号重约2公斤，中号约1.5公斤，小号约重1公斤。身强力壮的男子多用的是大号坎土曼，妇女多是用中号和小号坎土曼。有时依据挖掘得深浅要求及土质的状况等选择使用不同规格型号的坎土曼。坎土曼由铁匠手工锻打而成，并拿到集市上进行销售或贩卖。为树立品牌意识,有的铁匠会在其表面上刻上别致的花纹和图案,以示区别。

坎土曼是乌孜别克族农业经济活动过程中常用的劳动工具之一。其制作的材料基本源于生活环境的供给,结构合理,操作使用简单便利,不需经过专门的培训。常用磨石打磨刃口以保证顺畅的劳动使用,经济实惠。坎土曼除农业经济生产活动使用外,也可用于挖坑、取土、和泥等,也是乌孜别克族生活中较为常用的工具。不用时,将铁头朝下平立于地面,取用也很便利。

坎土曼的设计功能性及效果符合特殊环境条件下民族生产、生活的实际需要。便利的操作性及合理的结构组合,使其在生产活动中发挥着重要的作用。简易、合理的加工程序使其生产质量得到保证、科学合理的加工方法被广泛认可,利于传播及推广,成为家喻户晓的常用普通劳动工具之一。

图片来源
图一　陈述　摄影
图二、图三　王静　制图
图四至图六　陈诗雅、王静　制图

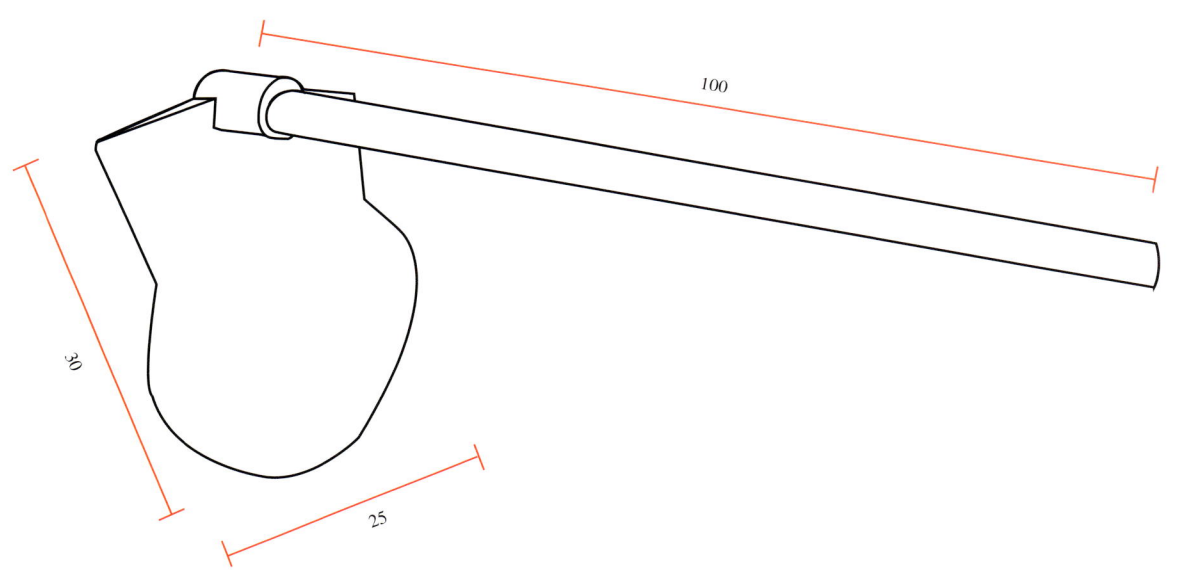

图二　乌孜别克族坎土曼尺寸图(单位:cm)

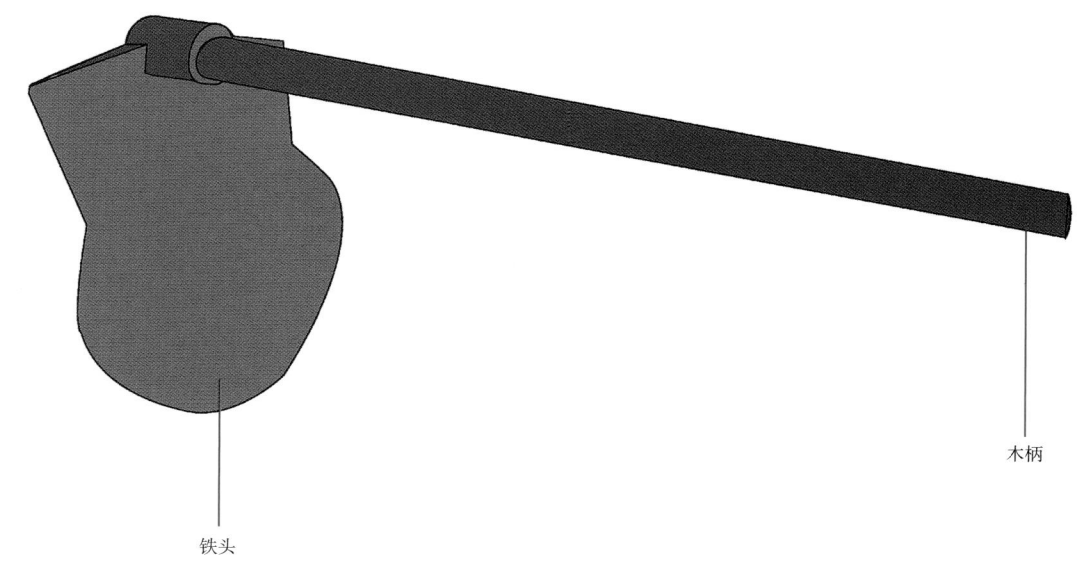

图三　乌孜别克族坎土曼结构名称图

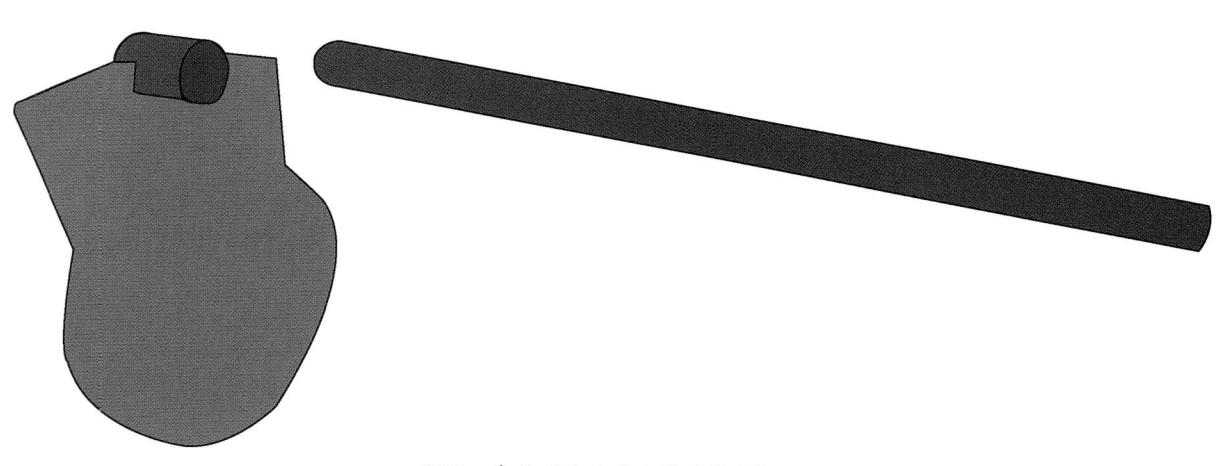

图四　乌孜别克族坎土曼结构分解图

图五　乌孜别克族坎土曼制作示意图

图六　乌孜别克族坎土曼使用情境图

乌孜别克族马鞍

图一 乌孜别克族马鞍主图

历史上，乌孜别克族杂居于新疆各地，与居住地民族保持着较为密切的关系。在长期的经济文化交流过程中，由于语言的便利条件，使乌孜别克人普遍讲维吾尔语、哈萨克语。生活在新疆木垒哈萨克自治县的乌孜别克族人长期与哈萨克族杂居在一起，现普遍使用哈萨克语，因特殊的自然环境条件，畜牧业经济成为传统的产业。而马在畜牧业经济中扮演重要的角色，马在乌孜别克族人的生活中被视为速度与力量的象征。骑马必备马鞍，马鞍是骑行的重要装备，在其设计制作上也体现民族性特色和骑手的个性化标识。

一般的马鞍制作大都由金属、木料和皮革组成。马鞍中间垫皮革或褥垫，传统的马鞍具都为木制，前舌用刀具镟成人字形，后舌椭圆形，大都选用桦木或榆木，并磨得很光滑，讲究的在前后舌上还要镶嵌银饰，工艺十分精巧，在前后舌上雕饰有各种纹样图案。马鞍的制作是先选用上好的木料，依据马鞍的形状用斧或砍砍子等工具砍挖出马鞍的大致形状，底部装有两块横向的木板用以夹住呈圆弧状的马背，多采用木榫结构链接，接触马背的板面装有一块带毛的牛皮或毛毡，以减少骑行中对马背的磨损。在木制马鞍表面装有镂刻或浅刻装饰图案的银片，并利用固定银片的铆钉位置形成点状的装饰设计效果，使点状图形在布局上具有节奏与韵律感，更显自然生动。

乌孜别克族的手工业史非常悠久，历

史上制革业、金属手工业都十分发达。以畜牧业为主的乌孜别克族长期在与哈萨克族的长期交往中，相似的生产生活方式及面对的相同自然环境使其在许多方面都有一致性的体现。马鞍的设计对于游牧民族来说其功能上就具有许多的一致性，马鞍的造型及结构在设计上部须符合马匹这一特定的物种生理结构形态，除此以外装饰设计上也呈现出与所相邻的其他民族间的相互借鉴、吸收的特点。是因在同一环境中生产、生活方式过程中造物设计活动的结果。

图片来源
图一　陈述　摄影
图二　赵欣一　制图
图三至图五、图七、图八　陈诗雅　制图
图六　陈述　陈诗雅　制图

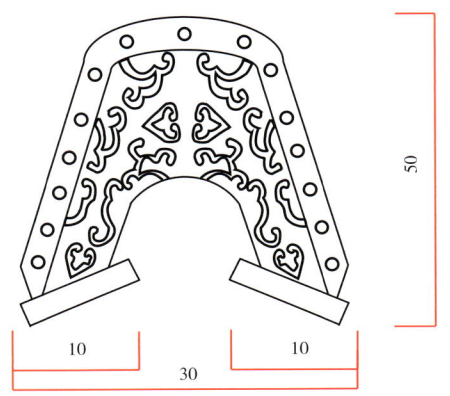
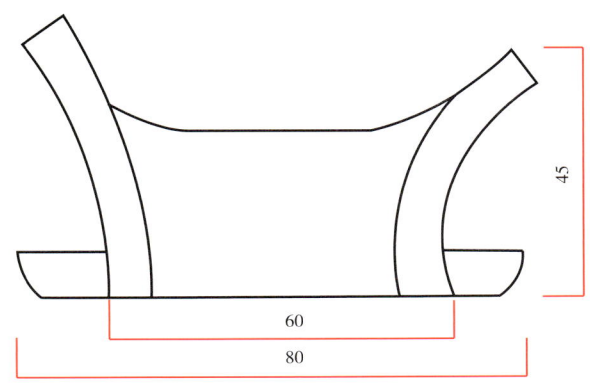

图二　乌孜别克族马鞍尺寸图（单位：cm）

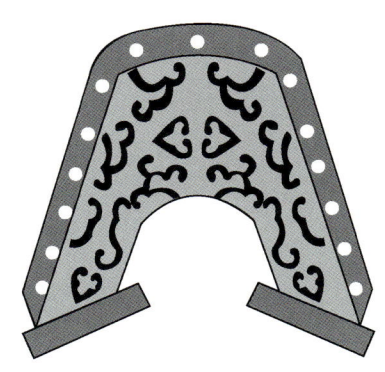

马鞍用木料制成，银皮包裹

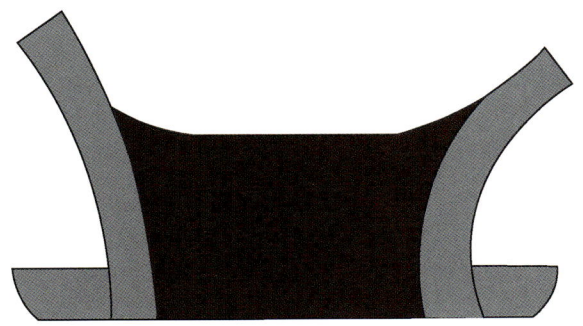

马鞍坐垫裱上一块毛毡或羊皮，以减少对马背的磨损

图三　乌孜别克族马鞍结构解析图

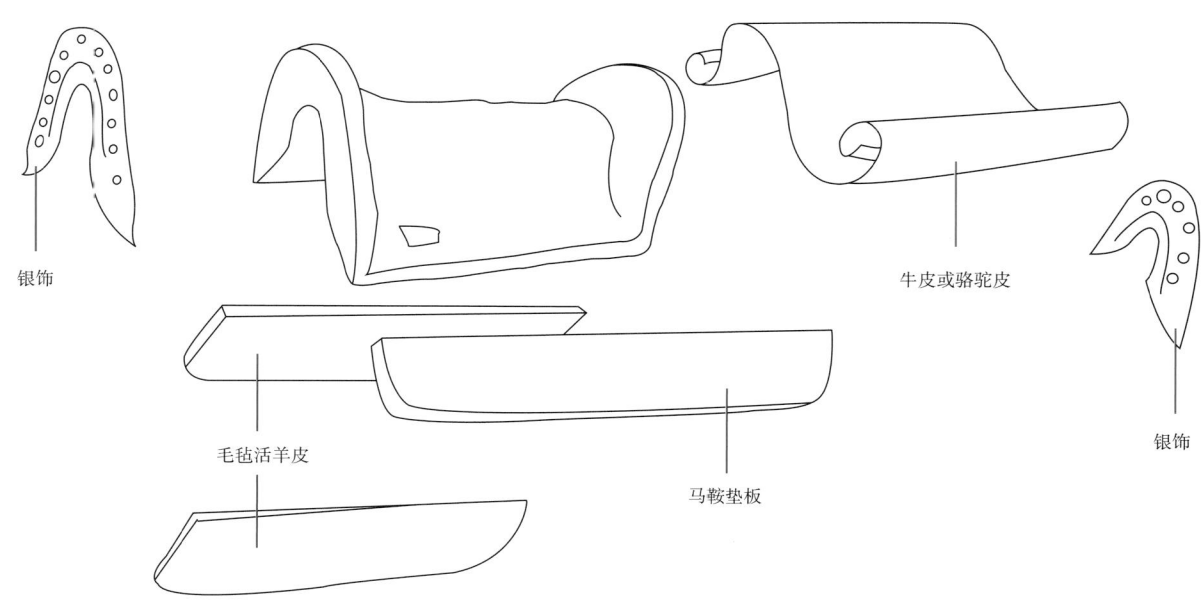

图四　乌孜别克族马鞍结构分解图

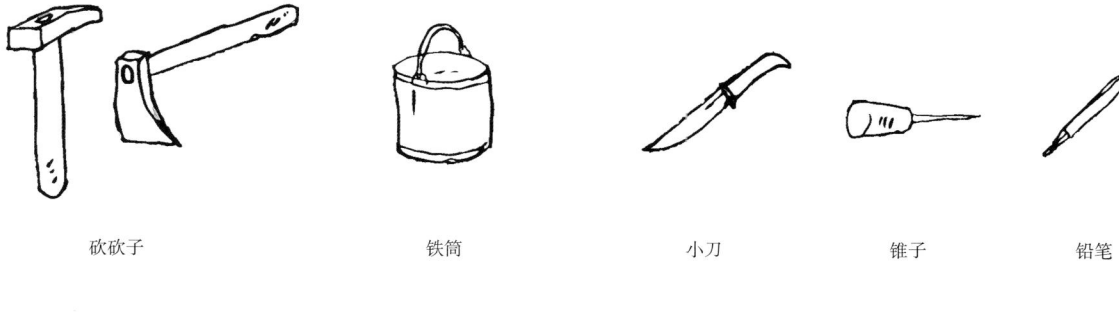

砍砍子　　　铁筒　　　小刀　　　锥子　　　铅笔

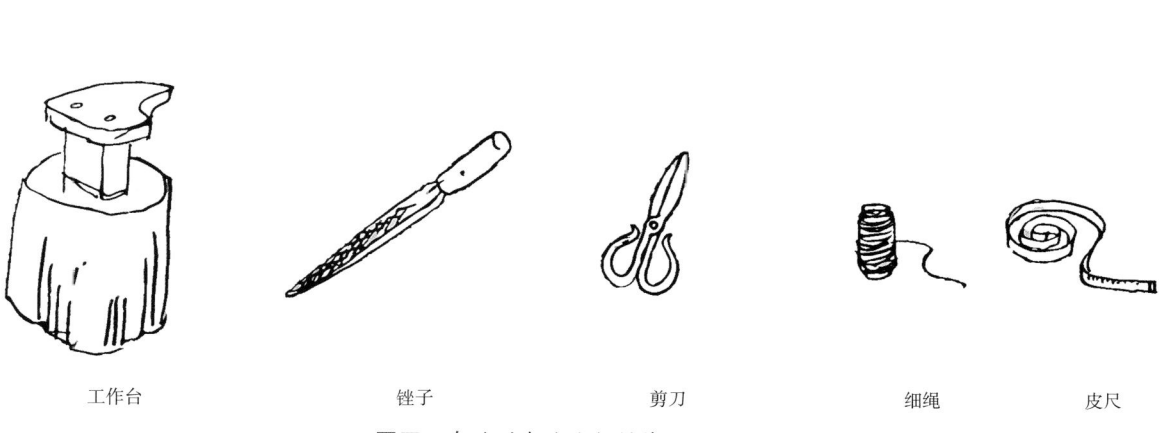

工作台　　　锉子　　　剪刀　　　细绳　　　皮尺

图五　乌孜别克族马鞍制作工具名称图

用骆驼皮或牛皮包裹　　　　镶嵌银饰　　　　银饰

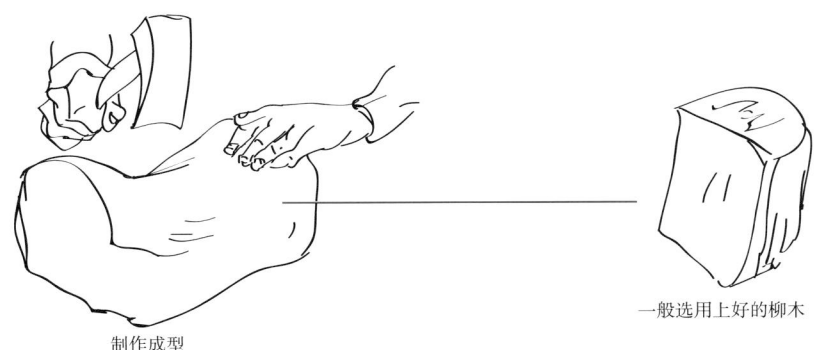

制作成型　　　　一般选用上好的柳木

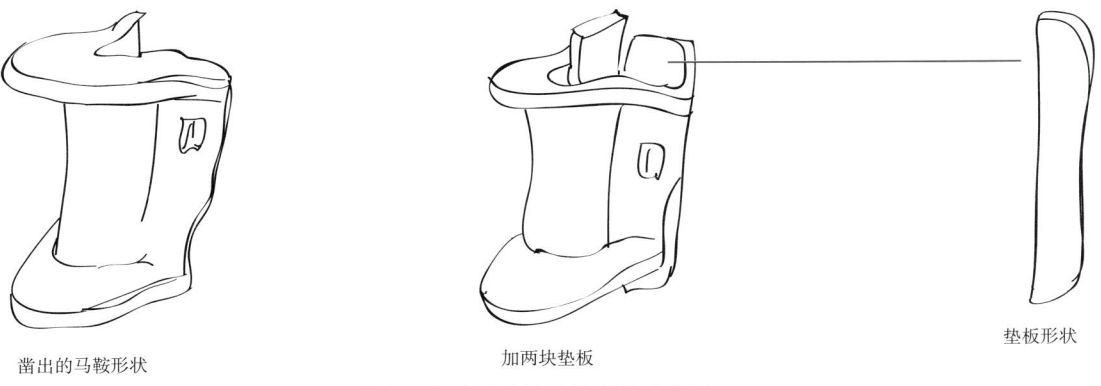

凿出的马鞍形状　　　加两块垫板　　　垫板形状

图六　乌孜别克族马鞍制作流程图

制作银饰装饰配件

铆嵌　　图七　乌孜别克族马鞍工艺分析图

图八 乌孜别克族马鞍使用情境图

第五章 乌孜别克族传统生产工具

乌孜别克族砍砍子

图一　乌孜别克族砍砍子主图

乌孜别克族与其他民族杂居，一道参与居住地区经济生产活动，居住地也呈现较明显的地域性分布差异。生活在南疆喀什、莎车、和田、叶城及阿克苏等地的乌孜别克族人主要从事农业、园艺业。而居住在天山以北伊犁、木垒、奇台等地的乌孜别克族与当地哈萨克族、柯尔克孜族一道从事以畜牧业为主的经济生产活动，与杂居地各民族之间形成了互通的生活状况。

乌孜别克族生活中的用具制作离不开对木材的使用，木材的加工更需安全、适宜的工具，用以提高对木材制作的劳动效率，如建筑屋顶的木料处理，生活日用器具木盆、木碗、木桶的制作及对木料的整理等，都离不开一件被称为"砍砍子"的工具。

砍砍子的外观造型类似汉族的镢头，但在使用上存在着明显的不同。砍砍子主要用于对木材的加工处理，用手握住砍砍子的木柄，可对木材进行掏、削、劈、砍、挖等工序，可显示出工匠精湛的手工技艺，砍砍子设计巧妙，重量轻，便携带，易上手，也是必备的家用工具之一。

砍砍子分为金属头部及木柄两部分，倾斜的片状头部与木柄形成角度，在使用时便于形成向下的砍挖力道。砍砍子为单手握木器加工制作用工具，可腾出左手扶持被砍挖的木材，通常木盆、木碗的制作需先选择好纹理一致的木料，避开结巴、木瘤，先使用砍砍子砍挖出大的形状，然后再做局部的削、挖，工序由粗到细，由整体到局部。

砍砍子是乌孜别克族生产生活中常使用的工具之一，是与其他民族共同长期进行社会经济生产活动实践的结果。工具造型概括、简练，结构设计遵循人体力学原理及对木料的加工特性，实践应用中具有普遍的认可度，符合区域社会经济生活的实际需要，也被视为经典的设计工具。

图片来源

图一　陈述　摄影

图二至图四　陈述、莫合德尔·亚森　制图

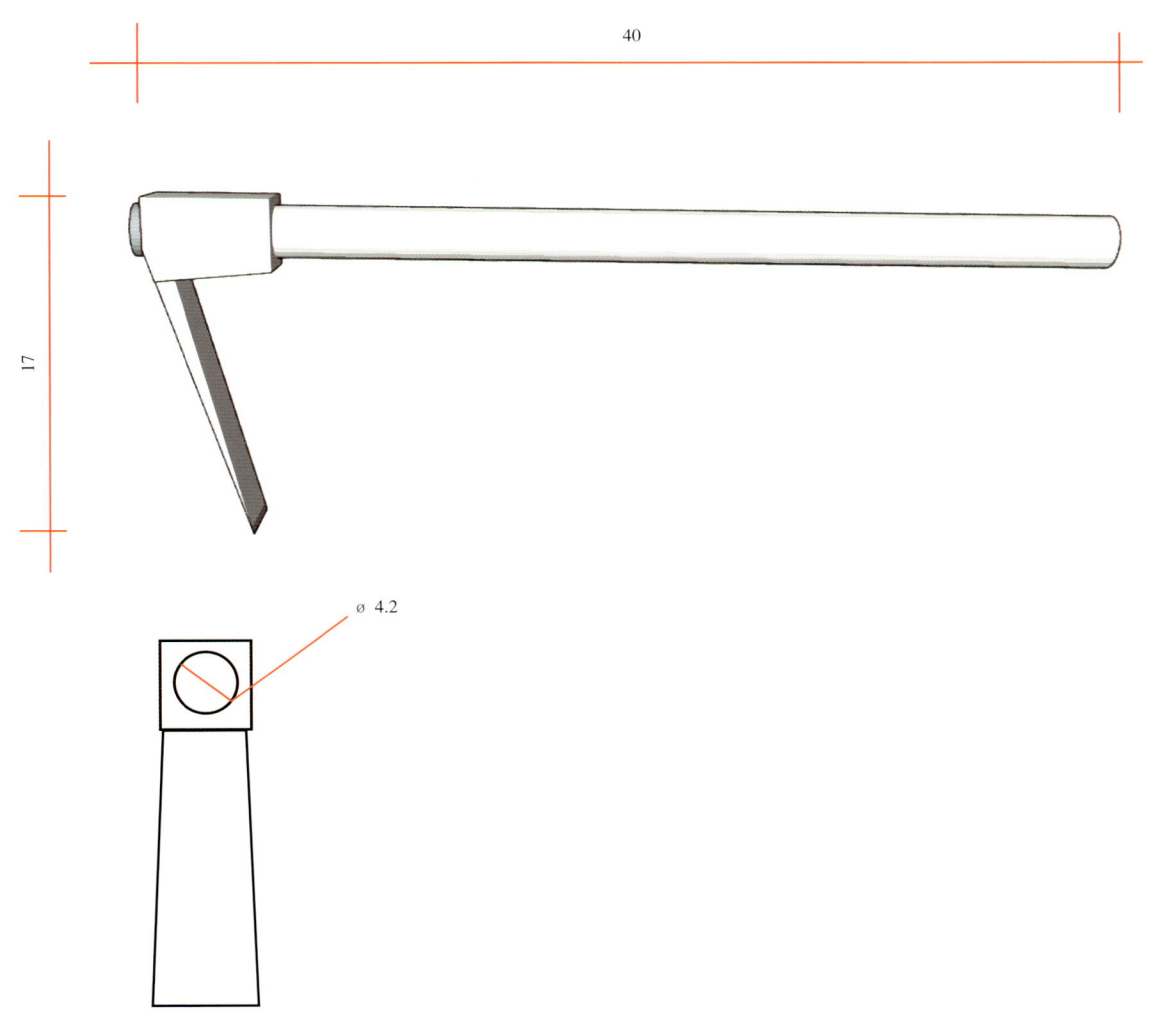

图二　乌孜别克族砍砍子尺寸图（单位：cm）

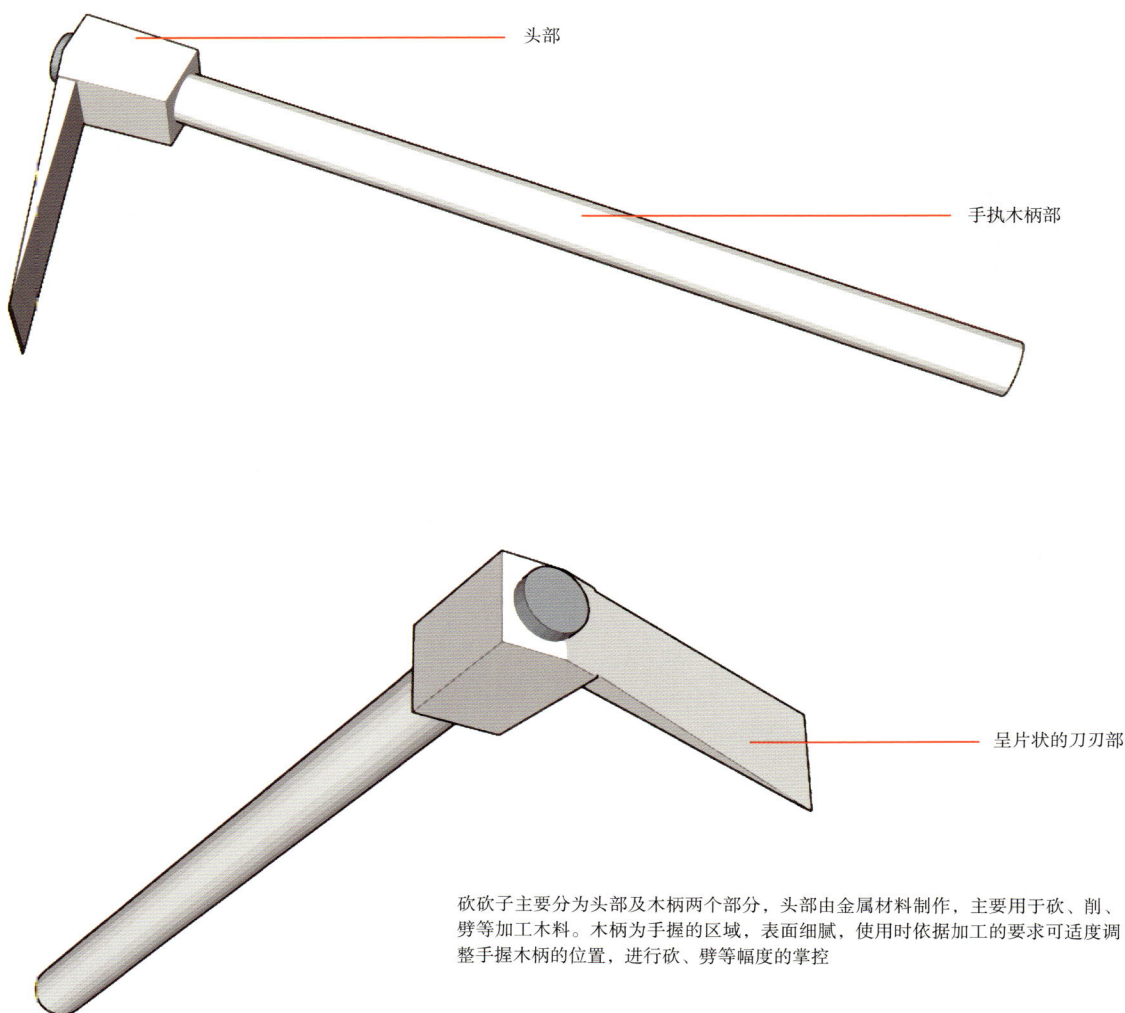

砍砍子主要分为头部及木柄两个部分，头部由金属材料制作，主要用于砍、削、劈等加工木料。木柄为手握的区域，表面细腻，使用时依据加工的要求可适度调整手握木柄的位置，进行砍、劈等幅度的掌控

图三　乌孜别克族砍砍子结构名称图

1. 依据"砍砍子"铸件尺寸大小，将金属加热为液体进行"砍砍子"部件的铸造

2. 将铸造好的"砍砍子"部件进行打磨修整

3. 选择上好的木料进行拆截及表面加工处理

4. 将制作好的手执木柄安装在铸造的"砍砍子"头部留有的空洞，钉入木梢紧固连接

图四　乌孜别克族砍砍子制作工序解析图

乌孜别克族铁锹、木锹

铁锹　　　　　木锹

图一　乌孜别克族铁锹、木锹主图

铁锹、木锹是乌孜别克族农业生产经常使用的工具。铁锹、木锹生产工具造型结构及原理类似其他相邻民族农耕活动中使用的工具，依据农业生产活动内容的不同，铁锹、木锹在使用上也有差别。铁锹主要用于挖取修缮农田田埂。目前主要用于秋收麦场扬场、装袋等。因木锹使用木质材料制作，具有一定的柔韧性。使用中能避免将麦粒表面的表皮划伤，轻巧的结构造型便于将麦粒轻巧地抛向空中，借风力来分离麦粒与麦壳杂质。木锹头部两端沿边稍微立起，便于使用中将麦粒抛向空中时不至于撒漏滑落。木锹成方头造型，通常使用整块木料掏挖制作。铁锹为尖头形状，铁锹头部上端肩部两边呈卷曲状，便于使用，使用脚踩踏形成向下的力。以提高挖掘的效率，主要用于挖渠、铲土、和泥等。

生活在大南沟的乌孜别克族以牧业为主，农业起步较晚，在农业技术及工具上善于学习、借鉴相邻的其他民族，并依据所处的自然环境条件进行农业生产活动。通过生产实践中积累的经验，为更好的适应农业生产实际需要，不断对农业生产所需的工具进行加工与改造，逐渐形成具有自身特点的工具设计制作特点

图片来源
图一　陈述　摄影
图二、图三　陈述、陈泽　制图
图四、图五　陈述、亢康　制图
图六、图七　陈述、莫合德尔·亚森　制图

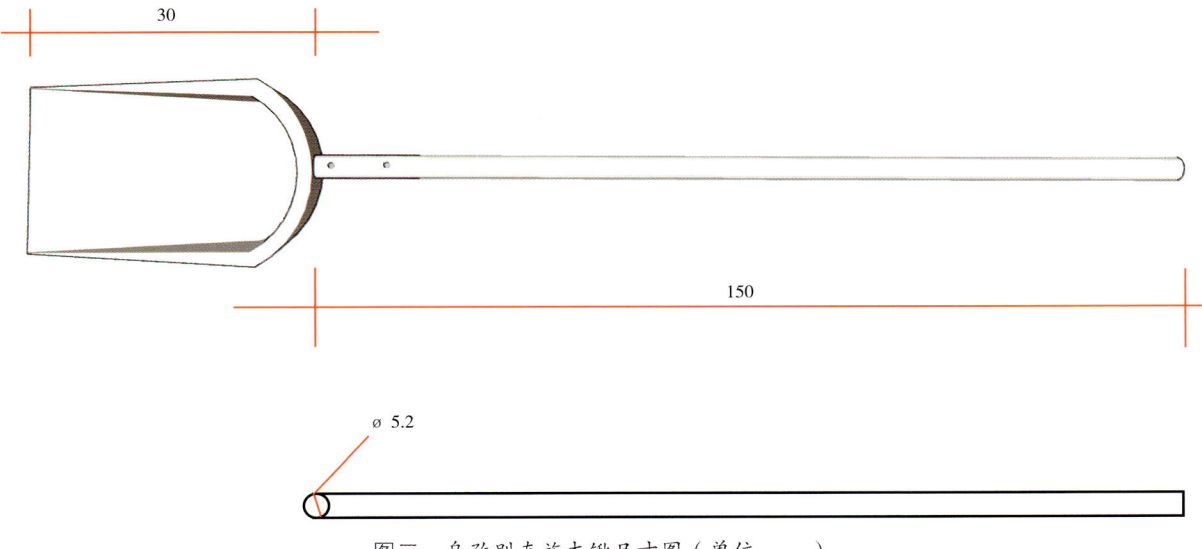

图二　乌孜别克族木锹尺寸图（单位：cm）

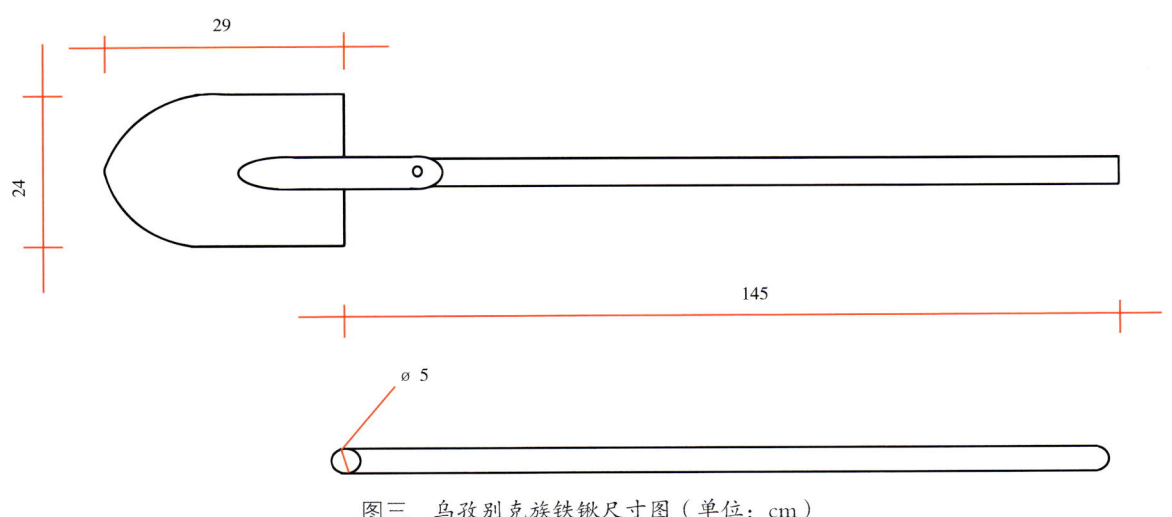

图三　乌孜别克族铁锹尺寸图（单位：cm）

  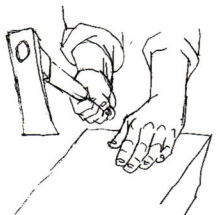 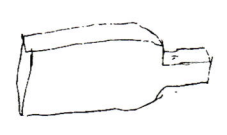 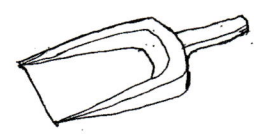

1. 选择一块无疤无瘤的方块形的木料

2. 根据木锹尺寸大小在选用的木料表面画出制作时参照的形状

3. 使用砍砍子工具开始制作

4. 砍、劈出大致外形后在其表面进行掏挖

5. 成型后对表面进行打磨修整，木锹头部制作完成

图四　乌孜别克族木锹制作工序解析图

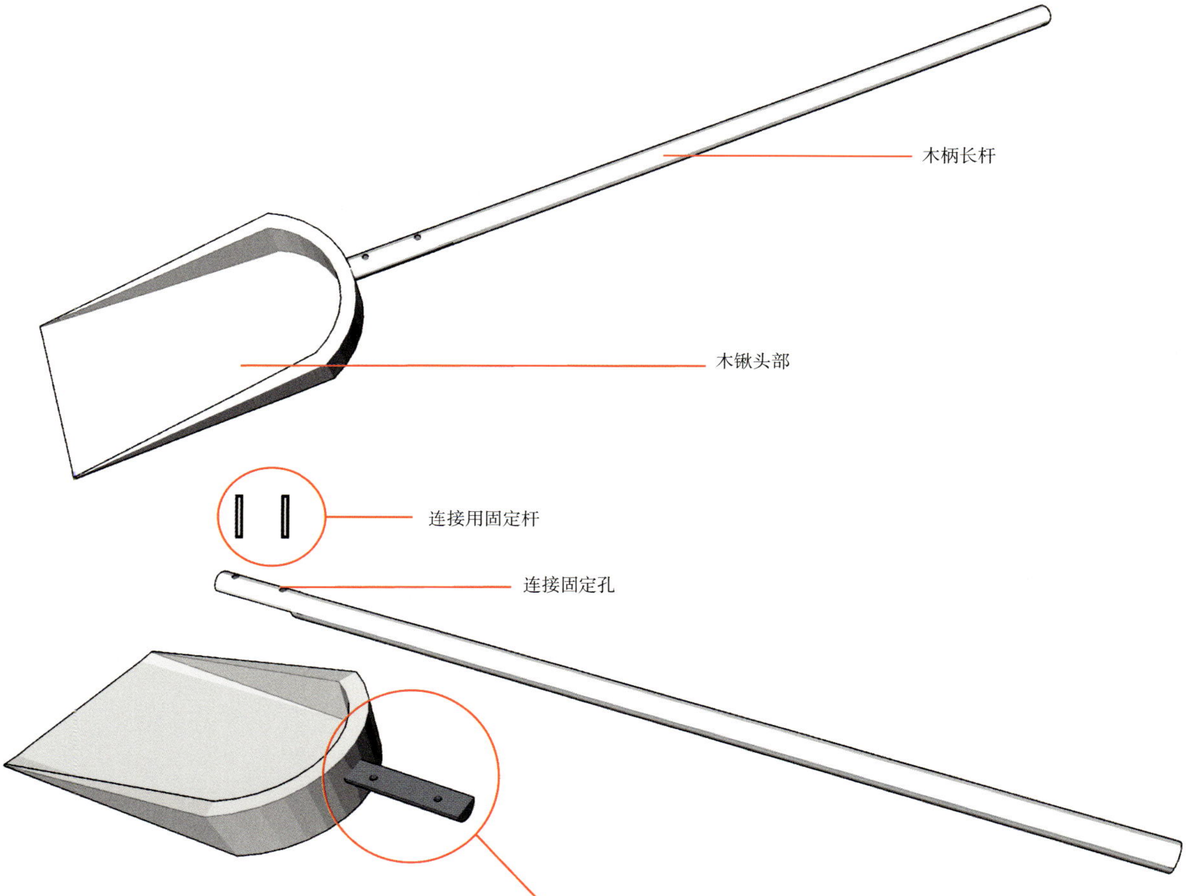

木柄长杆

木锹头部

连接用固定杆

连接固定孔

木柄头部与长杆采用木榫切入进行连接结构，通常木锹头尾部伸出的连接头较为厚实，用以增加其牢固性

图五　乌孜别克族木锹结构解析图

铁锹在使用上与木锹有明显的区别，铁锹主要用于挖土翻地，和泥、铲石子等，铁锹头部末端对称的"肩部"用来踩踏助力挖掘使用。铁锹工具是日常生产、生活中使用频率较高的工具，其结构功能满足乌别克族生产、生活实际需要，简易的操作及维修受到乌孜别克族人普遍接受与欢迎

图六　乌孜别克族铁锹操作示意图

2. 装袋

1. 扬场

木锹专用于麦场加工使用,木材质的柔韧性适于打场

图七　乌孜别克族木锹操作示意图

乌孜别克族甩镰

图一　乌孜别克族甩镰主图

大南沟乌孜别克乡，位于天山山脉南麓，群山错落起伏，气候变化复杂多样，畜牧业生产活动大多都游走于山川河谷地带所形成的片状草场，只能借助马匹放牧，畜牧业生产历来为该区域主要的经济模式。

畜牧业生产活动因季节变化转走于不同的山谷草场地带。进入秋季，需要用甩镰收割牧草，以备牲畜过冬所需的草料。而甩镰即是在山坡谷地中收割草牧用的专用器具，也是牧民必备的常用工具。

甩镰的使用方法是，在收割牧草时由右手紧握长木杆上突出的弯形木制手柄，左手握甩镰长杆另一头，转动身躯，将直立在地上的牧草割倒，动作像抛甩姿势，故称"甩镰"，因其形状比单手小镰刀大，也有的人称其为"大镰"。甩镰的使用需要具备一定的体力，也是一项消耗体力的劳动，大多由男子来承担。甩镰的刃部是有韧性的金属制作，使用一段时间后，造成钝的镰刀刃部会降低工作效率，需要采用敲打的方式使之锋利好用，每个牧民都需掌握磨镰刃的方法。敲打时需将一个类似铁钉状的钉置于地面，再将镰刀刃置于铁钉状顶部面上，使用小锤均匀敲打使镰刀刃口趋于锋利。甩镰长木杆多采用果木与柳木，木杆中间位置弯曲的握柄，在那弯曲的面上切出小口，便于内弯曲时预留让出的空间，采用加热的方法进行弯曲，弯曲后用绳索环绕并固定。

草料的储备对牧民来说是一件重要的大

事，其关系到牲畜是否能安全过冬，也是来年生活的指望。甩镰是将草料割到后进行晾晒，待晒干后收拢并运回进行储藏，是牧民每年生产活动必须做的事项。

甩镰的造型结构适于在复杂的地形环境中进行牧草的收割，其形制是在反复的实践应用过程中不断改进、完善的结果，由于尺寸较大，简易便利的拆装便于携带。采用敲打镰刀刃口的工艺模式很好的解决了钝的问题，使其成为经济实用、高效的生产工具设计案例。

图片来源
图一、图四　陈述　摄影
图二、图三、图五至图七　陈述　制图

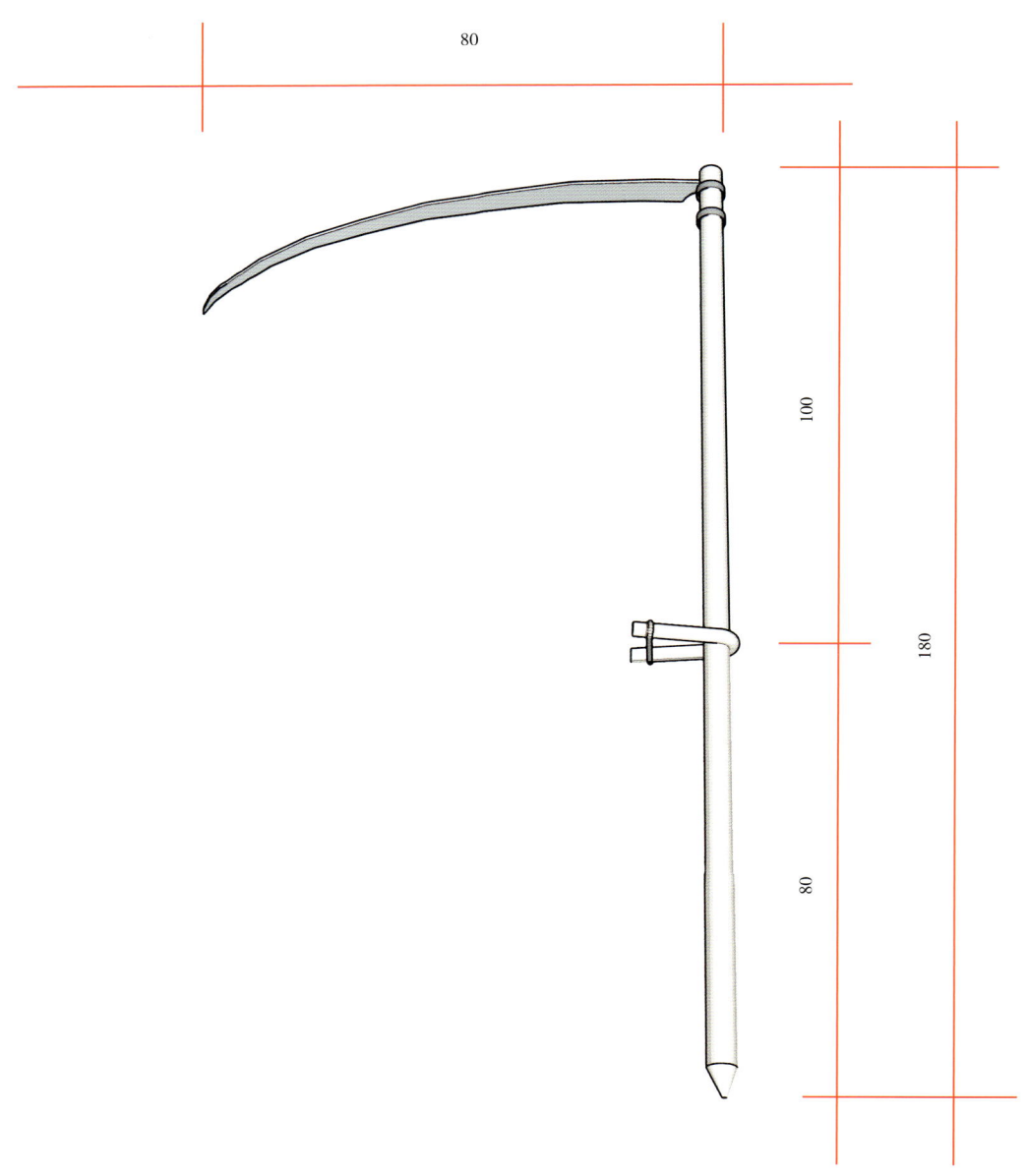

图二　乌孜别克族甩镰尺寸图（单位：cm）

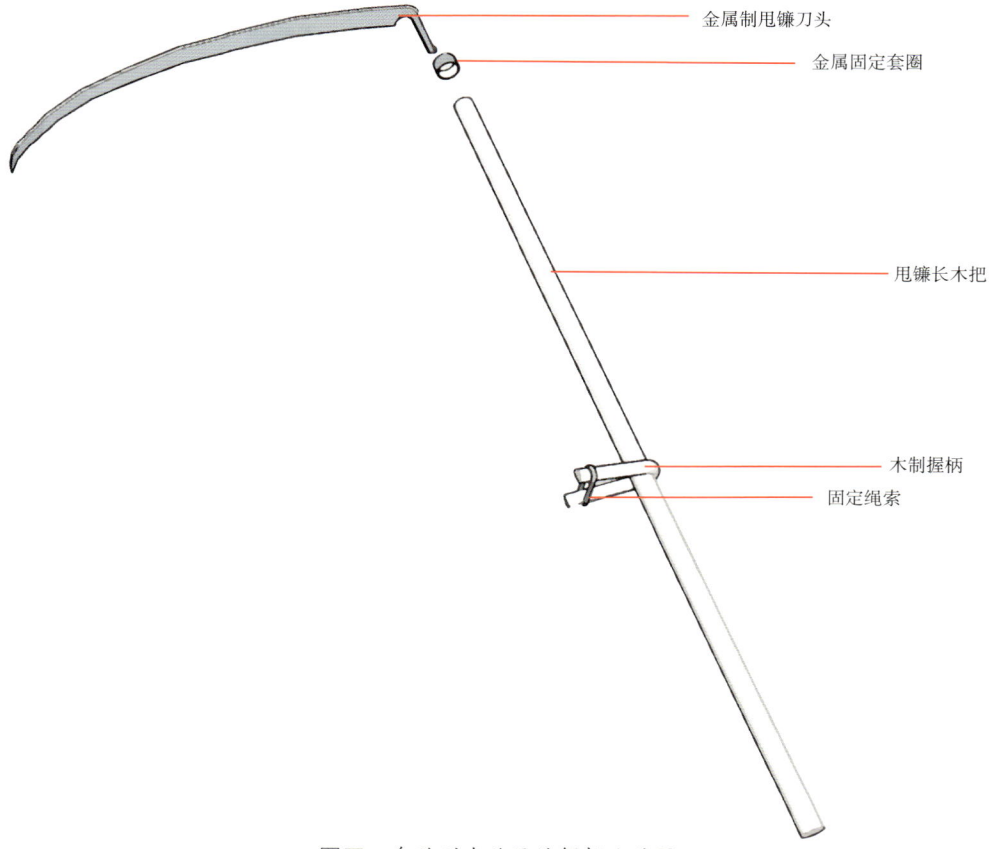

图三 乌孜别克族甩镰解析名称图

金属制甩镰刀头
金属固定套圈
甩镰长木把
木制握柄
固定绳索

图四 乌孜别克族甩镰手柄实物图

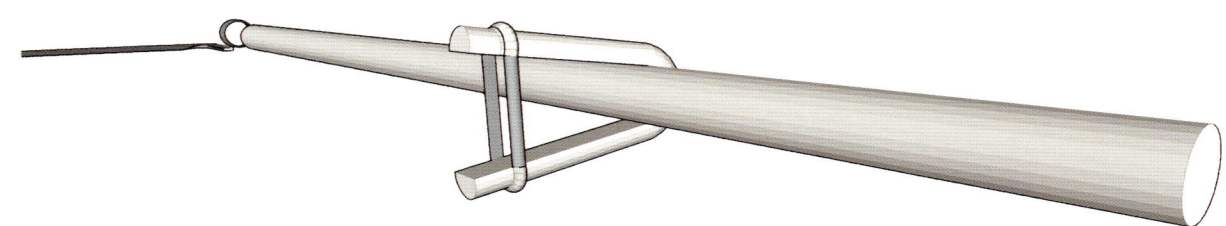

"甩镰"手柄主要用于收割牧草时右手紧握，便于控制平衡及方向

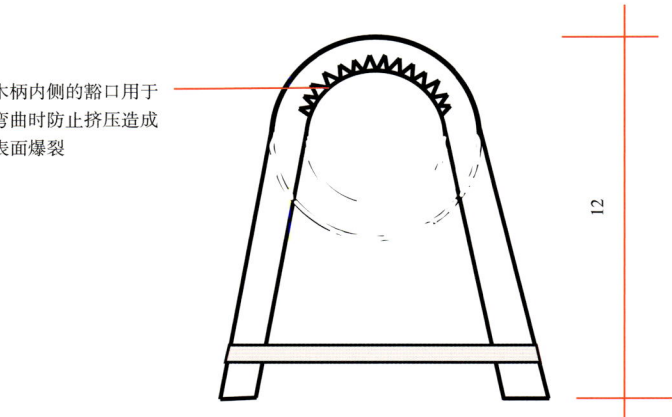

木柄内侧的豁口用于弯曲时防止挤压造成表面爆裂

图五 乌孜别克族甩镰木柄解析图（单位：cm）

1. 对所选择握柄木料的表面进行清理

2. 表面切割出豁口并进行加热处理

3. 乘热进行弯曲加工

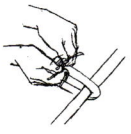

4. 弯曲定型后并使用绳索固定

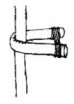

5. 晾晒使其形制固化

图六 乌孜别克族甩镰木柄制作工序解析图

甩镰操作时需要旋转腰部，类似镰刀在地面上划半圆弧形状，将地面上的牧草割倒

图七　乌孜别克族甩镰使用示意图

第六章 乌孜别克族传统手工艺

乌孜别克族艾德莱斯绸

图一　乌孜别克族艾德莱斯绸主图

古代陆路"丝绸之路"的开通进一步促使中、西方商贸的发展和文化的交流。乌孜别克人居住地正位于丝绸之路的要隘，在这种大的环境影响下使乌孜别克人很早就已萌发了商业的意识。在16世纪以后，希瓦和布哈拉汗国时基本形成了商业和小型手工业并存的经济社会类型。手工业是乌孜别克族经济的一项重要产业，主要集中在南疆片区商业重镇。过去乌孜别克的手工作坊主也往往身兼商人之角色。依据稳定的货源进行商贸活动，从而降低了因路途遥远及交通、气候等客观原因造成的断货或迟延，并逐步建立良好的商业信誉，其中艾德莱斯绸更负盛名。

"艾德莱斯"为"扎染"之意，是乌孜别克族手工经营纺织业的主要产品，受到国内外广泛的认可与欢迎。

乌孜别克族艾德莱斯绸的作坊主要分布在新疆南疆的和田、洛浦、喀什、莎车等地，其中在洛浦县吉亚乡生产的艾德莱斯绸具有代表性。传统的艾德莱斯绸生产，从土法缫丝到纺织，全凭手工操作。装饰图案的绘制是通过丝线的扎染，根据图案的构成规律，把经线需遮挡的地方用玉米皮扎紧后，放入矿物和植物的染料中浸泡着色，织时有一套成熟的工艺制作流程。

艾德莱斯绸是新疆最具特色的一个丝绸种类，独特的扎染技术及柔软轻盈的质地，以及具有意味的装饰图案，为乌孜别克族服饰文化的重要内容之一。艾德莱斯绸集编制、染织工艺为一体，工序较繁杂，做工求精细熟练，且劳动强度相对较大，全部由手工操作完成。所以各个工序上都有熟练的行家负责，以保证产品的质量。

乌孜别克族开办艾德莱斯绸的作坊是基于为解决商业贸易中因货源供应方面所带来的诸多问题。开办作坊需要对制绸的相关技术、原料以及加工程序管理等方面因素进行重新整合。通过有序的组织管理活动过程有效将社会这些有利因素充分利用起来，并实现其设计的目标，促进商业贸易的发展。除此之外艾德莱斯绸的加工生产一定程度满足了衣服制作对绸料量的需求。装饰性纹样设计与绸料的织作技术结合，使其互为结合成为一体，更趋自然、合理与美观。通过装饰色彩及纹样的设计变化进一步拓宽了使用者选择的空间，而使其更具乌孜别克族装饰设计创意的开拓与想象特点。

图片来源

图一、图六　陈述　摄影

图二至图五　王静　制图

 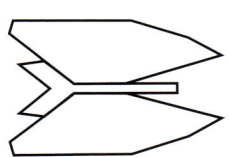 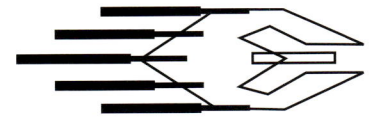

几何纹样更显活泼与律动

图二　乌孜别克族艾德莱斯绸造型示意图

图三　乌孜别克族艾德莱斯绸设色分析图

利用排列、对称、组合手法，使几何纹样更显活泼与律动

图四　乌孜别克族艾德莱斯绸造型构成示意图

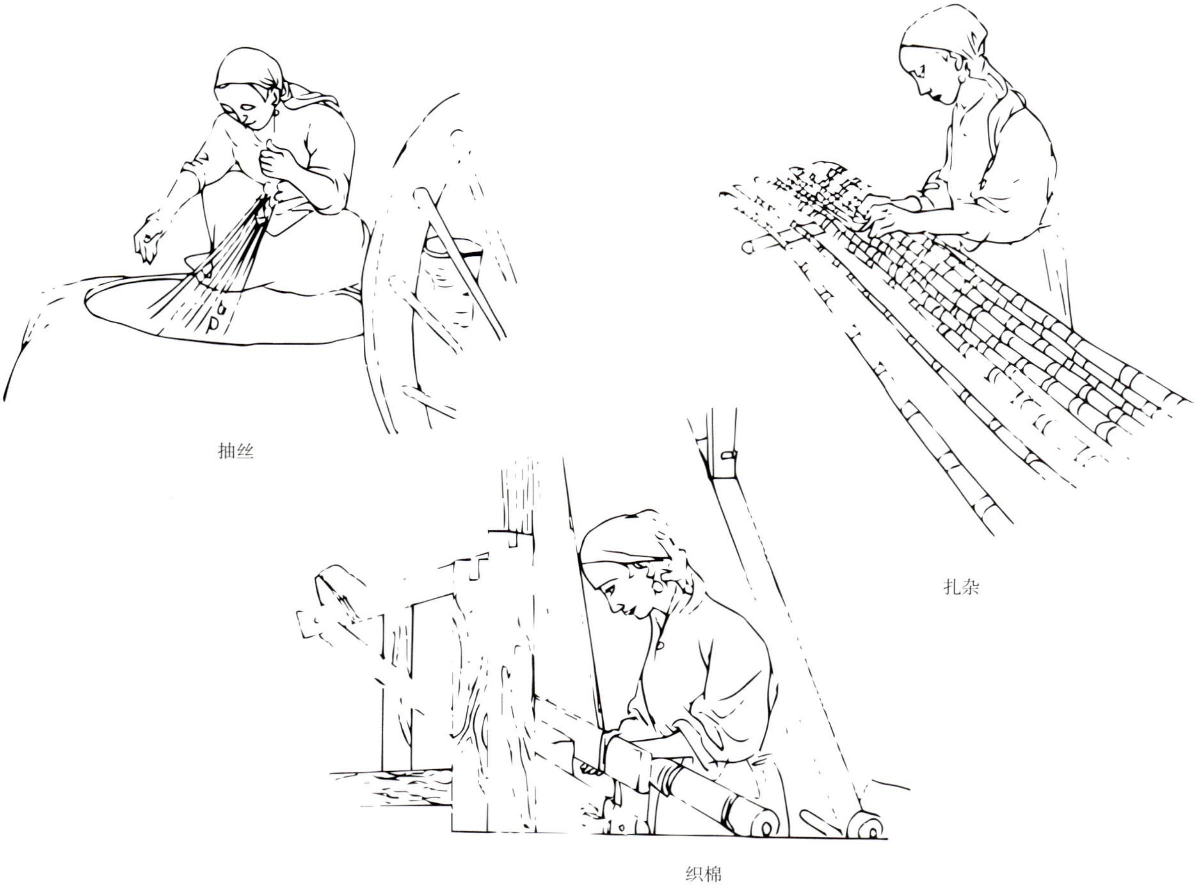

抽丝

扎染

织绸

图五 乌孜别克族艾德莱斯绸制作流程图

图六 乌孜别克族艾德莱斯绸使用情境图

第六章 乌孜别克族传统手工艺

乌孜别克族刺绣枕套

图一　乌孜别克族刺绣枕套主图

畜牧业是乌孜别克族的传统产业，草场是畜牧业的希望，依据不同的季节牧人从低海拔草场逐步向高海拔草场推进，当接近高山雪线附近放牧时已是每年的秋末季节，而毡房则是这种游牧最主要的居住场所。

枕头是乌孜别克族生活中常用的物品，枕套是用于套在枕头上，便于套装拆解的，类似布袋的形状。由于游牧的生活方式，常居住在野处，便于拆装的枕套给清洗带来很大的便利，平时打理时常将套好枕套的枕头整齐排列在毡房正对面的被褥前，具有很强的装饰性，给人以温馨。当客人来时可用作垫靠，即舒适又具关爱、礼貌之意。即使是住在土房和木房的乌孜别克族居民，也依然非常重视枕套，常花费精力在上面刺绣各种花卉图案，借以展示自己的娴熟刺绣技艺及持家能力。枕套多以方形为主，因乌孜别克族人喜欢方形物品，地毯、桌子（大案桌、小案桌）及居住的房屋都呈方形结构，很少使用圆形及椭圆形。刺绣的图案主要为植物花卉，采用不同的造型方法将其组合在整体当中，如连续对称的图案与具象变化的花卉组合，将植物各部分分解重组，花卉图案中有荷花的造型，只不过将所熟悉的植物与荷的造型嫁接，自然生动并无生硬之感。刺绣多使用底色为黑或红的绒布，以锁链针、长短针、平针等刺绣针法为主。

枕套是生活在牧区的乌孜别克族常使用的生活用品之一。注重生活使用中便于拆装、清洗的使用性功能外，更重视其在室内陈设的装饰美观性效果。刺绣的装饰工艺制作方法不仅解决了拆装清洗过程中易变形掉色的问题，同时也是乌孜别克族妇女展示才艺的重要方式之一，高超的刺绣技艺易获得族人的赞誉，也被视为贤良的表现。枕套在装饰造型上的差异性变化更体现出设计者所具有的丰富想象力和高超刺绣技艺的表现力，在借鉴与吸收中倾向于展现独具个性化装饰设计的表达。

图片来源
图一、图七　陈述　摄影
图二　赵欣一　制图
图三至图六　赵欣一、朱秋婷　制图

图二　乌孜别克族刺绣枕套尺寸图（单位：cm）

植物茎叶的组合装饰纹样

植物花卉、花苞的装饰纹样活泼又生动

枕套四角用重复的纹样装饰具有装饰感

四方连续的纹样庄重、大气

图三　乌孜别克族刺绣枕套图案造型分析图

材料：

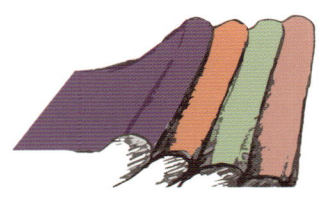
彩布

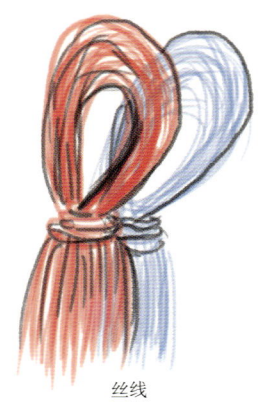
丝线

工具：

剪刀

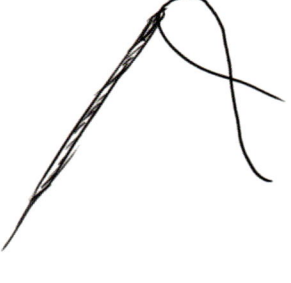
针

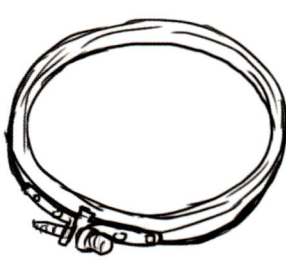
绣绷

图四　乌孜别克族刺绣枕套制作材料工具名称图

手绘枕套刺绣纹样

设计草图绘制完成

依照设计底样进行刺绣

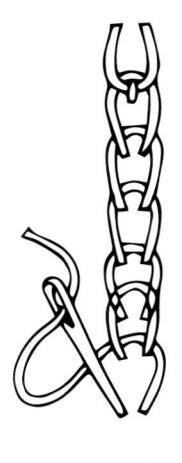

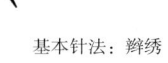

基本针法：辫绣

图五 乌孜别克族刺绣枕套制作流程图

| 深红色占50% | 粉红色占13% | 深绿色占10% | 浅绿色占5% | 湖蓝色占7% | 紫红色占5% | | 黑色占80% | 粉色占5% | 蓝色占5% | 绿色占5% | 黄色占5% |

图六　乌孜别克族刺绣枕套设色分析图

图七　乌孜别克族刺绣枕套使用情境图

乌孜别克族花毡

图一　乌孜别克族花毡主图

生活在北疆以游牧为主的乌孜别克族，其生活方式及用具都带有明显的这方面的特征，花毡便是其中一例。

"毡"是动物毛料经湿、热、压碾等方法毡缩而成的片状物，是用作御寒的用品。毡毯是一种较为耐用且富有弹性的生活用品，在其上绘以装饰图案及纹样，便称之为花毡。乌孜别克族善制作花毡，传统花毡的制作体现了乌孜别克族独有的审美情趣及精湛的工艺。

花毡是乌孜别克族家庭生活必备之物，主要用于日常生活的起居及坐卧，其品类主要有毡房毡、地毡、垫毡、褥毡、炕毡等。乌孜别克族非常重视花毡的装饰，花毡装饰用色鲜艳亮丽，常以红、绿、蓝、黄、黑等色搭配组合。装饰造型上多以对称的软花纹和几何纹样为主。纹样大都源于生活中熟知的植物花卉。

花毡设计制作上主要有毡贴装饰、布贴装饰、针绣装饰及综合性应用装饰。毡贴，是先将毡子分别染成不同的颜色，依据图形将染色的毡子拼成各种图案，再用羊毛线缝起来的制作方法；布贴，是将彩色布块剪成图案的形状，用羊毛线缝制在白色毡子上的制作方法，多以红色布块为主；针绣，用染色的羊毛线直接在白毡上依据图形绣出图案。针绣法基本以平绣和套针绣为主，毛毡的边沿一般用锁针法锁边，再用2～4色的毛线，用套针的方法绣成辫子花进行沿边装饰；综合性应用是将毡、布等材料综合组织使用，拼成的装饰图案，具有丰富的变化及不同质感对比。

乌孜别克族花毡，放置在炕中央可以用作坐垫，也可作为床褥使用。因花毡具有较好的隔潮防寒性能，是家庭必备的生活用品。毡面上的精美装饰都由乌孜别克族妇女手工缝制完成，铺设的花毡，与室内的整体装饰协调一致，体现其独特的室内装饰文化意趣，待客时让客人围坐于花毡周围，为乌孜别克族一种重要的待客文化，体现待客中主人应有的热情与礼貌。设计创造并改变生活，通过设计来营造氛围、传递信息，也是乌孜别克族花毡设计中的价值与魅力所在。

图片来源
图一、图七　陈述　摄影
图二　赵欣一　制图
图三至图六　赵欣一、朱秋婷　制图

图二　乌孜别克族花毡尺寸图（单位：cm）

对方四方方连续的纹样，不失变化又有气势　　　　　　　　　　上下对称的图案具有美感和整体效果

通过正反穿插、重复的手法，使花纹更加律动、活泼

图三　乌孜别克族花毡图案造型分析图

黑色占10%　　深红色占35%　　粉红色占30%　　桃红色占10%　　绿色占10%　　黄色占5%

图四　乌孜别克族花毡设色分析图

图五　乌孜别克族花毡制作工具材料名称图

图六　乌孜别克族花毡制作流程图

图七　乌孜别克族花毡使用情境图

乌孜别克族壁挂

图一　乌孜别克族壁挂主图

居住在北疆草原的乌孜别克族人的毡房较小，顶部稍尖。居住在喀什、莎车、伊犁等城镇的乌孜别克族人多从事手工业，商业等，主要以定居的方式盖土木结构的平房。平房一般为长方形土木结构的土坯房或砖房。屋顶稍有倾斜，墙壁很厚，冬暖夏凉。房顶留有天窗，有利于采光。室内的圆木横梁上和走廊的木柱、木梁上都有彩绘或雕刻的各种美丽的花纹图案。而最具有代表性的就是围墙上一张张富有民族特色的壁挂，一般挂于居室墙壁正中，规格尺寸适中，壁挂有大有小皆为长方形，一般为2至3米×1.5米至2米。多用紫红色或大红色的平绒做底面，黑色平绒做边，在下沿的边芯相接处，坠有金黄色丝穗。纹样构成多为满铺挂面的纹样组合，有主体适合纹样、边缘连续纹样和散点、角隅等。

在技法上，除中心的主要图案外，在左右和下方的宽大黑绒边上，以刺绣、贴绣、扎绣和镶坠的技法，织出一层层结构严谨、色彩对比强烈的图案,美丽的大自然,雄伟的山峰、飞溅的浪花、翻腾的云海、飘香的花卉是他们的最爱。壁挂的设计及制作却由乌孜别克族妇女独立完成。乌孜别克族妇女大多主要从事家务劳动,一日三餐及室内卫生,缝制衣物被褥都基本由妇女来完成,闲暇之余妇女要从事刺绣。刺绣不仅是乌孜别克族妇女的一项手艺技能,在乌孜别克族人眼中它这也是妇女是否贤良聪慧的一种证明。壁挂工艺精致,整体协调,具有民族特色,将壁挂挂在屋内墙上,既有装饰性又营造室内氛围,有整体美,身置其境,堪称是一种美的艺术享受。壁挂设计最初挂于墙面的功能是为遮挡风寒,以保持室内温度之用。由于壁挂面积比较大,且与墙面平视中与视线垂直极易受到注目,因而在壁挂上刺绣多种图案以营造室内氛围成为最佳的设计创意。乌孜别克妇女依据自己的生活感受,将花卉、卷草、骨纹等,采用不同的视觉形式结构进行灵活多变的排列组合布局,以展现乌孜别克族人内在的精神情感表达与追求,是集实用性、美观性、艺术性为一体的设计案例,具有鲜明的民族特色。

图片来源

图一、图六　陈述　摄影

图二至图五　陈诗雅、陈述　制图

图二　乌孜别克族壁挂尺寸图（单位：cm）

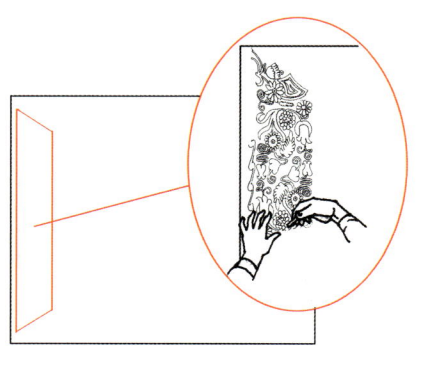
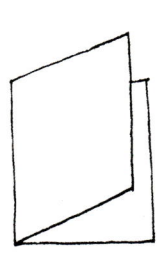

徒手设计并绘制壁挂左边的装饰纹样　　左右对折　　用手加压或轻拍，使得徒手绘制在壁挂左边的图案纹样对称转印在右边，对转印模糊的线条依据左边的纹样造型进行修补或强调

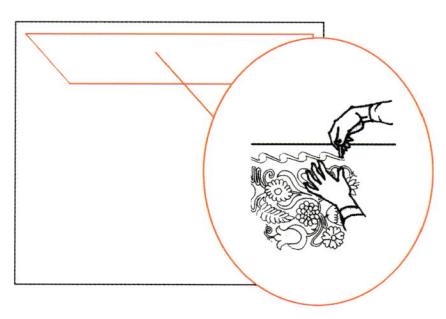

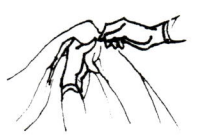

徒手设计并绘制壁挂上方的装饰纹样　　上下对折后处理方式同左右对折处理相同　　纹样草图绘制完成

依据设计底样进行刺绣

图三　乌孜别克族壁挂工艺分析图

对称纹样设计中的不凡变化，使人感到生活情境中的一丝俏皮，耐人寻味

羊角纹与植物茎叶、藤蔓、花卉组合的椭圆形装饰纹样

利用正、反及巧妙穿插手法，使植物纹样更显活泼与律动

图四　乌孜别克族壁挂装饰纹样示意图

图五　乌孜别克族壁挂设色分析图

图六　乌孜别克族壁挂使用情境图

乌孜别克族刺绣

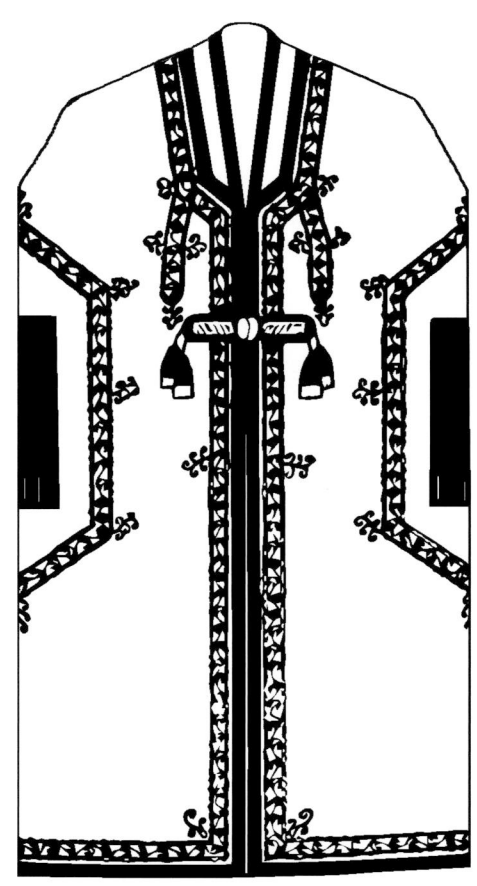

图一 乌孜别克族刺绣主图

刺绣是乌孜别克族的传统手工艺，是乌孜别克族重要的艺术表现形式。其特点是色彩艳丽，做工精细，图案纹样变化丰富，以线为主的造型表现方法显自然与生动，带有一种浓郁的草原民族风韵。

乌孜别克族妇女善于刺绣，常在花帽、领口、袖口、鞋靴、帷幔、枕头、床单、头纱、披肩等用品上刺绣各种图案，这些图案大多源于他们生活中所熟知的内容，生活在木垒的乌孜别克族从事畜牧业生产，因此，他们将生活中熟知的动物，如马、羊、骆驼、鹿等动物形象作为刺绣的表现内容。更多的是使用植物及建筑装饰纹样，如各类花草，还有各种建筑，将这些生活中的素材依据刺绣的表现形式加以概括、归纳、变化，通过一针一线的程序排列将其融入刺绣的创造之中，既贴近生活，又不落俗套，深受乌孜别克族的喜爱。花帽是乌孜别克族重要的服饰之一,男女都习惯于戴帽,对帽的装饰也自然更为重视。刺绣小花帽,是帽饰常用的表现形式,依据装饰的内容而对帽有不同的称谓。如"托斯花帽"(即巴达木花帽)上绣有白色巴旦木图案,花纹循环排列于黑底之上,素雅大方。在鞋靴上有著名的"艾特克"绣花鞋,将色彩艳丽的花卉图案绣于皮靴之上,运用散针、掺针、滚针、结子针等多种手法,运针纤巧舒展,变化丰富,生动别致,具有很强的艺术感染力。

乌孜别克族由于散居于新疆各地并长期与其他少数民族的杂居过程中必然受到影响,是广泛借鉴、吸收、融合基础上的设计创意表现,刺绣也不例外。乌孜别克族的刺绣中也融入了维吾尔族和哈萨克族的刺绣工艺。但在细节之处还是具有明显的本民族特征,如植物花卉装饰设计表现形式上,习于将花朵和枝叶上添加明显的装饰性纹饰,有"八思马克""吁土克""买什"等纹饰,虚实变化不一,反映出具有本民族意识倾向

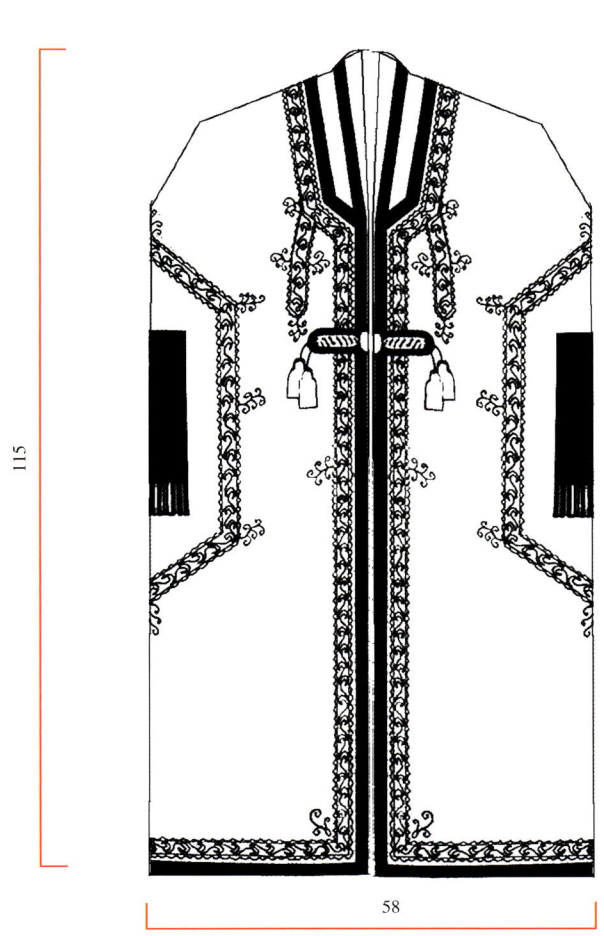

图二 乌孜别克族刺绣尺寸图(单位:cm)

第六章 乌孜别克族传统手工艺

的浓郁装饰性特点。

　　乌孜别克族的刺绣设计主要是为了装饰美化生活，同时刺绣形式本身也是在特殊现实生活环境中的一种创造性装饰文化活动缘于对自然的热爱以及对生活充满了期望，在不同的社会历史中积极借鉴，吸收并融合相邻的其他民族刺绣文化，并以此为基础表现出乌孜别克族共有的装饰文化心理及情感意识，以一种"嵌入"的装饰设计文化方式所进行的表达，不妨为今天的多元文化情境下的设计创意提供了值得参考的案例。

图片来源
图一　朱秋婷　摄影
图二　陈述　制图
图三至图五　赵欣一、朱秋婷　制图
图六　陈述、朱秋婷　制图
图七　陈述、赵欣一、朱秋婷　制图

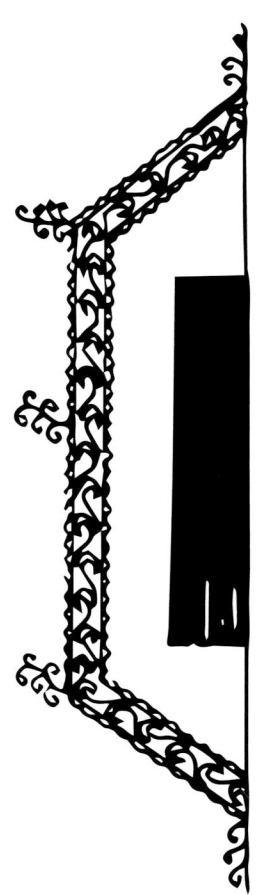

领口、袖口的连续图案显得庄重、大方

图三　乌孜别克族刺绣装饰纹样示意图

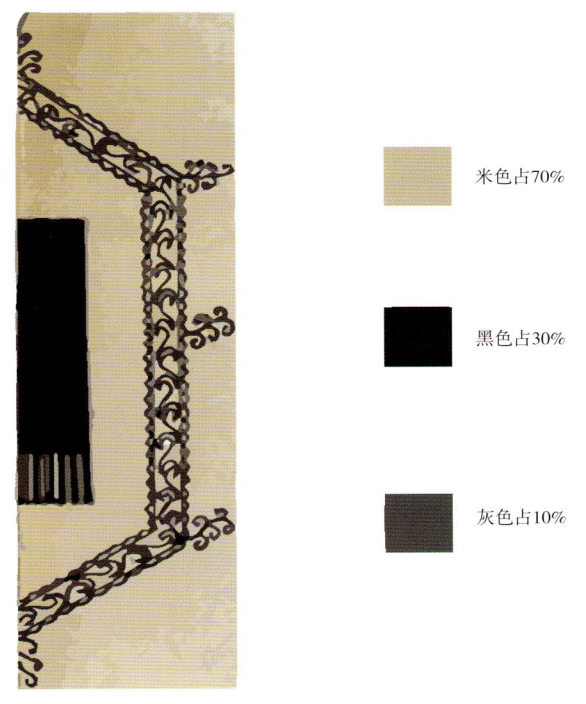

米色占70%

黑色占30%

灰色占10%

图四 乌孜别克族刺绣设色分析图

材料：

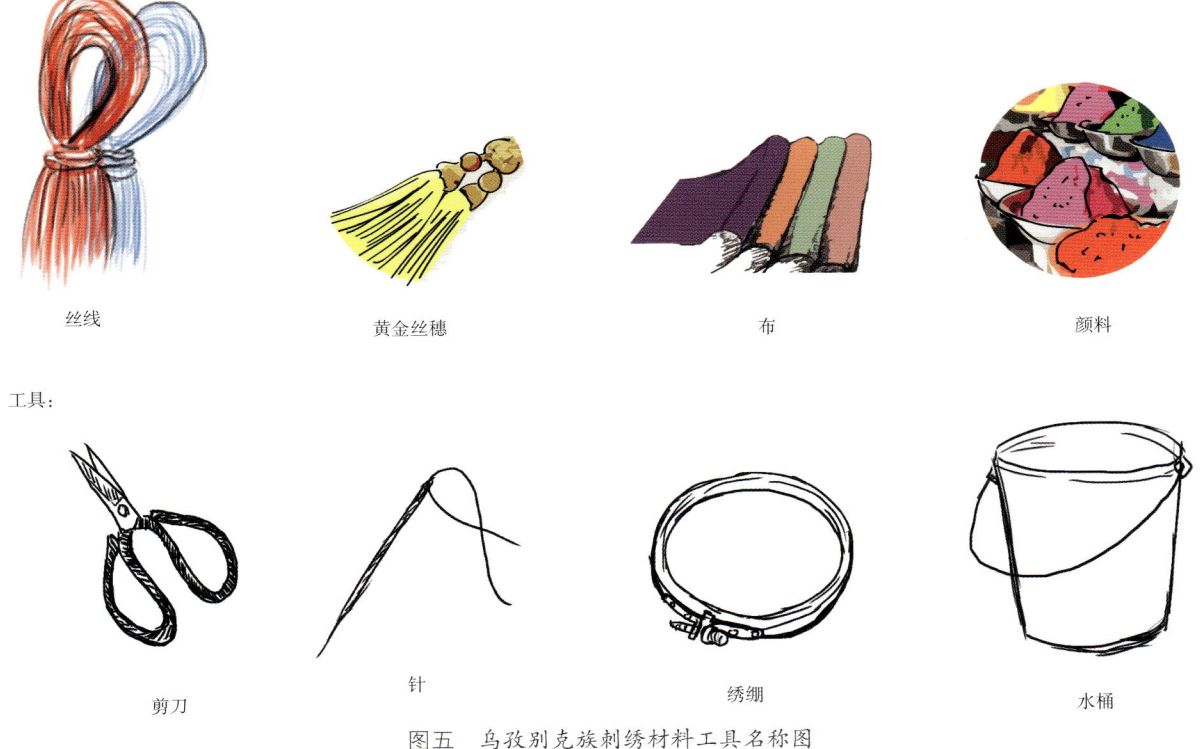

丝线　　　　　　黄金丝穗　　　　　　布　　　　　　颜料

工具：

剪刀　　　　　　针　　　　　　绣绷　　　　　　水桶

图五 乌孜别克族刺绣材料工具名称图

第六章　乌孜别克族传统手工艺

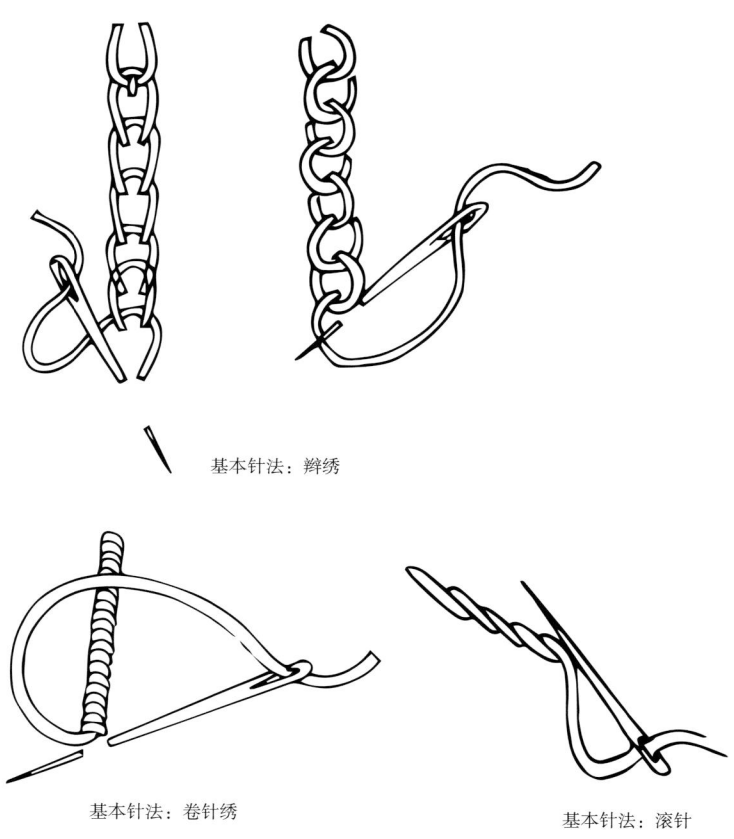

基本针法：辫绣

基本针法：卷针绣　　　　基本针法：滚针

图六　乌孜别克族刺绣工艺分析图

手绘枕套刺绣纹样

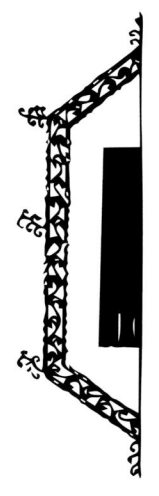

设计草图绘制完成

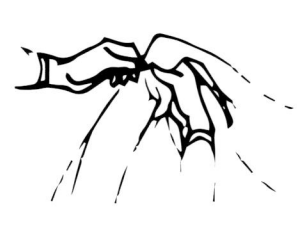

依照设计底样进行刺绣

图七　乌孜别克族刺绣制作流程图

乌孜别克族绣花床罩

图一　乌孜别克族绣花床罩主图

生活于北疆牧区的乌孜别克族牧民除了同哈萨克等民族牧民一样住毡房外，冬季则多住固定的土屋或木屋。自20世纪80年代以来，乌孜别克族的居住方式发生了很大的变化。居住于木垒大南沟的乌孜别克族人除野外放牧的牧民仍然居住在毡房外，基本实现了定居。

定居的生活使乌孜别克族的居住条件得到了明显的改善，乌孜别克族人非常注重居住环境的美观与舒适性。卧室设有可移动的木制大床，床上铺被褥，并在外面罩绣花床罩。绣花床罩主要用于遮盖和防尘，床板离地面约有40厘米的距离，利于防潮。木制床下空间可放置一些平时的生活用品，使用床罩遮挡后更显整体美观，床罩上绣有精美的图案，可展现出女主人聪慧与贤良，绣花床罩是乌孜别克族人室内重要的装饰性物品之一。

绣花床罩的面料主要选用绒布，床罩四面下垂的布帘为较薄的红色锦绸，使用褶皱的缝制使其更显立体感，上面绣有波状连续性花卉图案，整体呈红色的主调，有幸福喜庆之意。床罩的边缘使用三角形状的连续纹样，纹样造型多与游牧生活内容相关如：羊角、卷草、山鹰。床单中部绣有两颗红桃状的图形，中间为盆装盛开的花卉，四角绣有向外被遮挡的红桃状图形，代表幸福的爱情与美满的生活，构图饱满，呈几何状图形与具象装饰形图混搭，结构组合自然，在有序规矩中又不乏无序自由的随意，表现出一种内在情趣的自然与天性。从鲜艳的色彩及装饰造型纹样的寓意上就可看出这是一款结婚时使用的绣花床罩。

绣花床罩的功能性使用及材料的选择、组合等都与生活中的实际需要密切相关。社会的发展技术的进步使环境改变，使人们逐渐获得了更大的选择空间，从床罩的形制结构及装饰内容中就可看到很多时尚的东西，而装饰的内容及造型设计图案纹样中交织着现代与传统的意识观念及情感组合。因乌孜别克族长期与哈萨克族杂居，相似的生产生活方式及环境使其具备许多相似之处，相互间的文化借鉴、吸收与融合在装饰设计中可清楚的表明。

图片来源
图一、图六　陈述　摄影
图二至图四　王静　制图
图五　王静　朱秋婷　制图

图二　乌孜别克族绣花床罩尺寸图（单位：cm）

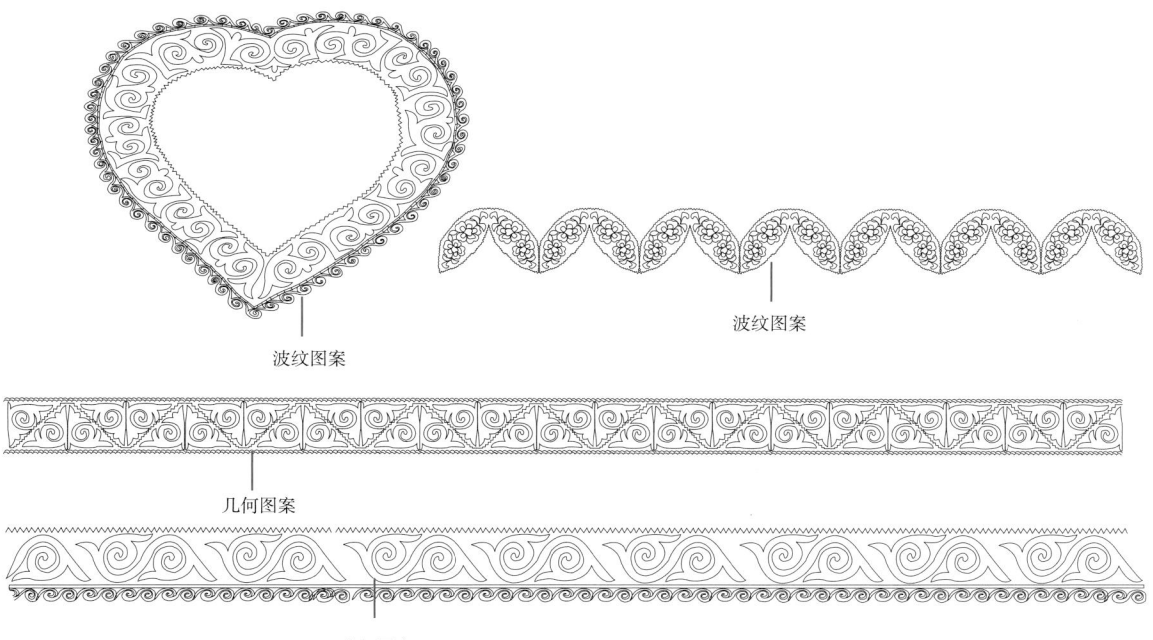

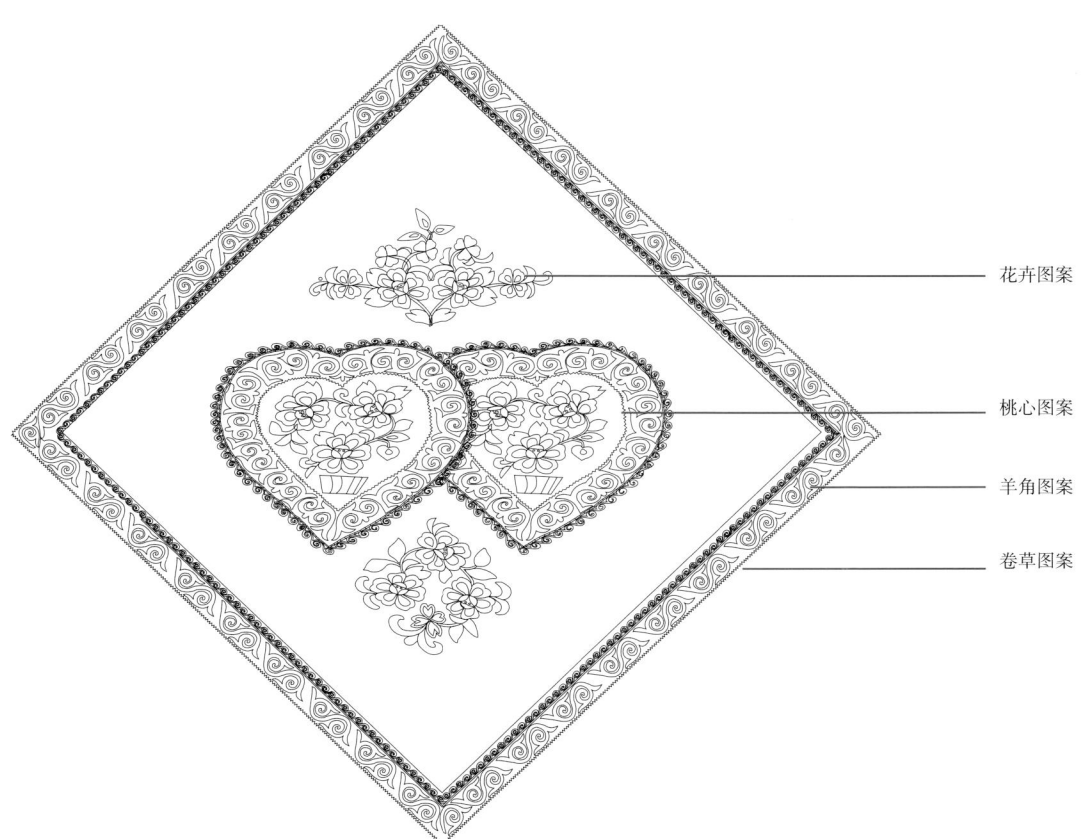

图三 乌孜别克族绣花床单造型名称图

图四　乌孜别克族绣花床单设色分析图

连续性花卉纹样

连续性羊角纹样

三角状连续纹样

图五　乌孜别克族绣花床单装饰纹样示意图

图六　乌孜别克族绣花床罩使用情境图

乌孜别克族月牙形耳环

图一　乌孜别克族月牙形耳环主图

乌孜别克妇女喜爱戴耳环、耳坠等装饰物品，特别是节日庆典，亲友聚会，妇女精心打扮，将首饰佩戴齐全更显华贵典雅。耳环是戴在耳朵上的饰品，通过穿耳垂的方式进行佩戴。其特别喜爱佩戴用金、银制作的首饰，呈现出迥异于其他民族的风格特征，其差异主要体现在工艺手法和装饰造型上。乌孜别克族金匠制作黄金首饰的过程较为繁杂。制作前先将碎金称好，依据要制作的耳环体量确定金料的使用量。熔金时先点燃油灯，用弯曲的铜管对着火。然后把称好的金子投入坩埚，坩埚对着火。匠人对着灯火吹，灯火刚好被吹入坩埚，很快碎金被融化成金液倒出，凝固成金疙瘩。趁热时将金料拉成细金丝，或锻打成片状，再根据样稿剪好金丝或金片，做成需要的形状后再进行整体的组合与连接。

月牙形耳环是乌孜别克族传统的首饰之一，因弯曲的造型，细密的装饰深受乌孜别克族妇女的喜爱。耳环形状类似于半圆形月牙，在半圆形的金面上镶嵌各种花纹和小珠，像一个花篮，制作工艺要求较高。制作过程先把纯金和少量的铜放到用陶泥制作的耐高温的器具中融化，等冷却后，用小斧头锻压成可以从上面设有大小不同的洞眼专用模具上的洞眼穿过，制作珠子时将金丝条剁成小珠放在陶泥制的器具中，并把盖子盖紧用高火烧制一个多小时后，熄火并用嘴对着吸管轻吹，把灰吹干净并用水清洗。过三种不同箩眼的箩，以区分大小不同的金珠，然后把这些小金珠有序地摆放在月牙形细丝上焊接，有时也可用金丝做一个盛开的花朵放到正中，最后用毛刷清理干净即可。

月牙形耳环是乌孜别克族妇女传统的首饰，设计中选用的材料多为纯金或纯银的质地，一般无过多雕饰。造型上常采用半圆形边缘与内轮廓边缘曲线协调统一的手法，更显庄重与优雅。半圆形表面上镶有细密的花卉图案，更显其工艺的精湛。花的海洋与月牙状的造型组合，象征着幸福与快乐，与民族传统的自然崇拜观念及审美趣味相吻合，深受乌孜别克族妇女的喜爱。

图片来源
图一　陈述　摄影
图二至图五　王静　制图
图六　陈诗雅、王静　制图

图二　乌孜别克族月牙形耳环尺寸图（单位：cm）

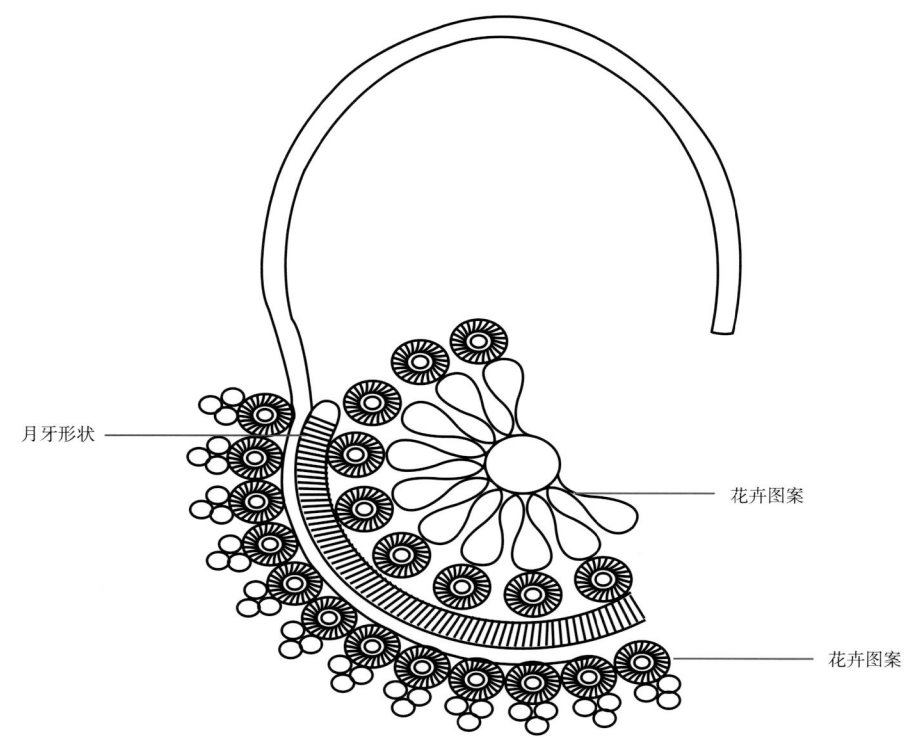

图三　乌孜别克族月牙形耳环结构名称图

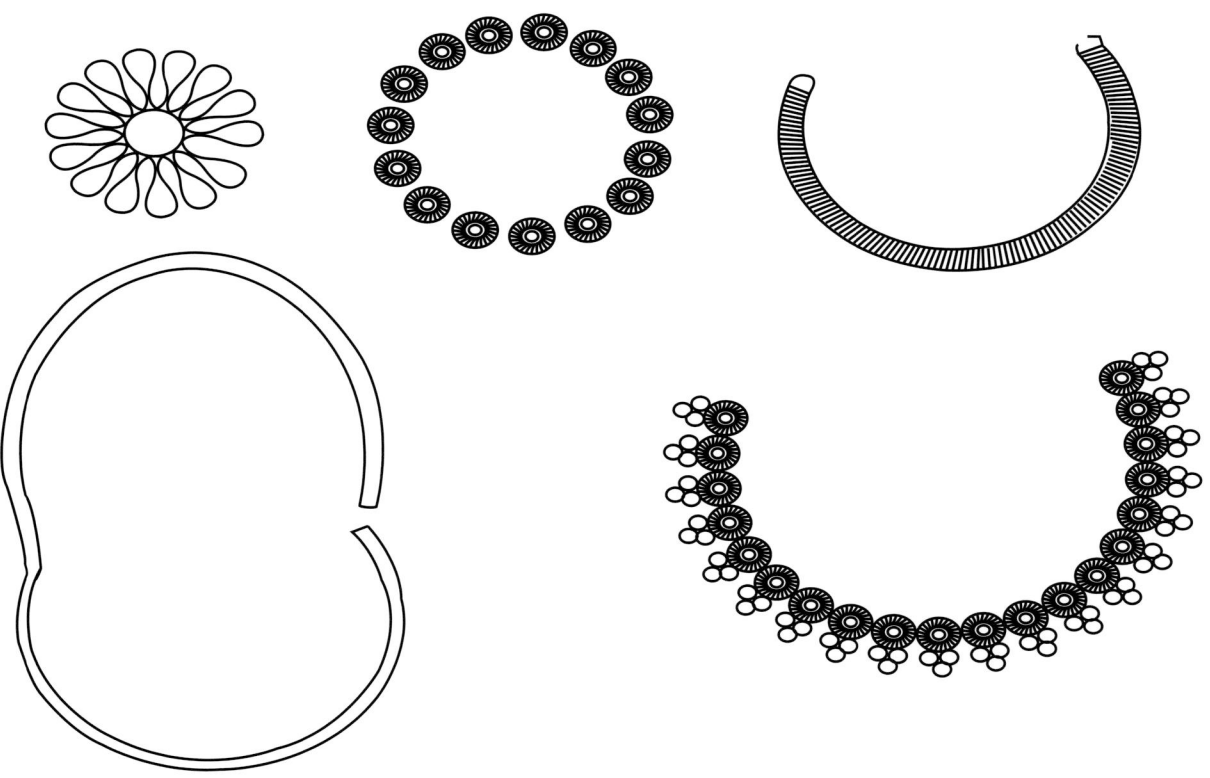

图四　乌孜别克族月牙形耳环结构分解图

图五　乌孜别克族月牙形耳环工艺分析图

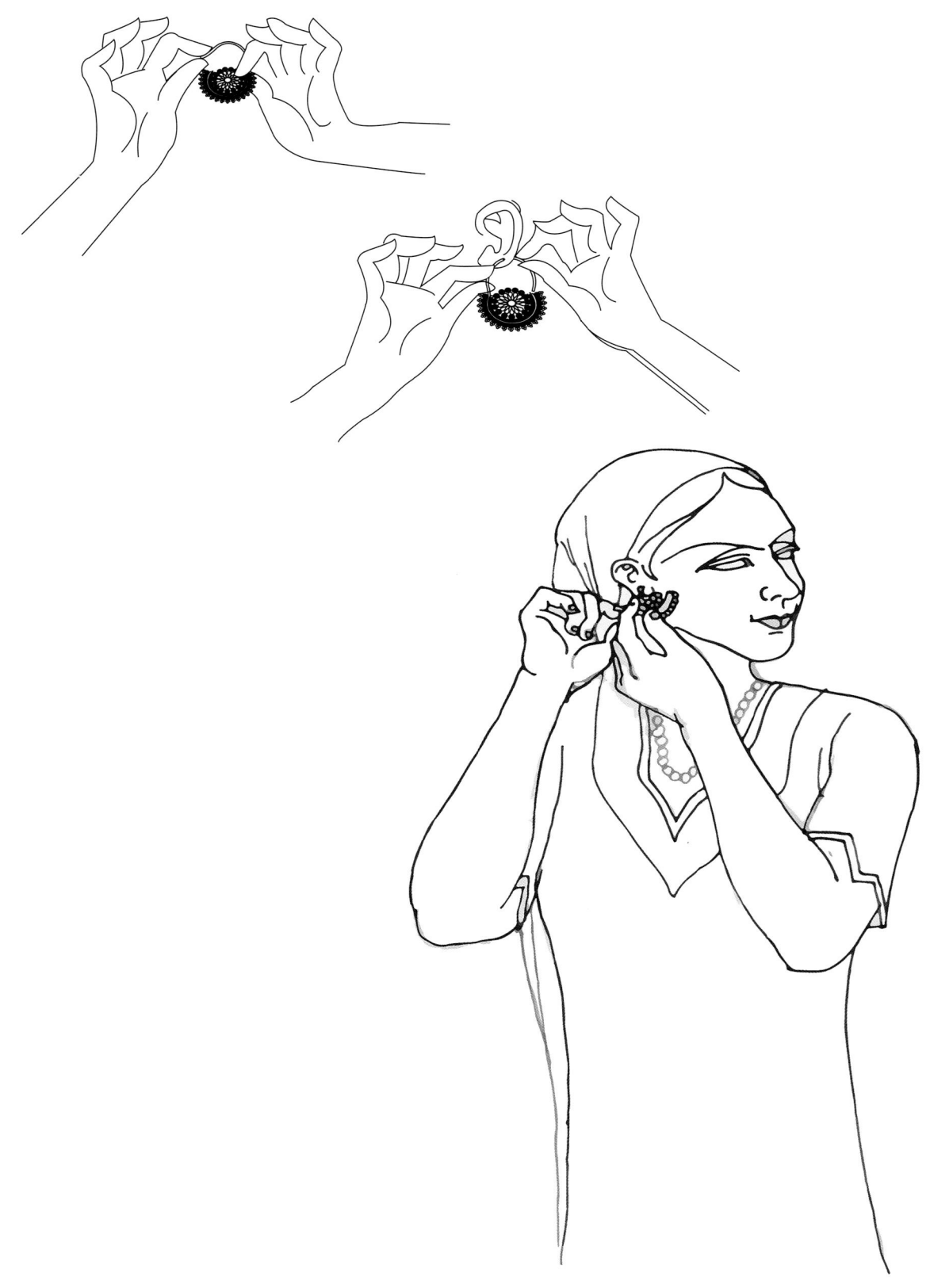

图六　乌孜别克族月牙形耳环佩戴效果示意图

第七章 乌孜别克族传统民俗和宗教

乌孜别克族古尔邦节

图一　乌孜别克族古尔邦节主图

"古尔邦"是"献牲"的意思，所以也叫"宰牲节"，在肉孜节后70天，即伊斯兰教历12月10日。要举行包括节日前扫墓、做净礼、会礼的活动。活动结束后人们以家庭为单位聚在一起前往故人所在的麻扎进行游牧。

按照传统习规，节日前夕各家各户都要清扫房屋院落及打扫故人的坟墓。扫墓时，男人需戴帽，女人系头巾、穿长袖，男女都穿着黑色或灰色服装以示悼念，可选在节日前一至两天内以家庭为单位一起去打扫坟地缅怀故人并为亲朋好友祷告。

宰牲是古尔邦节的一项重要内容，宰的牲畜一般为羊、牛、骆驼等，多为羊。准备的羊要健康，不能出现腿瘸、缺耳、瞎眼等状况，肥瘦须适中。宰的羊肉一部分要与家人及客人分享。接下来便是家庭的聚会，聚会期间大家围坐在一起，享受节日美食，节日期间家家都会将新鲜的水果干果及食品摆在餐桌上以便招待访客。古尔邦节前夕要为已远嫁的女儿、女婿、亲家母准备节日的礼物及美味可口的饭菜。并托一个五岁左右的孩子送到亲家，亲家收到礼后也会托人回礼，以示尊重。会礼一般在早上8点在清真寺举行，由清真寺伊玛目讲解关于团结、夫妻间相互尊重、尊老爱幼、救济贫困等内容。结束后人们离开清真寺前往公墓游坟，接下来便是男子以家庭为单位去麻扎或亲人的墓地缅怀故人。

图片来源
图一、图四　朱秋婷　制图
图二、图三　王静　朱秋婷　制图

清扫房屋院落　缅怀故人　制作饭食　托小孩送礼　宰牲

图二　乌孜别克族古尔邦节流程图

需戴帽，穿长袖，着黑色或灰色服饰

图三　乌孜别克族古尔邦节礼俗服饰示意图

图四　乌孜别克族古尔邦节行序之制作饭食情境图

乌孜别克族纳吾鲁孜节

图一　乌孜别克族纳吾鲁孜节主图

纳吾鲁孜节是乌孜别克族的春节，是最为隆重的传统节日。"纳吾鲁孜"意为"春天的第一日"，也就是每年的3月21日或3月22日，相传这一天白天和黑夜一样长，正值中国农历的春分。按照传统习俗，每到这一天乌孜别克族人要举行祭祀仪式，向祖先和神灵贡献祭品，并举行热闹的庆祝活动。由于历史的因素，乌孜别克族人过纳吾鲁孜节的时间长短不尽相同。传统上过节需要15天，但有的只过9天、3天和1天。

节日前夕，各家各户都要清扫屋里屋外，家里养有牲畜的还要修整棚圈，并准备过节所需要的食材。过纳吾鲁孜节时乌孜别克族人都要举行被称为"苏麦莱克仪式"的传统集会，这种活动在农村尤为盛行。乌孜别克人聚集一起时，要制作被称为苏麦莱克的饭。苏麦莱克是指用麦苗熬制的一种紫色的粥状甜味食物。熬制过程十分讲究，做这种饭时人们可围成一圈，边熬制边载歌载舞，一直到第二天拂晓，由村里具有威望的老人将熬制好的苏麦莱克分发给大家，每个人都十分珍惜，不敢随意丢弃。纳吾鲁孜节期间，各家各户都要做一种被称为"纳吾鲁孜饭"的饭食，纳吾鲁孜饭要使用七种以上食材来制作，一般由大米、小米、小麦、面粉、奶酪、盐、肉等食材组成，有时还需加入冬季贮藏的马肥肠、马碎肉灌肠、熏马肉、熏羊肉等，把这些食材混合熬成浓粥即可。做这种饭时，不宜宰牲畜，用的是往年剩余的粮食和贮藏了一冬天的熏肉，并尽量做得丰盛，以示年年富足有余。

节日期间，乌孜别克族人身着民族传统服饰，妇女佩戴花帽、首饰，走家串门，互相恭贺新年。同时还举办各种活动，如赛马、叼羊、摔跤等并演唱固定曲调可即兴填词的纳吾鲁孜歌，还举行猜谜语、荡秋千、赛歌等活动以活跃节日现场气氛。

图片来源
图一　朱秋婷　摹绘
图二、图五、图六　陈述、高星、朱秋婷　制图
图三　朱秋婷　制图
图四　高星、朱秋婷　制图

图二　乌孜别克族纳吾鲁孜节礼俗服饰示意图

图三　乌孜别克族纳吾鲁孜节苏麦莱克饭食示意图

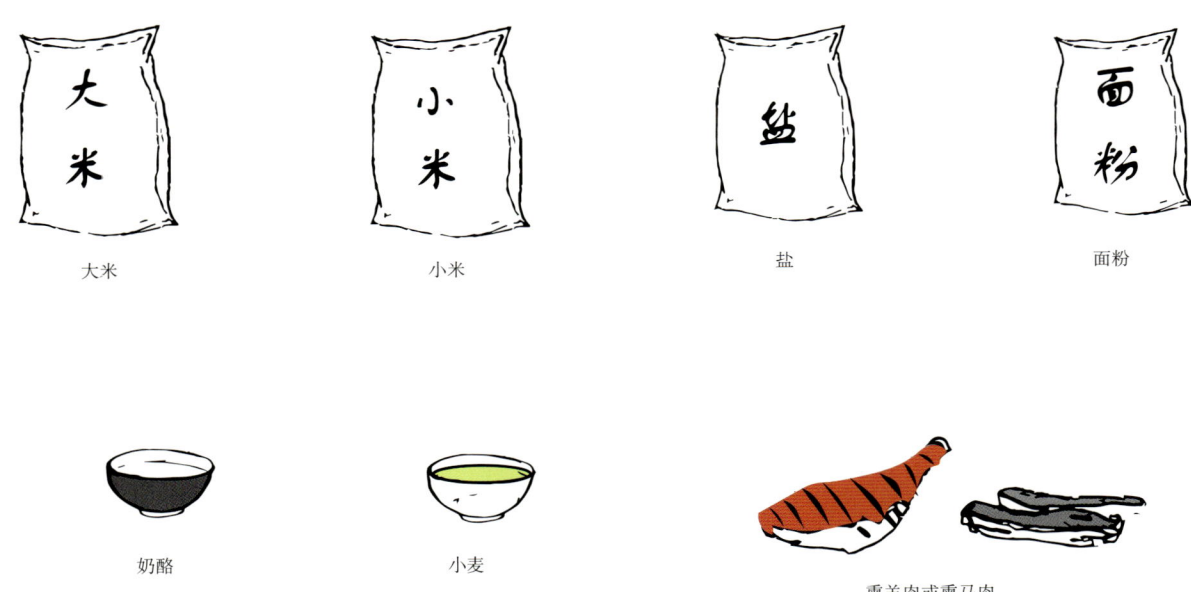

图四　乌孜别克族纳吾鲁孜节苏麦莱克饭食制作食材名称图

村里具有威望的老人将熬制好的苏麦莱克分发给大家

图五 乌孜别克族纳吾鲁孜节苏麦莱克仪式情境图

图六　乌孜别克族纳吾鲁孜节行序之叼羊情境图

乌孜别克族肉孜节

图一 乌孜别克族肉孜节主图

肉孜节又称开斋节，是乌孜别克族一个隆重的宗教节日。斋戒日期是在伊斯兰教历的9月，这一月称为"斋月"。斋月可以出现在一年四季的任何一个季节里，原因是伊斯兰教历是纯阴历，以月亮出现的那一天为首。单月30天，双月29天，全年12个月，不过闰月，记354或355天，这样就比阳历少10天或11天。它的月份和季节没有固定联系。

9月封斋满一个月，到了10月1日改为正常饮食时间，即开斋。按照传统习惯要欢度3天。人们进行各种准备，把房屋院落整修打扫一新，并赶制节日盛装。女性还要炸馓子，做点心，熬果酱，做各种食品，准备馈赠亲友招待贺节的客人。节日的清晨，人们普遍要洗澡、理发、穿新衣，穆斯林聚集在清真寺做礼拜，礼拜结束后，开始庆祝活动。然后走乡串户，以往有过节的人们将在这天握手言和，重归于好，兴高采烈地相互问候。

图片来源
图一　朱秋婷　制图
图二　王静　制图
图三　王静、朱秋婷　制图

打扫房屋院落　　　　　赶制节日盛装　　　　　准备美食

理发　　　　　　　　　走乡串户

图二　乌孜别克族肉孜节行序流程图

图三　乌孜别克族肉孜节礼俗服饰示意图

乌孜别克族传统婚礼

图一 乌孜别克族传统婚礼主图

乌孜别克族在婚姻、家庭等方面保持着本民族特有的传统习惯，在婚姻上，一般实行民族内部婚配，也允许与同信仰伊斯兰教的外族人结婚。

按照乌孜别克族的传统习惯，婚礼行序按习俗一般分为三个基本环节：

首先是提亲。过去乌孜别克族青年大多是由父母包办婚姻之事。现在大多经自由恋爱后结婚，但基本仍然民族传统按习俗履行结婚行序。当男方有对象后，父母便要拜托亲友到女方家说亲。如果女方不满意这门亲事，出于礼貌一般不会直接拒绝，会借用一些委婉的托词，处理得体且不伤和气。说亲一般要进行多次，即使女方家长同意，也要做一些戏剧性的周旋，既显得风趣又体现乌孜别克族人对婚姻的慎重。

其次是订婚。订婚一般包括初期订婚和正式订婚。初期订婚是在男女提亲后待女方同意后，由男方母亲在几位女性亲友的陪同下向女方送订婚礼，一般包括衣料、砖茶和一定数量的馕和糖果等。此时男方母亲恭敬地将带来的礼物用托盘盛放在女方母亲面前，然后正式提出婚事，女方母亲答应后，双方便开始协商正式订婚的日期。

在正式订婚仪式前，男方亲友要带去为新娘准备的衣料、衣衫、头巾、皮鞋和金银首饰，还要送给女方父母、近亲的衣料。这个允许少数男宾参加，但新郎不许参加。订婚正日，男方母亲在女性亲友的陪同下前往女方家，每人手里端着一个用餐巾包着礼物和食品的托盘，后面还牵着一直犄角上系着红绸的绵羊。当这一行人到女家门口时，女方母亲早已率领女方亲友在屋外迎候。两位亲家母热烈拥抱，以示为这门亲事互相祝福。此时，男方家的客人将带来的食物，如烤包子、奶油、果酱、糕点摆放在厅中，活

提亲

订婚

"尼卡"仪式

新娘绕火堆走三圈

图二　乌孜别克族传统婚礼行序流程图

羊也被加工成香味四溢的饭菜，用来款待主人和他们的亲友。然后男方的母亲双手捧起热糖茶，恭敬地献给女方母亲。男方家的人开始呈送彩礼，一边念礼单，一边拆开请女方家人过目。花毡、牲畜、布衣、金银首饰作为常规的礼品，现在也多用一些家用电器作为礼品。宴席中，双方家长要商定正式结婚的日期和婚礼宴席所需的物品。新娘在这个仪式中不露面，按照乌孜别克族的习俗，在婚礼前新娘是不能见婆婆的。婚礼在女方家中举行，费用一般由男方承担，婚礼前，男方就要将举行婚宴的大米、肉、油、胡萝卜、糕点、糖果、茶叶等送到女方家中。女方父母需要为新人准备铺盖、窗帘等布置新房的用品。

最后是完婚。乌孜别克族婚礼充满了喜庆的民族气氛，一般要持续4天，每天都会有不同的活动内容。

第一天举行婚礼及证婚仪式。这一天，新郎在自家由男傧相和男友人陪伴，一边吃着丰盛的食品，一边吹拉弹唱。此时，新娘由女傧相和女友人陪伴，聚在邻居家中，新娘身着红色礼服，坐在炕角地毯上，女伴们在屋内欢歌跳舞，等候迎亲队伍。这天一大早，双方父母要在女方家中接待前来祝贺的宾客，一般上午接待男宾客，下午招待女宾客。对男宾客的招待较为简易，男宾客们吃过抓饭后，跳一会舞就告辞了。下午的婚宴要比上午丰盛许多，客人围坐在地毯上，主人依次为客人倒水洗手，先摆上糖果、糕点和茶水，再端上炖羊肉，最后送上抓饭，直到宾客们吃饱喝足主人才会撤席。

迎亲的时间一般在傍晚。迎亲队伍包括新郎和他的友人，还有新郎的母亲、姐妹等女性亲友。迎亲路上吹打弹唱，洋溢着喜气。新娘家在屋前铺一块白色的长布，新娘

新娘头饰　　　图三　乌孜别克族传统婚礼新娘服饰示意图　　　新娘服饰

母亲带着亲友在门口迎接接亲者一行。新郎的母亲及姐妹踩着洁白的长布进屋。无论家庭贫富,此时新娘家一定要用最丰盛的宴席招待迎亲的客人,一般先上糖茶水,然后依次端来糖、水果、油果子、馕、烤面包等。也会有米肠子、面肺子、炖羊肉、抓饭一类。宴后,迎亲的妇女去新娘屋里吟唱乌孜别克族婚礼歌曲。新郎及朋友在外面略等,待仪式基本结束,再踩着白布进到新娘家。新娘家把事先做好的新郎服拿出,郑重的交于新郎,同时给随新郎前来的其他迎亲人赠送手帕,然后款宴招待。

入夜,由一位阿訇为新郎新娘主持伊斯兰教规定的证婚仪式,乌孜别克族称为"尼卡"。阿訇先问新郎是否愿意娶这位姑娘为妻,并终生相亲相爱,然后再问新娘是否同意嫁给新郎。双方同意后,阿訇正式宣布二人结为夫妻,并说一些赞美和祝福的话语。之后,阿訇拿一块用盐水浸过的馕让一对新人吃,乌孜别克族认为盐可以加深夫妻感情,馕又是不可缺少的主食,二者结合,寓意新婚夫妇像盐和馕一般永不分离,白头偕老。

"尼卡"仪式后,新娘换上男方送来的结婚礼服,罩上面罩向父母辞别,由老年妇女或新娘的姐姐、嫂嫂等人护送启程,前去婆家。传统婚礼上,马通常是接送新娘的交通工具,现在更多使用轿车来作为迎娶的交通运输工具。在回新郎家的路上,新娘往往哭泣不止,表示离开了养育自己的父母。到婆家时,婆家会在门前或者院中点一堆火,新郎从车上抱下新娘后,让新娘绕火堆

新娘婚礼用盖头

婚礼新娘装束

图三(续) 乌孜别克族传统婚礼新娘服饰示意图

走三圈，寓意驱鬼辟邪。然后新娘由伴娘陪同，来到新房门口，向公公、婆婆、新郎的兄弟姐妹鞠躬行礼。礼毕，新娘同样踏着白色长布走进新房，随即坐在炕角帷帘里。婆家为客人们端来名叫亚日得克阿细的大米绿豆粥。妇女们又一次唱起婚礼歌曲《亚尔亚尔》时，新郎也走进新房，与新娘坐在一起。一位年长的妇人拿一面镜子，分别照着新人，问他们是月亮还是太阳，新郎要回答是月亮，新娘回答是太阳。然后，一对年长的只结过一次婚的恩爱夫妻要在新床上躺一会，祝福新人像他们一样恩爱到老。等到仪式结束时，已经是半夜，客人纷纷告辞，只留下年长的有威望的女性向新娘讲授新婚知识。

第二天是探望仪式。凌晨，新娘家要派三人来送一顿名叫"伊斯格勒克"的慰问斋给新人，新郎要去岳父家向二老问安。新娘家这天邀请宾客，举办家庭联欢会——胡吉尔克派克；男方家则在下午约男女双方的女亲友，进行揭面礼。当新娘的母亲带着亲友到新郎家看望新娘时，新郎家同样在门口铺一块长白布，将她们迎进新房，热情款待。待丰盛的宴席之后，正式举行揭面礼。这时，在新娘面前铺一块擀面布，新娘的母亲往女儿手里放三次面粉，放三次抓饭，再拥抱三下，意为希望女儿今后勤快能干。最后由新娘的亲友将新娘的盖头揭去。

第三天是新娘父母在家中举办"恰里拉克"，这主要是由朋友、亲人参加的答谢会，宴请新郎及其父母亲人等。第四天新郎父母也举办"恰里拉克"，答谢新娘父母一家，同时增进两家之间的联系和友情。至此整个婚礼才正式结束。

乌孜别克族是一个非常注重家庭和睦生活的民族，特别是通过联姻的方式而产生出新的族亲属关系。通过婚礼这一特殊的行序设计以强调社会族群间的伦理意识及时婚

新郎花帽

新郎服饰

图四　乌孜别克族传统婚礼新郎服饰示意图

姻所秉持的制度及观念，在亲人与族人的祝福及欢乐程序中得到淋漓尽致的诠释。婚礼的设计行序是以血缘关系维持的家族内部成员间的相互认同得到过进一步强化，其实质上符合于乌孜别克族人重视婚姻家庭的传统习俗理念，其中必然充溢着亲情、关爱与互助。道具多以生活中所涉及的衣、食、住、行密切相关的用品为主要体现内容，通过生活的勤劳以获得现实幸福的演绎来表达对未来生活期望与祝福，其婚礼的行序设计创意对今天的这类设计仍是具有一定的启迪及借鉴意义。

图片来源
图一　陈述　赵欣一　朱秋婷　制图
图二、图四　陈述　高星　朱秋婷　制图
图三、图五　高星　朱秋婷　制图

砖茶

馕饼

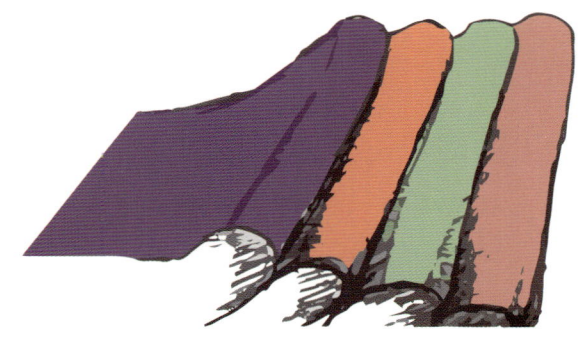

布料

图五　乌孜别克族传统婚礼订婚礼名称图

皮靴

派提努斯花盘

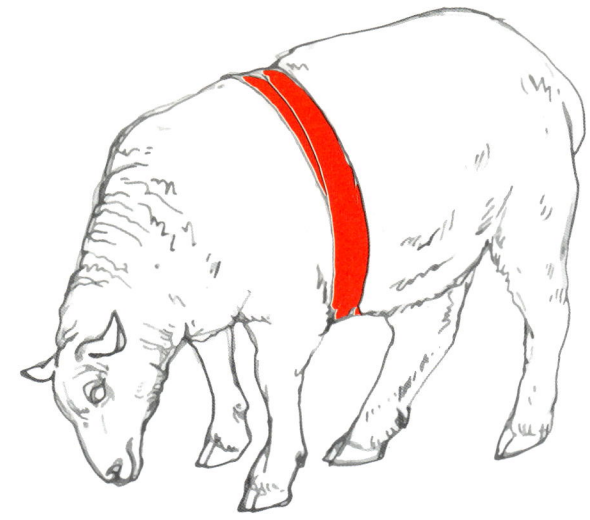

系着红绸的绵羊

图六 乌孜别克族传统婚礼礼俗用具名称图

乌孜别克族传统丧葬

图一　乌孜别克族传统丧葬主图

丧葬是乌孜别克族生活中一件重大的事项，要通过相应的仪式行为来表达对逝者的关怀及追忆亡灵的心情，而丧葬仪式行序须依据具体的伦理规则和道德要求举行。乌孜别克族信仰伊斯兰教，其作为一种精神信仰必然要体现在这种信仰特定下的伦理规则的道德要求，即具有明显宗教的色彩，在丧葬的仪式行序中严格按伊斯兰教的教规举行，通常实行土葬。丧葬的准备活动是先选择坟地，一般会在已故亲人坟墓及圣人墓地周边选择自己的墓地，人们希望在死后葬于父母的坟墓左右，即便在异地病故也希望人们将其带回故乡埋葬。乌孜别克族非常忌讳负债而死。如家人因病或年老临去世时，将安排家产的处理和留下遗嘱，此时亲人都要到场，在场的不允许说话、放声哭泣或随意走动。报丧要通知所有亲属，死者如较年幼，只通知其直系亲属即可。一般死者停尸时间为一天，但如遇星期五去世，就当天埋葬，因星期五在伊斯兰教的礼俗中是吉祥的日子。如果亲人在异地去世可以等一两天，但绝对不会将尸体拖延至三天。参加葬礼的男子在腰间扎一条白带，戴帽子，妇女围白色头巾，阿訇为死者诵经时，妇女围着埋体哭泣，男子则一律在外。

乌孜别克族洗尸一般为3次，由同性别亲属为其清洗，停尸一天后，送灵前由3人再给死者清洗一次，洗尸人员先洗小净，不能直接接触尸体，要先戴口罩、手套，对尸体不同部位的清洗都有明确的分工。最后一次净身后，洗尸者还担任做卡凡（裹尸布）成殓尸体的工作。卡凡的布料必须是白布，依据尸体体量选择大小合适的卡凡，缝殓衣不能用针，需在卡凡上抽线，用以捆系。在包裹尸体时要从左边入手，将尸体的下巴托起绑住，同时将大拇指拴在一起以防其两腿交叉。乌孜别克人认为，如果死者"咬住"了殓衣或者他的双腿交叉起来就埋进了坟墓，那么灾祸就会牵连他活着的亲属。白布将遗体缠裹，一般男性死者缠3层，女性死者缠5层。尸体放入一种专制的长型灵架"塔吾提"中，一般为木制，呈拱状造型，两侧有栏杆，基面为可抽离的活动木板，在葬入墓穴时取出。前后有延伸的木棍，用于抬灵床。一旦尸体放入塔吾提就严禁趴在灵架上哭泣。送葬之前在灵床上盖一层专门为此准备的绿色布料。

尸体放入灵床后就送往墓地，送葬禁忌女人参加。一般选择较近的清真寺或宽敞的平地做殡礼。送葬的人站立做殡礼，殡礼

用白布将遗体缠裹，一般男性死者缠3层，女性死者缠5层

一旦尸体放入"塔吾提"，就严禁趴在灵架上哭泣

阿訇为死者诵经

死者安葬后，亲属们在一年中要进行四次较大的哀悼仪式一是死后的第三天，称作"三乃孜尔"，第七天举行第二次哀悼仪式，称"七乃孜尔"，第三次为四十天祭日，第四次为周年祭日，规模较大

图二　乌孜别克族传统丧葬行序流程图

过后重新将灵床抬起走向的选择好的墓地。墓坑呈长方形，长2米，宽1米左右，深约2米，再从坑的西侧挖一个墓洞，大小可容纳死者。死者头北脚南放置于墓洞中，用土封闭洞口，然后掩埋。尸体埋葬后要留几人一边守墓一边念《古兰经》。习俗以为埋葬之后将死者单独留下，他会感到孤独，守墓念经三夜已成普遍习俗。

死者安葬后，儿女在七天后方可脱去孝服。亲属们在一年中要举行四次较大的哀悼仪式。一是死后的第三天，称作"三乃孜尔"，第七天举行第二次哀悼仪式，也称"七乃孜尔"，第三次为四十天祭日，第四次是周年祭礼，规模较大。有的还在周年内的每个主麻日做小型"乃孜尔"。如是丈夫去世，周年内妻子要头扎白布并不能外出做客，也不能参加别人的婚礼，周年后则无此禁忌。以后逢年过节都安排悼念仪式以示对亲人的思念。

在乌孜别克族的丧葬仪式行序设计中重点围绕逝者这一主题内容展开，即逝者族亲成员行为的自我约束来表达其对逝者的悲痛、怀念与追忆。同时也以此来强化、维系族亲内部的血缘关系，并符合于宗教信仰及社会理论道德要求，而行序过程的设计与安排及用具使用都尽力体现节约与简洁，通过这一形式重在表意，主要以行序设计中的具体环节内容来表达对逝者的哀思以及对生的珍惜，其与所处的自然及社会环境相对应。行序的设计符合于世俗的生活习惯，也成为乌孜别克族丧葬活动的一种程式，并内化为民族的一种情感表达方式。

图片来源
图一　　　陈述　制图
图二至图五　陈述、高星、朱秋婷　制图

洗尸人员要先戴口、手套，在包裹尸体时要先从左边下手，将尸体的下巴托起绑住，同时将大拇指拴在一起以防其两腿交叉

卡凡的布料必须是白布，依据尸体体量选择大小

缝殓衣不能用针，需在卡凡上抽线

捆系卡凡

图三　乌孜别克族传统丧葬包卡凡解析图

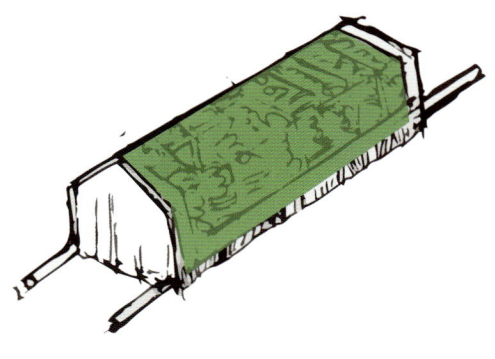

"塔吾提"即长型灵架，呈拱状造型，前后有延伸的木棍，用于抬灵床

一般为木制，呈拱状造型，两侧有栏杆

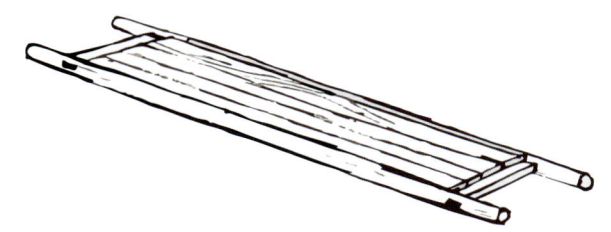

送葬之前在"塔吾提"上盖一层专门为此准备的绿色布料

底面为可抽离的活动木板，在藏入墓穴时取出

图四　乌孜别克族传统丧葬礼俗道具解析图

图五　乌孜别克族传统丧葬现场情境图

乌孜别克族拜垫

图一　乌孜别克族拜垫主图

拜垫是专用于穆斯林祈祷礼拜时使用。使用时将其铺于地面上，拜垫铺地时，龛顶须朝向西方，在铺好的拜垫上织有龛形的下方拜跪祈祷。因特殊的使用环境，其装饰上与日常生活中的用品有明显差别，拜垫主要以龛形的结构进行布局分割，所表现的花卉植物都适合龛状的结构，将伊斯兰教义文字有机组合在装饰图案中，使其更具有神圣感。龛形是一种视觉化的符号，是对伊斯兰教信仰的象征。

乌孜别克族是一个重视商业的民族，因经商的需要大都奔波在外，便携式拜垫为旅行礼拜活动提供了便利。拜垫为丝绸面料，龛形中绣有一株对称状的树形花卉植物，白底色，色彩以黑、红、浅绿搭配，书写文字的线条造型与植物叶状的造型匹配统一，装饰整体更显素雅、庄重，四边编有穗惠，强化了虚实、聚散、松紧的形式对比，增强了美观效果。

便携式绣花拜垫是乌孜别克族主要用于日常信教活动的一件集实用性与美观性的物品，可用于不同的环境中从事信教朝拜活动,将文字与装饰图形整体设计组合,使其意义指向含义更加明确,使用丝制的面料更显对其的珍贵重视程度。拜垫的四周用穗惠装饰,一是防止绸布在使用中抽线,二是增加其装饰美观性。自然而雅致的线造型装饰设计体现出乌孜别克族传统的造型表现特点。拜垫既是宗教信仰的专用物品也是日常生活中一项极具重要内容意义的信物,通过设计将两者有机结合,表达对宗教信仰的情感与态度。

图片来源
图一　陈述　摄影
图二至图五　王静　制图

图二　乌孜别克族拜垫尺寸图（单位：cm）

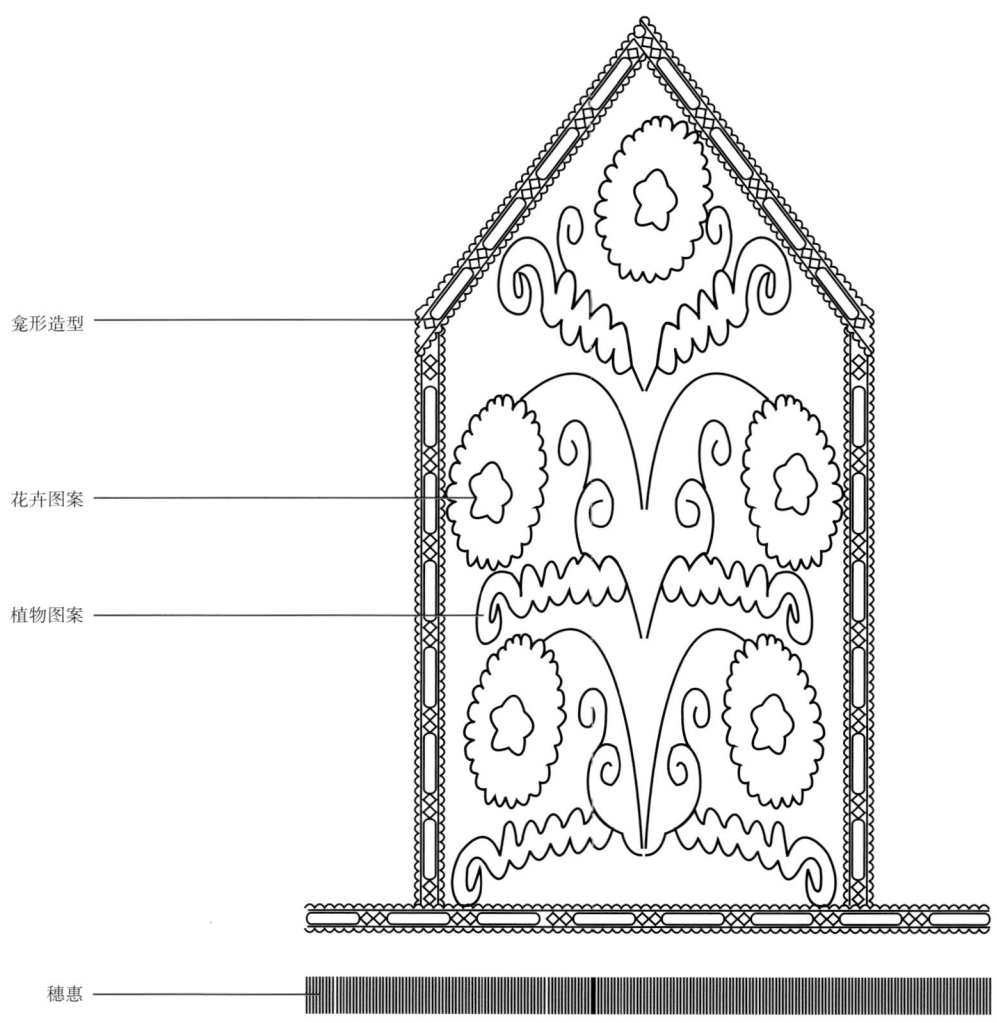

图三 乌孜别克族拜垫造型分析图

图四　乌孜别克族拜垫设色分析图

图五　乌孜别克族拜垫图案构成示意图

声　明

　　本书编写时收入的个别图片，因条件所限，未能同相关著作权人取得联系，获得授权，敬请谅解。请相关著作权人及时与编者联系，以便奉上稿酬。谢谢！